易學,
더 이상의 학문은 없다

[완결편 II]

21세기 新개념의 역학!

역학,

더 이상의 학문은 없다

-완결편 II-

녹현 이세진 지음

관음출판사

[목 차]

부 록

[머리말]

　　몇 권의 책을 펴내면서 많은 변화가 필자에게는 왔다. 대대적으로 학원도 운영할 수 있었으며, 고려대학교 사회교육원에서 녹현역만을 강의하는 생활역학반이 신설되었으며, 조그마한 벤처회사를 차려 21세기의 인터넷 시대를 대비하여 프로그램 개발 및 데이터 번역에 온 힘을 쏟고 있다.

　　많은 제자들을 양성하는 과정에서 좀 더 이해하기 쉽도록 하기 위해 명리학에는 한번도 들어본 적이 없는 용어들도 개발하여 사용하고 있으며, 기존의 명리이론에는 없는 사주의 크기 및 심성체질 그리고 운의 순위가 바뀌는 지지구조와 완벽한 추론을 하기 위해서 더 정밀하고 정확한 연구를 끊임없이 하고 있다.

　　이번에 소개할 이론도 필자가 필생의 작업으로 너무나 아끼는 이 세상에는 존재하지 않았던 이론들로 실전에 임하면서 하나하나 찾아낸 것이다. 이번에 100% 전부를 공개하는 것은 녹현역을 기존 역학계의 아웃사이더가 아닌 역학계의 중심에 우뚝 서려는 작업의 일환이며, 한국인만의 역학이론이 아닌 세계인이 공감하고 공유할 수 있는 이론으로 발전시키고자 하는 차원에서다.

　　우주의 한 조각이 우리 은하계. 태양계의 한 조각이 지구. 지구의 한 조각이 사람. 그래서 우리의 몸을 흔히 작은 우주에 비유하기도 하는데, 그것은 우주 오행의 기운을 받고 태어났기 때문이다.

오행의 기운들은 오로지 생과 극뿐인데 사람이 사는 세상에 와서는 충의 작용도, 합의 작용도 하고, 특수한 지지구조도 생겼다. 우리가 태어난 곳이 지구이므로 필자의 이론이 그대로 적용되지, 만약 달이나 화성과 같이 질량이나 중력 등 모든 주변 환경이 지구와 다르다면 우주 오행의 기운이 미치는 것은 같을지언정 지지구조의 이론을 100% 그대로 적용할 수는 없을 것이다.

지구에 태어난 모든 생명체는 땅의 영향을 받을 수밖에 없다. 하늘을 나는 새나 물 속에서 헤엄치며 사는 물고기보다는 사람은 땅에 더 큰 의지를 하며 살아간다. 그래서 필자의 이론에서는 천간이 지니고 있는 기운의 다섯 배를 지지에게 실어주었다.

그러나 사람이 달에 산다면 지구보다 중력이 6분의 1정도가 되므로 굳이 천간의 다섯 배를 지지에 주지 않았을 것이다. 그것은 지구에서보다는 지지(땅)에 의존하는 비중이 작으므로 굳이 땅을 밟지 않아도 인간이 공중(천간)에 서 있을 수 있기 때문이다.

먼 훗날 우리가 지구를 떠나 달이나 화성에 살게 된다면 현재와 같은 비율로 천간과 지지를 나눌 수는 없지만, 만약 살더라도 돔을 만들어 지구와 똑같은 환경을 만들어 산다면 현재와 같은 비율로 보아야만 정확한 운명의 흐름을 파악할 수 있다고 본다.

그렇다면 지구에 태어난 사람들은 땅의 영향을 받을 수밖에 없는데, 땅의 영향을 받는다는 것은 무엇을 의미하는지, 그것이 그 영향이 사람에게는 어떻게 미치는지, 그것을 알지 못하면 정확한 운명의 흐름을 감히 알 수 없다고 필자는 주장하는 바이다.

그래서 사주에 나오는 이론을 지구의 변화에서 이론의 근거를 찾고자 했던 것이며, 가장 난해했던 특수한 지지구조의 근거 역시 지구에 어딘가에는 있지 않을까 생각이 미쳤고, 여기저기를 기웃거리며 찾아본 결과, 판구조론의 법칙이 필자의 지지구조 이론과 맥을 같이 함을 알았다.

　　판구조론을 말하기 전에 이렇게 생각해보자. 사람들이 살고 있는 땅. 그 땅 위에 아름다운 집을 짓고 멋진 건물을 짓고 웅장한 다리를 만들고 예쁘고 멋진 차나 옷을 입고 다닌다고 하자. 모두가 하늘을 바라보며 우뚝 서 있다.

　그런데 어느 날 지진이 발생하여 땅이 흔들린다면 그렇게 고생하여 짓고 만들고 멋을 낸 모든 것들이 하루 아침에 망가지고 만다. 얼마나 허무할까? 이 말은 우리 자신도 모르게 땅(지지)에 엄청나게 기대고 살고 있음을 증명하고 남는 것이다.

　　지구는 아래와 같이 이루어졌다고 한다.
　지구의 표층인 지각은 대륙지각에서는 35km, 해양지각에서는 5~10km의 평균 두께를 갖고, 이들은 6개의 큰 판(유라시아판, 아프리카판, 인도판, 태평양판, 아메리카판, 남극판)과 몇 개의 작은 판(필리핀판, 카리브판, 코코스판, 나스카판 등)으로 구성되어 있다고 한다.

그리고 지구 내부에서 작용하는 힘에 의하여 연간 수 cm 정도의 속도로 서로 움직이고, 이에 따라 화산작용이나 지진현상 그리고 마그마의 형성이나 습곡산맥 형성 등 각종 지각변동을 일으킨다. 이것을 일컬어 지구의 판구조론이라 한다.

그리고 그 판들이 운동을 하는데, 그 원인은 맨틀의 대류에 의한 것으로 현재까지 추정하고 있으며, 지구 내부는 아래쪽으로 갈수록 고온이라 같은 깊이라 해도 온도가 각각 다르므로 열대류가 발생할 기본적인 조건을 갖추고 있기 때문이다.

필자가 얘기하고자 하는 것은 판구조의 운동으로 인하여 지표면인 땅에 변화(지진, 화산폭발, 해일 등)가 생길 때, 판구조 운동의 접전지역이나 판구조 운동의 피해를 전혀 입지 않는 지역에 사는 사람들은 각자의 운(공식에 의한 운의 순위)에 따라 삶의 방향이 달라지지 않는다는 점이다.

오히려 판구조 운동의 접전지역에 사는 사람들은 개개인 운의 좋고 나쁨에 따라 변화가 오는 것이 아니라, 판구조의 싸움을 말릴 수 있는 큰 흐름(지지구조)에 따라야 하며, 판구조 운동과 전혀 관련이 없는 지역에 사는 사람들도 개개인 운의 좋고 나쁨과는 관계없이 이미 안정적으로 이루어진 땅의 흐름(지지)에 맞추어 흘러가야만 편안히 살아갈 수 있다는 것이다.

필자가 연구해 온 바에 의하면 판구조 운동의 접전지역에 사는 사람들은 15% 내외이며, 안정적인 지역에 사는 사람들도 15% 내외로 추산할 수 있으며, 나머지 6~70%의 사람들은 접전지역도 아닌, 안정지역도 아닌 중간 정도인 지역에 살고 있어 각 개인의 운의 흐름에 따라 삶이 결정되어진다는 점이다.

무엇으로 이를 증명할 수 있을 것인가? 누군가 이렇게 묻는다면 지구가 최악의 상황(대지진, 화산폭발, 해일 등)으로 몰렸을 때를 기다리라고 말하겠다. 지구인 전부가 사라질지 아니면 소수라도 무사히 살아 남아 지구를 지킬지 말이다.

　　그리고 마지막으로 음기가 전혀 없는 사주나 양기가 전혀 없는 사주에서도 역시 용,희신과 다른 오행의 운을 만나야 소망이 성취되는 경우도 있으며, 녹현방정식에 있어 공식의 예외부분이 있으며 격국의 크기가 어떠냐에 따라 삶의 질이 달라지는데 그 모든 부분들을 이 책에 다 소개하고자 한다.

　이러한 부분을 모르고는 녹현역학을 제대로 이해할 수 없으며 또한 100% 올바르게 활용할 수도 없으니, 독자들은 녹현역의 전부를 정확하게 파악해 운명을 살핌에 한 점의 의혹이나 잘못됨이 없이 옳고 바르게 해석하기를 바랄 뿐이다.

녹현　이세진

六親(육친)의 中庸(중용)과 執着(집착)

중용과 집착을 알지 못하면 대운의 순위에 따라 격국(추구하는 삶)과 심성체질(끌려가는 삶)로 왔다갔다하여 어떤 삶이 자신이 진정 원했던 삶인지 알기가 쉽지 않다.

돈을 벌고 싶다는 욕망은 누구에게나 있게 마련인데, 사람으로 태어나 해야 할 의무나 도리를 하지 못하고 오로지 논밖에 모르는 사람들이 있는가 하면 해야 할 의무와 책임을 다 하면서 돈을 버는 사람들이 있다.

이는 돈에만 집착하는 사람과 그렇지 않으면서도 돈을 버는 사람들이 있음을 알려주는 것으로 녹현역에서는 매우 중요한 이론이다.

六親(육친)이란 인성과 관성, 식상과 재성, 그리고 비겁을 의미한다.

인간이면 누구나 印星(인성=부모), 比劫(비겁=형제), 財星(재성=남자 : 처, 여자 : 시부모), 官星(관성=남자 : 자식, 여자 : 남편), 食傷(식상=남자 : 장인장모, 여자 : 자식)이 있다.

사람으로 태어나면 누구나 연관되는 가장 기본적인 인적구성이기 때문이다. 과거의 대가족시대에는 할아버지, 할머니까지 보았으나 현재의 생활구도가 핵가족으로 단출해졌으므로 육친의 의미도 시대상황에 맞춰 바꿔야 한다.

기존의 이론은 재성도 편재와 정재로, 관성도 정관과 편관으로, 식상도 식신과 상관으로, 인성을 편인과 정인으로, 비겁을 비견과 겁재로 갈라 운명을 추론하였으나 그것 역시 시대상황에 뒤떨어진 이론이다. 오히려 명리를 공부하는 사람들을 헷갈리게 한다는 것이 중론이다.

다가오는 시대에 맞는 이론이 필요한 것일 뿐, 옛날의 풍습이나 사고에 맞는 이론은 이미 흘러갔음을 우리는 알아야 한다. 따라서 필자는 편재와 정재를 하나로 묶어 財星(재성)으로, 정인과 편인을 하나로 묶어 印星(인성)으로, 비견과 겁재를 하나로 묶어 比劫(비겁)으로, 편관과 정관을 하나로 묶어 官星(관성)으로, 식신과 상관을 하나로 묶어 食傷(식상)으로 부르는 것이다.

육친의 의미는 누구나 알고 있을 것이다.

인성이라 하면 인정을 베풀고 인내심이 많으며 지성과 이성을 겸비하고 학구적이며 모험이나 개척을 싫어하는 성향으로 평화롭고 안정된 생활을 하며 어른에게는 효도하는 등의 의미를 내포한다.

그렇다고 '무조건 인정이 많아야 된다', '무조건 공부를 잘해야 한다', '무조건 참아야 한다' 는 식으로 인성을 추론해서는 안 된다.

인성이든 재성이든 모든 육친들의 중용은 다 같다. 즉, 인성이든 또는 그와 반대인 식상이든 이들이 뜻하는 중용은 일치한다.

육친의 중용이란 무엇인가?

사람으로 태어난 이상 어릴 때는 부모의 도움을 받아 자란 뒤 홀로 설 수 있는 능력을 키워 자립한 뒤에 자신과 뜻이 맞는 배우자를 찾아 가정을 이룬 뒤 자식을 낳고 키우며 자식이 독립해 생활해나갈 수 있도록 하면서 일생을 살아간다.

그 과정에서 배우자와 부모 그리고 자식과 인연이 된 그 외의 사람들에게 좋아하지 않더라도 사람으로서 해야 할 의무와 도리 또는 사랑과 인내 그리고 무책임과 방종 등이 섞이면서 자신이 싫어하든 좋아하든 감정에 치우치지 않고, 당연히 해야 할 관계로서의 내 임무에 충실하는 것이 바로 중용이다.

남에게 해를 주지 않으면서 사람으로서 일생을 올바르게 사는 것이 모든 육친의 중용이다. 용신이 식상이라고 해서 무조건 기존의 모든 것들을 거부하고 반발해야 한다든지 용신이 재성이니까 무조건 돈을 벌어야 한다는 것은 잘못된 인식이다. 식상이 용신이 되어도 인성의 영향과 관성의 영향, 그리고 재성의 영향과 비겁의 영향을 골고루 발휘한다.

단지 식상의 특성이 조금 더 강하게 나타날 뿐 전적으로 식상의 특성만을 발휘하는 것이 아니다. 이렇듯 모든 육친들은 각자의 고유한 특성을 지니고 있으면서 모든 육친들이 지니고 있는 좋은 점들을 공통적으로 내재하는데, 이것이 바로 육친의 중용이다.

이와 같은 중용과는 달리 집착이라는 모습은 육친의 한 면만을 나타나는데 말 그대로 육친의 편중성이다. 여기서 우리가 생각해야 할 점은 사람이 어느 하나에 매달려 일생을 산다는 게 매우 안타까운 일이라는 것이다. 어느 일부분만의 삶으로만 살아간다면 얻는 것보다는 잃는 것이 더 많아지고 행복한 삶보다는 불행을 자초하는 삶을 살기 때문이다.

자신이 원하는 삶의 방향으로 긍정적이고 생산적이며 창조적이라면 모르지만 그렇지 않고 어쩔 수 없어서 어느 하나에 집착하는 삶을 산다면 참으로 어리석은 일이라 아니 할 수 없다. 사람은 누구나 중용의 삶을 모르지는 않는다. 그러나 어쩔 수 없는 것이 우리의 운명이다.

육친의 집착으로 나타나는 삶의 양상을 보자. 먼저 인성이라는 육친의 작용은 앞에서 설명했듯이 인정을 베풀고 인내심이 많으며 지성과 이성을 겸비하고 학구적이며 모험이나 개척을 싫어하는 성향으로 평화롭고 안정된 생활을 하며 어른에게는 효도하는 긍정적인 의미를 내포하고 있다는 것은 누구나 알고 있다.

그러나 집착하게 되면 그런 좋은 점들은 다 사라지고 인성이 지닌 특성의 부정적인 요인만 작용하게 된다. 그런 의미를 잘 파악하기 위해서는 무엇보다 먼저 인성과 반대되는 육친들을 알 필요가 있다. 인성과 반대되는 육친은 둘이 있는데 하나는 인성이 싫어하는 식상이고, 하나는 인성을 싫어하는 재성이다.

다시 말하면 인성과 반대되는 이 둘의 장점들이 아예 사라지는 것을 의미한다. 즉 식상의 장점인 창작심과 모험심 그리고 개혁정신과 독립심 등이 없어지고, 재성의 좋은 점인 돈을 벌 수 있는 능력이나 즐거운 삶 그리고 여유롭고 풍요로운 삶과 이성과의 즐거움 등이 사라진다.

그리고 오로지 인성의 단점인 지지부진하고 소극적이며 침체된 생활을 하고 남의 이목을 의식하여 할 일을 제대로 못한다. 나아가 건강에 지나치게 신경을 써서 오히려 병에 걸리기도 하며 현실을 직시하는 힘이 부족하여 자신이 가진 능력을 상실하고 적극적으로 돈을 벌려는 마음도 없어진다.

그러므로 남들에게는 현실과는 동떨어진 비틀어진 이상 속에 사는 사람이라고 비칠 수 있다. 그러나 무엇이든지 배우려는 열성은 있다. 그러나 그 역시 소득이 있는 공부는 아니다.

이러한 것이 바로 육친의 집착이다. 어느 하나의 육친에 집착하게 되면 그 육친이 지니고 있는 특성 중에서 안 좋은 점들만 나타나지만 본인들은 그것을 모르고 사는 경우가 많다. 그러한 삶이 자신에게 해롭다고 말을 하면 그것마저도 순수하게 받아들이지 못하고 말한 상대방을 오히려 정상이 아닌 것처럼 생각하기도 한다. 이처럼 집착이란 삶의 부정적인 한 면으로 나타난다.

또 다른 예로 어떤 사람이 재성에 집착했다고 하자. 재성이 싫어하는 인성과 재성을 싫어하는 비겁들의 장점들이 전부 사라지고 재성의 나쁜 영향만 나타나 결국 집착하게 된다.

사람이 재성에 집착하게 되면 어떤 일들이 일어날까? 오로지 돈만을 좇으므로 악착같이 돈을 벌고 재미나 쾌락만을 찾아 살아가므로 유흥이나 오락 등에 혼을 빼며 동성간에 의리나 우정보다는 이성과의 환락만을 즐긴다.

그리고 안정이나 도리 그리고 윤리의식이나 의리를 찾기보다는 돈이 된다면 모든 것을 팽개치므로 인간성이 상실될 것이며, 주위에서 욕을 해도 나만 즐거우면 된다는 식으로 살며 투기나 도박 등에도 강한 승부욕을 갖는다.

이렇게 집착이라는 것은 중용의 삶을 상실한 채 오로지 그 하나에만 인생의 목표를 삼는 좁고 어리석은 일생을 살아가므로 동물의 본성에 가깝게 타고난 대로 주어진 대로 살아가는 딱하기 그지 없는 삶이라고 할 수 있다.

따라서 우리는 치우치지 않고 넘치지 않으며 모자라지 않도록 살기 위해 인생을 나 하나로 보기보다는 국가와 지구 그리고 별들이 모인 은하단까지 보는 의식세계를 키우도록 하려는 노력을 해야만 어느 하나에 집착하지 않고 사주에 담긴 육친의 하나하나에 담긴 의미를 이해하고 사주의 진정한 육친의 중용을 행하게 될 것이다.

心性體質(심성체질)이란

체질이란 무엇인가?

간단하게 말하면 사람마다 무의식에 잠재되어 있는 본능적인 성향이다. 즉 이성이 개입되지 않은 채 있는 그대로 나타나는 동물적인 본능이라고 할 수 있다.

사람에게는 감정과 이성이 있는데 그것이 적절히 조화를 이루면 인간다운 인간으로 살 수 있다. 그런데 둘 중 어느 하나의 비중이 커지면 삶에 문제가 발생한다. 그 중에서도 특히 감정적으로 치우치면 극히 주관적이고 비합리적이 돼 어려운 일들이 발생하는 빈도가 높아지게 마련이다.

만약 잠재해 있는 욕구가 무엇인지 그리고 그러한 충동적인 것이 어느 시기에 강하게 일어나는가를 알 수 있다면, 우리는 미래에 일어날 수 있는 사건, 사고를 미연에 방지할 수 있다.

심성체질의 종류는 25가지가 있으며 심성체질이 전혀 나타나지 않는 무체질까지 합치면 모두 26가지의 심성체질로 분류할 수 있다.

26가지의 체질로 대별되어 나타나는 감정(喜怒哀樂)이라는 것이 우리의 삶에 있어서 얼마나 많은 영향을 끼치는지 평소에는 심각하게 느끼지 못하지만, 사람의 이성이 마비되는 순간(화가 났을 때, 술에 취했을 때, 흥분하였을 때, 싸움했을 때, 기쁠 때, 외로워졌을 때, 아주 슬플 때, 사랑에 깊이 빠졌을 때, 복수심에 불탈 때 등)에 우리는 격한 감정을 거리낌없이 드러낸다.

다만 사람마다 심성체질이 무엇인가에 따라 나타나는 방식이 달라 누구는 펑펑 울거나, 펄펄 날뛰거나, 싸움을 걸거나, 잔소리가 심해지거나, 아예 말이 없거나, 쓸데없는 곳에 집착하는 등의 모습을 보인다.

그렇다면 이러한 일들이 일어나는 이유는 무엇일까?

그것은 바로 욕심 때문이다. 남보다 더 출세하고 싶고, 물질적으로 풍요롭고 싶고, 남보다 더 인간적으로 살고 싶고, 사랑을 더 많이 받고 싶고, 남보다 더 개성이 있어야 하고, 공부를 더 많이 하고 싶고, 보다 유쾌하고 즐거운 삶을 살고 싶은 등의 욕망으로 인해 이성적인 판단이 흐려지는 순간 감정의 동물로 바뀌게 된다.

사람이므로 욕심이 없을 수는 없다. 다만 도가 지나치지 않은 정도라면 삶에 활력소가 된다. 그러나 그 역시 체질의 등급에 따라 집착이 강하고 약함이 다르게 나타나며, 심성체질이 없는 사람의 경우에는 심성체질이 있는 사람보다 욕심이 훨씬 적게 나타난다.

따라서 심성체질인 사람은 자신의 욕심을 버릴 수 있도록 컨트롤하고, 심성체질이 나타나지 않는 무체질인 사람은 현재보다 조금 더 욕심을 지니려는 삶의 자세를 취한다면 중용의 상태를 유지할 수 있는 삶을 살 수 있을 것이다.

심성체질은 한 가지 체질로 나타나는 5 종류와 두 가지 체질로 나타나는 10 종류 그리고 세 가지 체질로 나타나는 10 종류와 전혀 체질이 없는 1 종류로 나뉜다.

그리고 같은 심성체질이라도 남녀에 따라 삶에 다르게 나타나는 체질들이 몇 종류가 있으므로 그 차이점까지 이 장에서 다루기로 한다.

心性體質(심성체질)이 나타난 理由(이유)

필자에게 심성체질을 어떻게 발견했는가 묻는다면 이렇게 대답한다. 사람이 동물과 다른 점이 무엇인가? 동물은 생각할 수 있는 사고력이 없지만 사람에게는 생각할 수 있는 사고력이 있다고 말한다.

생각한다는 것이 사람에게 어떻게 작용하는가? 바로 사람으로 태어났으면 사람답게 살아야 한다는 것이다. 사람답게 산다? 그것은 앞서 말한 중용의 삶을 의미한다. 중용의 삶을 살기 위해선 부모형제, 배우자와 자식 그리고 태어나 죽을 때까지 자신과 관련되어 만나는 모든 사람들과의 관계에서 어느 한쪽으로 치우치지 않고 공평하게 정을 나누며 살아가야 한다.

그러기 위해선 무엇보다 가장 필요한 점이 자신이 하고 싶은 것을 다 할 수 없고, 남을 위해 참고 인내할 수 있어야만 한다. 바로 이런 점이 동물에게서는 발견할 수 없는 것으로 유일하게 사람만이 타고난 사고력과 자제력인 것이다.

필자는 이것을 이성적인 삶이라 불렀고, 사주상에서는 격국이 의미하는 삶을 이성적인 삶이라 했다. 그렇다면 모든 사람들이 이성적인 삶만 사는가? 그렇지 않다. 사람도 감정의 동물이기 때문에 이성이 마비되는 순간, 통제할 수 없는 감정적인 삶의 모습이 적나라하게 표출되어 마치 생각이 없는 동물과 같은 짓을 거리낌없이 할 수 있는 것이다.

필자는 이것을 감정적인 삶이라 했으며, 사주상에서는 심성체질이 의미하는 삶이라 했다. 여기에는 예외가 있을 수 없다. 사람이라면 누구나 맞이할 수밖에 없는 인생의 흐름 속에 감정적인 삶의 모습이 들어가 있기 때문이다. 그렇다면 감정적인 삶의 모습이 언제 어느 때 나타나서 어떻게 표출되는가만 알 수 있다면 우리의 삶은 물론 사회적으로도 큰 도움이 되리라 본다.

이런 이유에서 심성체질을 발견한 것이니 각자의 심성체질이 무엇인지 알고, 그것이 작용하는 삶으로 끌려가지 않도록 살기를 바란다.

운이 좋지 않을 때 어떠한 삶의 모습을 보일까 연구하다가 발견한 것이다. 사주상에서 수치가 가장 강한 오행이 운이 좋지 않을 때 왕성하게 활동함을 알았고, 최소한 어느 정도의 수치가 되어야만 강한 오행이 일간을 뜻대로 움직일 수 있을까 고민하다가 얻은 수치는 1.6이었다.

왜 하필이면 1.6일까? 사주 전체의 수치가 4.8이며, 4.8의 삼분의 일이 1.6으로 한 오행이 1.6이 넘어가면 사주에서 삼분의 일의 힘을 지니게 된다. 그 힘만 있으면 사주 전체를 좌지우지할 수 있는 수준이 되어 일간은 그 힘을 무시할 수 없는 상황이 조성된다.

주변에서 흔히 볼 수 있는 것은 세 사람이 모였을 때 어느 한 사람의 파워가 강하고 그 사람이 무엇인가 주장하게 되면 나머지 두 사람은 원하지 않아도 그냥 끌려가는 경우를 많이 볼 수 있다.

두 사람일 때는 따로따로 움직일 수 있으며, 네 사람인 경우에도 둘씩 나누어지는 경우가 허다한데, 유독 세 사람인 경우에는 나누어지지 못하고 파워가 강한, 의견이 강한 한 사람에게 나머지 두 사람이 힘없이 끌려가는 경우가 많은 것이 현실이다.

그래서 운이 나빠지면 1.6이 넘는 오행이 뜻하는 육친의 성향대로 일간(나)은 살아갈 수밖에 없는 것이다. 어느 때는 두 가지의 오행이 1.6이 넘어 두 가지의 심성체질이 나타나며, 흔하지는 않지만 세 가지의 오행이 1.6이 되어 심성체질이 세 가지로 나타날 수도 있다.

그럴 때도 이유 여하를 불문하고 운이 나빠지면 한 가지의 체질이
나 두 가지의 체질 또는 세 가지의 체질의 성향대로 일간은 살아가야
한다.

시	일	월	년
金	火	金	金
水	木	火	金

금성: 1.6 화성: 1.2, 목성: 1.0, 수성: 1.0으로 구성되어 있다.

공식에 의한 용, 희신이 무엇이 되었든 이 사주에서 영향력이 강한
오행은 금성이다. 그 이유는 금성의 수치가 1.6이 되었기 때문이다.
이렇게 1.6이 되면 금성이 뜻하는 육친인 재성체질이 이 사주의 심성
체질이 된다.

그래서 운이 나빠지면 금성이 뜻하는 재성체질의 성향을 일간에게
강요하면서 살아가게 된다.

시	일	월	년
水	水	木	土
木	戌	戌	火

금성: 1.54 목성: 1.2 수성: 1.0 화성: 1.0 토성: 0.86. 여기서는 1.6
이 넘는 오행이 없다. 그래서 금성이 가장 강하다고 하더라도 1.54이
지 1.6이 되지 않았기 때문에 심성체질은 없고, 운이 나빠졌을 때도

금성이 뜻하는 식상의 성향을 일간에게 강요할 수가 없는 것이다.

```
시  일  월  년
水  金  土  金
木  木  金  金
```

금성: 2.4 목성: 2.0 수성: 0.2 토성: 0.2로서 1.6이 넘는 오행이 두 가지다. 운이 나빠지게 되면 이 사주는 금성이 뜻하는 비겁체질의 성향과 목성이 뜻하는 재성체질의 성향을 번갈아가면서 나타낸다.

```
시  일  월  년
火  木  土  火
丑  丑  火  水
```

화성: 1.6 토성: 1.6 수성: 1.6으로 흔하지는 않지만 나타날 수 있는 경우이다. 화성과 토성 그리고 수성의 수치가 1.6으로 세 가지의 체질에 걸린다. 운이 나빠졌을 때 식상체질과 재성체질 그리고 인성체질의 성향이 일간에게 미친다. 어느 한쪽의 성향만 나타나는 것이 아니고 그 셋의 성향들이 골고루 나타나서 어쩌면 일간은 무엇에 끌려가는지 모를지도 모른다.

토성을 제외한 오행들은 지지에 두 개만 있어도 수치가 2.0이 되므로 100% 심성체질에 걸리지만, 토성의 경우는 그렇지 못할 때가 많다. 지지에 네 개가 있어도 1.6이 넘지 않아 실질적으로 강한 힘을 발휘하면서도 체질로 잡히지 않을 때가 많은 것은 모순이라 할 수 있다.

따라서 다른 오행과의 형평성을 고려해 토성은 수치가 1.6이 되지 않아도 심성체질에 속하는 방법을 찾았는데, 임상에 실험한 결과 적중률이 100%에 가까울 정도로 정확했다. 물론 토성의 수치가 1.6이 되면 당연히 체질에 걸리는 것은 말할 필요도 없다.

시	일	월	년
水	水	土	金
未	未	未	未

화성: 2.94 토성: 1.46 금성: 0.2 수성: 0.2이다. 당연히 화성의 경우에는 1.6이 넘었으므로 심성체질에 걸린다. 그런데 지지를 전부 차지하고 있는 토성은 천간의 토성과 수치를 합해도 1.46밖에는 안되어 최소한계 수치인 1.6이 안되므로 체질에 걸리지 못한다.

그러나 실제의 삶에 있어서는 운이 나빠지면 화성인 재성체질의 성향만 나타나는 것이 아니고, 토성인 관성체질의 성향도 일간에게 강하게 나타난다. 왜 그럴까? 그것은 바로 수치로만 심성체질을 잡는 것이 아니라는 것을 의미한다. 그것도 오로지 토성에 한해서만 인정할 뿐이다.

그래서 필자는 토성의 경우 수치가 1.6이 되지 않아도 심성체질에 걸리는 방법을 찾았다. 그것은 사주상에 토성이 몇 개가 있는가를 보고 판단하는데, 사주팔자는 모두 여덟자지만 일간을 제외하고 일곱자뿐이다.

일곱자 중에서 최소한 반 이상을 차지해야만 일간에게 영향력을 줄 수 있다고 본다면 지지에 두 개와 천간에 두개는 있어야 한다는 것이다. 천간에 하나도 없어도 지지에 세 개가 있다면 이것은 반을 훨씬 넘는 상황이므로 당연히 체질에 속하는 것이지만, 지지에 하나, 천간에 세 개가 있을 때는 사주의 반을 차지했다고 볼 수 없으므로 체질에 걸린다고 할 수 없다.

```
  시   일   월   년
  土   金   土   金
  木   辰   火   戌
```

목성: 1.5 토성: 1.4 화성: 1.2 금성: 0.7이다. 1.6이 되는 오행이 없어 심성체질이 없는 사주라고 할 수도 있다. 그러나 토성은 지지에 두 개, 천간에 두 개로 사주의 반 이상을 차지하고 있는 셈이다. 물론 수치로 따지면 1.4에 불과하지만 개수로는 막강한 힘을 구축하고 있다고 보아야 한다.

이럴 때 운이 나빠지면 토성인 인성체질의 성향이 100% 일간에게 영향을 주어 매우 힘들게 하는 것이 임상에서는 수없이 발견한다. 그것은 거역할 수 없는 엄연한 현실이므로 수치가 1.6이 안되어도 토성인 인성체질에 걸린 것으로 인정해야만 한다.

```
시   일   월   년
土   水   土   土
木   水   未   金
```

금성: 1.0 목성: 1.0 수성: 1.0 토성: 0.96 화성: 0.84로 오행들이 골고루 들어있다. 1.6이 되는 것이 없으니 당연히 심성체질은 없다. 그런데 토성의 경우 지지에 하나와 천간에 세 개로 네 개가 되어 언뜻 보면 사주의 반 이상을 차지한 것이 아닌가 할 수 있을 것이다.

그러나 천간보다 지지가 다섯 배의 힘이 더 강한데, 토성이 지지에서 반(두 개)을 차지하지 못한 관계로 이러한 구성은 사주의 반을 차지했다고 할 수 없으므로 토성이 체질에 걸리지 않는다.

```
시   일   월   년
水   木   金   金
辰   未   木   戌
```

목성: 1.9 토성: 1.5 금성: 0.7 화성: 0.5 수성: 0.2로 되어 있다. 당연히 목성의 수치는 1.9로 체질에 걸린다. 그러나 토성은 수치도 1.5이며, 개수로도 지지에 세 개만 있지 사주의 반(네 개) 이상을 차지하지 못했다.

그러나 토성 세 개가 다 지지에 있으므로 천간에 세 개와 지지에 하나가 있는 것보다는 훨씬 강하므로 이것은 사주의 반 이상을 차지했다고 인정하여 체질에 속한다. 따라서 이 사주는 목성인 비겁체질과 토성인 재성체질의 성향을 일간이 운이 나빠질 때 강력하게 받으며 살아간다고 하는 것이다.

그 외의 조건 즉 토성이 지지에 단 두 개만 있어도 심성체질에 걸리는 상황이 발생하는데, 그것은 특수한 지지구조를 공부할 때 자연스럽게 알게 되니 여기서는 거론하지 않기로 한다.

心性體質(심성체질)의 等級(등급)

대운의 흐름이 좋아 격국의 영향이 100% 나올 때도 밑바탕에는 체질의 성향이 남아 있는 것이다. 그래서 체질의 성향이 무엇인가에 따라 같은 격국이라도 직업이 다르며, 성격도 다르고, 추구하는 삶도 약간씩 달라진다.

또한 같은 격국에 같은 심성체질을 지녔어도 체질의 강하고 약함에 따라 성격도, 직업도, 가치관도 달라진다. 이것은 바로 심성체질이 운의 흐름에 관계없이 우리의 삶에 막대한 영향을 끼치고 있음을 뜻한다.

그렇다면 체질의 영향을 얼마나 덜 받는지, 많이 받는지에 따라 격국의 영향을 100% 발휘하며 사는지, 아니면 25%만 발휘하며 살고 있는지를 파악한다면 현실에 더 부합하는 정확한 추론을 할 수 있다는 것이다.

그렇다. 운이 좋게 흐른다고 체질의 성향이 완전히 사라지는 것이 아니라면 과연 어느 정도 격국에 영향을 미치는가를 알 필요가 있다. 그래서 필자는 체질의 등급을 4등급으로 나누었다.

A급은 체질의 수치가 1.6 ～ 2.2까지, B급은 2.21 ～ 2.8까지, C급은 2.81 ～ 3.59까지, 3.6이상이면 D급이 된다. 한 오행의 수치가 1.6이 되면 심성체질에 걸린다고 했고, 그 수치에 따라 등급이 달라짐을 알았다.

그런데 두 가지 오행이나 세 가지의 오행이 1.6이 넘으면 두 가지의 체질 혹은 세 가지의 체질이 되는데, 이럴 때는 체질에 걸린 오행들의 수치를 합하여 얼마인가를 파악해 등급을 정하면 된다.

그런데 토성은 수치로 체질에 걸리기보다는 사주상에 몇 개가 있는가에 따라 체질이 걸리므로 위와 같은 조건이 성립되지 않는다. 단지 지지에 두 개와 천간에 두 개까지는 A급, 지지에 두 개와 천간에 세 개면 B급, 지지에 세 개 이상부터는 C급, 지지에 네 개 이상부터는 D급으로 해야만 다른 오행들의 체질과 비슷한 조건이 된다.

격국과 체질의 도표

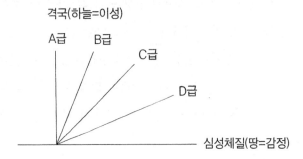

도표를 보면서 설명하자.

운이 좋은 상황으로 흐른다고 가정하고 살핀다면, A급의 사주는 체질의 영향을 거의 받지 않고 격국의 성향을 100% 발휘할 수 있으며, B급의 사주는 75%가 격국의 영향이 나타나지만 25%는 체질의 성향을 받으며, C급의 사주는 체질과 격국의 영향이 50%씩 나누어 혼합된 상태로 나타나며, D급의 경우는 아무리 운이 좋게 흐른다고 하더라도 체질의 성향이 75%와 격국의 영향은 25%밖에 발휘하지 못한다.

도표를 보면 C급이나 D급의 사주들은 운이 좋아질 때에도 체질의 영향을 50% 이상 받으므로 격국의 성향을 100%을 발휘하지 못하며, A급이나 B급의 사주들은 격국의 성향을 75% 이상 발휘할 수 있으므로 체질의 영향을 많이 받지 않음을 알 수 있다.

물론 운이 하강할 때는 누구를 막론하고 격국의 장점들이 사라지고 체질의 성향만 강하게 나타나므로 등급의 의미를 모를 수도 있다.

그것은 등급에 관계없이 체질로 끌려갈 때는 정도의 차이만 있지 누구나 집착된 체질의 같은 성향을 보이기 때문이다.

따라서 체질의 등급에 따라 가치관이나 성격 그리고 직업과 취미 등이 달라진다는 것인데, 쉽게 설명하면 관성보재성격에 심성체질이 식상인 사주가 A급하고 D급의 사주가 있으며 운이 상승한다고 하자.

A급의 사주는 식상체질의 성향을 거의 받지 않으면서 격국을 이루므로 직업도 용신인 관성에 가까운 방향으로 잡아 주로 직장에서 근무할 수가 있지만, D급의 사주는 체질의 성향이 75%가 나타나고 용신인 관성의 영향은 25%에 불과하므로 어딘가에 묶여 일을 하기가 어려워진다는 것이다.

직업뿐만 아니라 성격에서도 차이점이 나며 가치관은 물론 육친간의 관계에서도 나타나 체질의 등급이 우리의 삶에 미치는 영향이 지대함을 알 수 있게 된다.

한 가지 體質(체질)의 特徵(특징)

한 가지로 이루어진 체질의 장점은 다른 체질에 비해 삶의 목표가 뚜렷하다. 뚜렷하다는 것은 흔들리거나 방황하지 않고 자신이 원하는 삶으로 매진할 수 있으며, 최악의 경우가 오더라도 한 가지의 체질이 뜻하는 성향으로 초지일관 할 수 있기 때문이다.

그리고 한 가지 체질은 자신의 격국(추구하는 삶)과 완전히 다른 심성체질이 있는가 하면 격국과 같은 심성체질을 지닌 사람도 있다.

이에 따라 어떤 사람은 자기 자신이 집착하는 삶을 살고 있는지 아니면 중용의 삶을 살고 있는지 모르는 사람들이 있으며, 어떤 사람들은 현실과 이상이 너무나 다름을 알고 고민하는 사람들도 있다.

이러한 삶의 모습도 한 가지의 체질이라서 그 외의 체질을 지닌 사람과 분명한 차이점이 있다. 비록 이상과 다른 삶을 살게 되므로 고민은 하면서도 흔들리지 않고 체질이 뜻하는 성향으로 곧장 나아갈 수 있다. 즉 체질이 뜻하는 현실에 잘 적응한다는 점이다.

가령 권력을 갖고자 노력했는데 오히려 돈을 많이 버는 경우, 인간적으로 살고자 많은 것을 베풀었는데 뜻밖에 출세하는 경우, 물질적으로 풍요롭게 살고자 노력했는데 상황이 바뀌어 인격적으로 존경을 받는 경우 등을 예로 들 수 있다.

이런 사람들은 자신의 이상이 이루어지지는 않았지만, 나름대로 자신의 분야에서 능력을 발휘하여 남들의 눈에는 성공한 인생으로 보여진다. 따라서 원하지는 않았지만 자신의 삶에 의미를 부여할 수 있다고 본다.

어쩌면 한 가지의 체질인 사람들은 운이 나빠 최악의 상황으로 몰린다 하더라도 심성체질이 재성(금전)이나 관성(명예)으로 나온다면 자신의 힘든 삶을 남들은 부러워 할 수도 있다.

한 가지 체질 5 종류에 대해서 알아보자.

[比劫體質(비겁체질)]

비겁체질은 무모함과 저돌성, 의리와 우정, 아전인수적인 성향과 강한 자의식, 끈기부족과 강박관념, 형제애와 개인주의, 현실부적응과 개인주의, 철학적 사고와 이상주의, 동료와 친정 식구들, 남성스러움(여자)과 황소고집, 게으름과 무거운 어깨의 짐 등을 뜻하며 가장 큰 특징은 수면욕을 들 수 있다.

남녀 공히 형이상학적으로 정신적인 문제나 심리적인 세계에 빠져들기 쉽고 사람답게 사는 데 관심이 많아 도나 역학, 명상, 단전호흡, 요가 등을 좋아하며 무예, 에어로빅, 스포츠마사지 등 운동을 좋아하기도 한다.

그리고 의리와 우정에 유난히 강하여 동료나 친구 혹은 형제의 부탁을 거절하지 못하여 물질적인 피해를 자주 당한다. 그런데 문제는 몇번 당하고 나면 그 뒤의 부탁은 당연히 거절해야 함에도 또 끌려가게 되는데, 무리 중에서 자신이 맏형이나 우두머리의 위치에 서 있다는 것을 인정받고 싶고 한편으로는 누구보다도 자신이 인간적임을 보여주고 싶어하기 때문이다.

또한 있는 그대로를 거부하지 않으면서도 자신에게 유리한 것들만 지키며 불리한 것은 무시해버리려는 마음이 강하여 언행불일치의 모습을 보이는 경우가 허다하다. 말은 그럴싸하게 해서 사람들을 이해시키고 설득하는 능력은 뛰어나나 정작 자신은 그렇게 행동하지 못하는 경우가 많다.

더구나 강한 자의식으로 자유로움을 추구하므로 가능한 한 어느 집단에도 속하지 않으려고 한다. 그런데 문제는 현실적으로 생활할 수 있는 능력이 있느냐에 있다. 왜냐하면 다른 사람들은 살기 위해서 열심히 현실에 적응하는데, 그렇게 사는 것은 속물이라고 여겨 탐탁하지 않게 생각한다.

그리고 어떤 일에 있어서 무계획적으로 저돌적으로 밀어붙이는 힘은 아주 강하나 끝은 희미한 경우가 많으며, 아무리 명분이 좋고 이득이 된다고 하더라도 행동으로 옮길 땐 다수가 참여하지 않는다면 슬그머니 뒤로 빠져 간혹 흉이 되기도 한다.

남자의 경우 남자로서 책임과 의무를 다하지 못하여 가정을 지녔으면서도 책임과 의무에 소홀하기도 하며, 더러는 생활의 절반 이상을 부인이나 자식에게 의지하여 무능한 남편 혹은 이기적인 아버지라는 소리를 듣기도 한다.

따라서 이 체질의 남자는 현실적인 문제들을 회피하려고 하지 말고 당당히 맞서 해결하려는 노력이 필요하며, 자신의 자유와 안위만을 가치로 둘 것이 아니라 그 자유에 따르는 책임과 의무를 다했을 때 더 가치가 있다는 사실을 명심해야 한다.

여자의 경우 부드러움과 유연성이 우선인데 그런 여성성은 나타나지 않고 의리와 우정을 중시하여 같은 동성친구 사이에서는 발이 넓고 인기가 좋은 편이나 사랑하는 남자와 사랑을 하는 데에는 문제가 있을 수 있다.

특히 결혼을 했어도 친정에서 벗어나지 못하는 사람들이 많다. 늘 친정 일에 신경을 쓰며 마치 아들인 것처럼 친정 일에 발벗고나서 딸임에도 불구하고 친정의 경제를 책임지는 경우가 많다.

나이가 들거나 크게 한번 친정식구에게 당하고 나면 그때는 조금이나마 친정에서 벗어나려고 노력하나 그래도 다른 여성에 비해서 냉정하게 연을 끊지 못하는 경우가 많다.

남녀 공히 가족간의 아기자기한 삶보다는 대외적인 활동에 비중을 많이 두어 본의 아니게 오해를 받는 경우도 생기고 가족과 아무런 상의 없이 밖의 말에 홀리어 중요한 일을 결정하여 가정의 화목을 깨는 사람들도 많다.

사주팔자	시	일	월	년
(여)	乙	庚	辛	庚
	酉	子	巳	戌

대 운	癸	甲	乙	丙	丁	戊	己	庚
	酉	戌	亥	子	丑	寅	卯	辰
	75	65	55	45	35	25	15	05

오행비율   金星:1.90   火星:1.20   水星:1.00
土星:0.50   木星:0.20

음양비율   음기:2.9   양기:1.4   중성:0.5

일주강약   2.40 (身强)

오신육친   용 신 : 木星   財星
희 신 : 火星   官星
기 신 : 金星   比劫
구 신 : 水星   食傷
한 신 : 土星   印星

격   국   財星生官星格

체   질   比劫(A)

종합판단

먼저 격국과 심성체질과 대운의 흐름을 살펴보자.

자신이 추구하는 삶(격국)은 재성생관성격으로 남편의 강력한 사랑과 보호를 받길 원하면서도 남편의 힘을 덜어주고자 자신도 직업을 가지고 생활의 일부를 책임지려는 노력을 하면서 아기자기하게 가정을 이끌고 간다.

그런데 심성체질이 격국과는 정반대인 비겁체질이라서 만의 하나 운이 좋지 않다면 위에 말한 삶과는 180도 다른 양상을 띠게 된다. 즉, 어떠한 재미나 즐거움도 느끼지 못하고 돈을 많이 벌지도 못하며 가정이나 사랑을 지키지도 못하여 부부간에 문제가 발생할 수 있으며, 유별나게 친정에 매달릴 것이며, 무엇인가에 집착하여 고독해질 것이라고 예상할 수 있다.

대운의 흐름은 초반 목성의 시기가 제일 좋은 1등의 운이며, 그 뒤 다가오는 수성의 시기는 가장 안 좋은 5등의 운을 맞이하게 된다. 그러다가 65세가 되면 4등으로 조금이나마 상승하는 운이다. 이것으로 보아 이 사람이 살아갈 일생의 큰 줄기가 그려진다.

이 사람이 필자를 찾아온 것은 2003년 1월이다. 인생 전반에 대해서 알고 싶다면서 상담을 신청했다. 먼저 위의 삶을 바탕으로 자신이 추구하는 삶과 그리고 집착으로 끌려갈 수밖에 없는 삶을 얘기하였다.

현재 자신이 원했던 꿈과는 다른 삶을 살고 있다. 어릴 때의 꿈은 정말 공주처럼 화려하게 남들의 주목을 받고 인기를 누리면서 살고, 결혼해서는 살림만 하기보다는 남편에게 보란 듯이 자신의 능력을 발휘하면서 살고 싶었을 것이다.

그런데 시간이 흐르면서 그러한 꿈에서 점차 멀어질 것이고 가정에 대한 애착도 없어지고 삶에 대한 실망만 하게 된다. 이럴 때는 하루 빨리 꿈에서 깨어나 현실에 적응하기 위한 노력을 해야만 한다.

그리고 고독한 것이 싫은데 주변 상황은 자꾸만 자신을 외롭고 고독하게 만든다. 그래서 마음 줄 곳도 없게 되고 삶의 희망마저도 져버릴 수 있다.

이런 내용을 이야기하자 말문을 열었다.

결혼하기 전까지 고통이 무엇인지 고독이 무엇인지를 전혀 알지 못하고 오히려 남들보다 앞서서 원하는 방향으로 나아갔다고 한다. 그런데 25세 되던 해에 남편의 끈질긴 구애 끝에 결혼하여 행복한 가정을 꾸려 나갔으나 임신을 한 뒤부터 이상한 생각에 사로 잡히기 시작했다고 한다.

그것은 아이 때문에 자신의 능력이 혹시 사장되는 것은 아닐까라는 생각이 무수히 들어 결국 아이를 낳고 얼마 있지 않은 결혼 3년만에 남편과 이별하고 말았다고 한다. 헤어질 때 남편은 같이 살면서 개선해 나가자고 했으나 도저히 용납되지 않아 자신의 의사대로 이혼을 감행했다는 것이었다.

지금 와서 후회하는 것도 아니었다. 전 남편은 과거보다 더 잘 나가고 있다고 한다. 아이도 남편이 키우고. 그렇게 홀로 산 지가 벌써 6년째로 직장에 꾸준히 다니고 있는데 앞으로 결혼에 대한 생각은 반반이라고 한다. 왜냐하면 예전에 잘 나갔던 모습을 생각하면 다가오는 남자들보다는 더 나은 남자를 만나야 한다고 생각하고 있기 때문이다.

그것은 이 사람에게 아직도 고고한 성격이 남아 있기 때문인데, 이

제부터는 남에게 받으려고만 하지 말고 마음을 줄 수 있는 봉사하는 자세로 바꾸어 세상을 살아가라는 조언으로 상담을 마무리하였다..

그래야만 남은 인생이 고독하지 않고 그나마 행복할 수 있다. 부디 바라는 것이 있다면 어느 정도는 버릴 줄도 받을 줄도 알아야 한다. 그래야만 고독한 생활을 면할 수 있다.

이와 같이 대운의 향방에 따라 삶의 모습이 바뀌는 것은 어쩔 수 없는 일이지만 본인 스스로 그것을 안다면 어느 정도 불행을 막을 수 있을 것이다. 집착으로 끌려갈지라도 무엇이 단점인지를 알았다면, 버릴 것은 버리고 받을 것은 취하여 현실과 맞추면서 살아갈 수 있었을 것이라는 아쉬움이 남는 상담이었다.

[食傷體質(식상체질)]

식상체질을 한마디로 표현하면 기존의 있는 그대로보다는 변화의 추구이다. 그래서 감수성과 자유 그리고 아이디어와 창의력, 관찰과 변화, 개혁과 모험, 자부심과 완벽성, 상상력과 성욕, 부하나 제자, 그리고 남자에게는 장인, 장모를 뜻하는 처갓집으로, 여자에게는 자식과 강한 독립을 의미한다.

그래서 남녀 공히 현 사회체제의 모든 것들을 거부하고 새로운 체제를 동경하며, 구태의연한 방식보다는 편리하면서 생활에 이로운 쪽으로의 발전을 추구하며 있는 그대로보다는 새로운 변화를 꾀하는 사람들이 많다.

그리고 남에게 귀속되기보다는 독립적이므로 자신의 개성과 끼를 마음껏 발산할 수 있는 직장에 근무하거나 또는 전문성을 갖춘 프리랜서를 희망하며, 기회가 오면 자신이 오너가 되려고 한다.

가장 큰 특징 중의 하나는 완벽성이다. 이로 인한 자존심의 문제로 감정이 비화된다. 예를 들어 어떠한 주제를 가지고 토론할 때 자신의 논리에 맞지 않음에도 불구하고 모든 지식이나 방법을 총동원하여 자신의 주장을 끝까지 관철시키는 강한 의지를 행사한다.

이런 성향 때문에 주위에서 의논하거나 토론하려고 하지 않아 고독해질 수 있으며, 그로 인해 완벽한 겉모습과는 달리 내면의 섬세한 감수성이 상처를 받게 되어 의욕상실이나 대인기피증 혹은 상실감에 빠지기도 한다.

그리고 자신을 잘 아는 사람들에게는 관대하지 못하지만 모르는 사람들에게는 무척 관대한 것도 특징인데, 이는 자신의 단점을 많이 알고 있는 사람들에게 아무리 잘해야 인정받기가 어려우므로 차라리 아무것도 모르는 사람에게 시간을 할애한다면 한 만큼 인정을 받을 수 있기 때문이다. 그러다 어느 정도의 시간이 흐르면 또 다른 낯선 사람에게 최선을 다하는 모습을 보인다.

톡톡 튀는 생각과 혁신적인 아이디어로 새로움을 창조해내는 능력이 뛰어나 그런 업종에 근무하면 능력의 최대한 발휘해 타의 추종을 불허하기도 한다. 더구나 강한 카리스마를 지니고 있어 윗사람보다는 아랫사람들의 추앙을 받는 경우가 매우 많다.

그리고 유난히 성적인 호기심이 강한데 그것은 어릴 때든 어른이 돼서든 마찬가지다. 그래서 어릴 땐 나이보다 훨씬 조숙한 경우가 많으며, 섹스와 관련된 것들을 일찍 접하게 되고 자위행위나 성 경험도 일찍 하게 된다.

어른이 되어서도 한 사람하고의 섹스에 얽매이지 않으려고 하며, 섹스를 할 때도 다양한 방식의 체위를 사용하며 심할 경우엔 변태적인 행위까지 갈 수 있으므로 조심해야 한다.

그리고 이 체질의 사람들은 규칙이나 질서 또는 관습 중에서도 불합리한 점들이 나타나면 과감하게 개선하려고 하므로 악법이라면 어떻게 해서든지 고치려고 한다. 그러므로 학창 시절에는 데모를 하고, 회사에서는 노동조합에 관여해 거대한 힘에 맞서 투쟁하는 의식이 강한 것도 특징이다.

이 체질의 남자는 여자를 선택함에 있어서도 처갓집의 조건 등을 따져 은근히 도움받길 바라며, 만에 하나 다른 여자에게서 상당 부분 물질적으로 도움을 받는다면 이중생활도 서슴지 않고 할 수 있다.

여자의 경우는 남편을 사랑하면서도 자아를 잃지 않기 위해 자신의 능력을 키우는 데 게을리하지 않고 자신의 개성을 드러내보이길 좋아하며, 남편과 동등하기를 원하므로 남편의 성공을 자신의 성공으로 대리만족하지 않는다. 그런 반면에 자식에 대한 집착이 유난히 강해 남편과 사이가 안 좋아지더라도 자식 때문에 참고 사는 경우가 많으며 간혹 자식을 위해서 독수공방으로 인생을 마치는 사람들도 있다. 심한 경우 자식을 차지하기 위하여 며느리하고 사이에서 말 못할 고민을 하는 어머니가 되기도 한다.

간혹 성적으로 깊이 빠져 오로지 그것만을 생각하며 사는 여자들도 있으므로 인생을 크고 넓게 보아 중용을 취하기를 진정 바란다.

사주팔자 (여)	시	일	월	년
	戊	甲	癸	丙
	辰	申	巳	午

대 운	乙	丙	丁	戊	己	庚	辛	壬
	酉	戌	亥	子	丑	寅	卯	辰
	76	66	56	46	36	26	16	06

오행비율 火星:2.40 金星:1.00 土星:0.70
木星:0.50 水星:0.20

음양비율 음기:1.2 양기:2.9 중성:0.7

일주강약 0.70 (身弱)

오신육친 용 신 : 金星 官星 (가용신)
희 신 : 水星 印星
기 신 : 火星 食傷
구 신 : 土星 財星
한 신 : 木星 比劫 (진용신)

격 국 官星生印星格

체 질 食傷(B)

종합판단

나이는 많지 않지만 짧은 삶에 관한 이야기를 듣다 보면 마치 80 평생을 살아온 한 많은 여인의 삶인 듯한 착각에 빠져든다.

고등학교를 졸업할 때까지 그녀는 아주 평범하게 살아왔으며, 오로지 집과 학교 외에 다른 곳을 가본 적이 없었다. 고등학교 졸업 뒤 얼마 안 있다가 친구가 만나자고 해서 약속장소에 나갔는데, 그 친구가 어디를 갔다 오자고 하는 바람에 생전 처음 기차를 타고 먼 여행을 떠났다. 그야말로 인생의 흐름을 바꾼 여행이 되고 말았다.

그녀가 간 곳은 처음 보는 촌구석의 작은 마을이었다. 그곳이 바로 친구의 집이었다. 그곳에는 나이든 어머니와 노총각인 오빠가 살고 있었는데, 친구는 그녀를 그곳에 혼자 두고 다시 서울로 떠나버렸다.

그녀는 그곳에서 어머니와 오빠의 감시하에 한달 동안 방 안에 갇혀 지냈다. 도망치려고 했으나 어디로 끌려온지도 모르고 어떻게 서울로 가는지도 몰라 그렇게 한달을 보낼 수밖에 없었다.

도저히 견디기 어려워 한달 뒤 도망을 나오다 그만 넘어져 허리를 다치는 바람에 그 집에서 머물게 되었고, 결국에는 나이든 친구의 오빠랑 살게 되었다. 그런 상황들을 짐작하면 그녀가 얼마나 세상 물정에 어두웠는지를 알 수 있다.

이때 그녀의 나이 20살로 1985년이었다. 그렇게 사는 동안 아들 둘을 낳았고, 먹고 살기 힘들기도 했지만 자신의 인생을 엎은 그 지긋지긋한 시골에서 항상 탈출을 꿈꾸었으므로 남편을 설득하여 서울로 이사를 오게 되었다.

서울에 와서 살아보니 남편의 무능력이 더욱더 확실히 드러났고 자신이 생활을 위해 일을 하지 않으면 안 되는 상황이 되었다. 그러다 남편과 갈등이 심해져 싸움을 하게 되었고 그런 악순환이 반복되자 급기야 남편이 손찌검을 하기 시작했다.

그러다가 95년에는 아주 어렵게 어렵게 남편과 합의이혼을 하여 혼자 살게 되었다.

그러나 얼마 안 있어 유부남을 알게 되어 그저 가볍게 만나는 사이로 지냈는데 그 남자의 부인이 갑자기 죽게 되었다. 그 부인이 넘기고 간 어린 아이들을 돌봐달라는 부탁에 썩 내키지는 않았지만 그 집에 들어가 살게 되었다고 한다.

정성을 다해 두 번째 남편의 자식들을 키웠고 그러는 사이에 딸도 태어났으나 그 남편이 졸지에 사고를 당하는 바람에 몇년 살아보지 못하고 또 과부가 되었다. 그러자 시댁에서는 전처의 아이들을 데리고 갔고 결국 그녀가 낳은 딸과 단둘이서 이 험한 세상을 살게 되고 말았다.

아직까지는 우리 사회가 여자 혼자서 딸을 데리고 사는 것이 만만치 않다. 살기 위해 해보지 않은 일이 없다고 한다. 결국 힘에 부쳐 친정으로 들어갈 수밖에 없었는데그 무렵인 2001년에 필자에게 상담의뢰를 했다.

그때도 자신의 삶을 이해해줄 남자가 있다면 다시 살고 싶다는 희망을 버리지 않고 있었다. 그러나 필자와 만난 당시의 그녀는 예전의 순수한 모습은 찾아볼 수 없었다.

얼마나 많은 고생을 했는지 만성간염에 걸렸고 조금만 무리하면 정신적으로 피곤이 몰려와 아무 일도 할 수 없다고 했다. 거기에다 조금만 흥분하거나 놀라면 심장이 빠르게 뛰어 불안함과 초조한 생활을 하게 되고 밤이 되면 불면증으로 수면제를 복용하거나 술을 먹지 않으면 잠을 자지 못한다고 했다.

왜 나이도 많지 않은 이 사람에게 이런 가혹한 일들이 일어나야만 하는가를 알아보자.

격국(추구하는 삶)은 관성생인성격에 진용신이 비겁이다. 그렇다면 사랑하는 남자를 만나서 성실하게 타의 모범으로 살면서 남편의 사랑을 받고 자식에게도 부모로서 할 수 있을 만큼 애정을 주는 현모양처로 미래에는 누구보다 안정되어 나이에 맞는 고상한 인품과 지적인 삶으로 마감하고 싶었을 것이다.

그러나 이 사람의 대운을 살펴보면 초반 목성의 시기가 4등이며, 현재 수성의 시기는 3등으로 미세하나마 상승하는 흐름이다. 초반에는 지금보다 격국의 모습이 아닌 심성체질인 식상의 영향을 많이 받았음을 알 수 있다.

따라서 원하지 않았지만 해로할 수 없었던 사람(남편)들을 만나 살면서 자식까지 낳고도 헤어져야 했고, 젊은 나이인데도 건강에 약한 체질이라 여러 가지 질병에 시달려야만 했다.

그러면서도 좋은 남자 만나 다시 가정을 꾸리고 싶은 것은 대운의 흐름이 조금이나마 좋아서 격국이 원하는 삶의 방향으로 나아가고자 하기 때문이다.

식상체질이란 여자에게 있어 가정을 깨뜨리기 쉬운 체질이라 자신도 모르게 남편의 기를 꺾을 수 있으므로 미리 대비하도록 해야 한다.

[財星體質(재성체질)]

재성체질은 물질적인 풍요로움과 화려한 삶, 즉흥성과 분위기, 감수성과 감정, 사교성과 외향성, 그리고 정열적이라 인기를 얻고 싶어하고, 항상 즐겁고 유머를 즐기며, 예술적인 감각이 강하다. 이런 성향으로 인해 변덕을 자주 부리기도 하고 자칫하면 환락이나 유흥에 빠지기 쉽고 간혹 도박성이 짙어져 한탕주의를 좇기도 한다.

남자에게는 부인이나 여자를 뜻하고 여자에게는 남편의 집 즉 시부모를 의미하기도 한다.

남녀 모두 이 체질의 사람들은 누구보다도 감수성이 예민하고 감정적이며 열정적이므로 겉으로 드러나지 않을지라도 마음에는 내재해 있다. 그러므로 아주 작은 일에도 객관적인 판단을 못하고 스스로 흥분해 대인관계에서 단점을 보이는 경우가 많다.

분위기에 유난히 약하고 감정의 변화가 커서 기분에 따라 180도 다른 모습이나 생각을 할 수 있으며, 분위기가 만들어지고 자신의 취향과 맞는다면 순간을 영원으로 착각하여 간혹 원하지 않는 행동을 하는 것으로 보아 자제력과 절제력이 부족함을 알 수 있다.

그래서 상대에게 갖은 애교를 부리고 아양도 떨며 모든 것을 맡기는 듯한 태도를 취하다가 상대가 뭔가 자신에게 맞지 않는 심기를 건드리면 언제 그랬냐는 듯 즉각 돌변해 감정을 폭발하여 하지 말아야할 말이나 행동을 하여 상대를 질리게 한다. 덧붙여 말하면 어느 장단에 춤을 추어야 할지 몰라 당황하는 행동을 하기도 하여 주위의 분위기를 어색하게 만들기도 한다.

또 한 가지에 빠지면 몰입하는 편이라서 게임이든 도박이든 재미가 있다고 생각되면 누가 뭐라고 해도 자신이 싫증나서 빠져나올 때까지 말을 듣지 않는다. 그렇지만 인내력과 끈기가 없는 편이라 재미가 없으면 쉽게 포기한다.

이 체질의 가장 큰 특징은 재물욕심이 유난히 많다는 것이다. 현실적으로 이득이 된다면 의무나 의리 그리고 인간적인 정이나 도리하고는 담을 쌓을 정도로 냉정하게 챙기는데, 그 이유는 화려하고 풍요롭고 즐겁게 인기를 누리면서 살고 싶은 욕심에 남보다 재물을 많이 가지려는 욕심 때문이다.

그래서 한번에 떼돈을 벌 수 있는 기회를 잡으려고 하며, 모험이 따르는 투기나 투자에도 손을 대는데 아무튼 금전과 연관이 많은 곳을 좋아한다. 특히 연예계나 예술계에 종사하는 사람들이 많다. 또한 남들에게 화려하게 보이고 싶은 욕구가 강해 외형에 신경을 많이 쓴다.

설령 집안의 경제가 엉망이 되더라도 외모를 치장하거나 멋을 내는 데 많은 시간과 돈, 노력을 아끼지 않는데, 있어 보이고 싶은 마음에 비싼 옷이나 온갖 액세서리로 자신을 포장한다.

그리고 동성보다는 이성에게 관심이 많아 우정보다 사랑을 우선

생각한다. 그런데 이성들과 깊이 있게 사귀기보다는 넓게 사귀므로 진정한 애인이 없는 사람들이 많다. 그럼에도 불구하고 기회가 오면 더 많은 이성 친구들을 사귀려고 유혹인 줄 알면서 혹은 모른 채로 상대에게 맞추고 따라가는 경향을 보인다.

그러다가 분위기가 무르익으면 넘지 말아야 할 선을 가볍게 넘는 사람들이 많으며, 깊은 사이가 되었더라도 그 사람에게만 매달리지 않고 자유롭게 자신의 생을 즐기려고 한다.

남자는 바람둥이라는 소리를 듣기노 한다. 쾌락과 향락을 추구하므로 사랑 없이도 섹스를 나눌 수 있으며, 밖에서 바람을 피우면서도 가정으로 들어가면 부인을 의식하여 가끔은 부인의 일거수일투족에 관심을 갖고 감시를 철저히 하며 설령 부인이 이혼을 원해도 쉽사리 해주지 않으려고 한다.

여자는 유난히 시댁과의 인연이 강해 남편을 사랑하지 않든 사랑하든 시댁에 끌려 다니는 경향이 강하며 정신적인 스트레스로 고생하는 사람들이 많다. 내키지 않으면 하지 말아야 하나 거부하지 못하고 심하면 남편과의 행복이 깨지기도 한다.

사주팔자	시	일	월	년
(남)	己	辛	甲	戊
	亥	未	寅	寅

대 운	壬	辛	庚	己	戊	丁	丙	乙
	戌	酉	申	未	午	巳	辰	卯
	79	69	59	49	39	29	19	09

오행비율 木星:2.40 水星:1.00 土星:0.90
火星:0.50 金星:0.00

음양비율 음기:1 양기:3.4 중성:0.4

일주강약 0.90 (身弱)

오신육친 병 신 : 土星 印星
1약신 : 金星 比劫
2약신 : 火星 官星
기 신 : 木星 財星
한 신 : 水星 食傷

격 국 印星用印星格

체 질 財星(B)

종합판단

이 사람이 사는 모습이나 형편을 어느 누구보다 잘 알고 있어서 필자의 강의에서 병약신의 사주를 강의할 때 예를 많이 들었던 사주다.

이 사람의 부모님은 평생 사업을 하여 상당한 부를 축적했다. 그 부가 어느 정도인가는 그 동네에서 사방으로 30리를 나가야만 남의 땅을 밟을 수 있을 정도였다고 하니 대단했던 것 같다.

그래서 이 사람의 어린 시절은 가히 어느 나라의 귀공자나 왕자가 부럽지 않을 만큼 동네에서 귀한 대접을 받으며 자랐고, 40여년 전에 서울로 유학 와서 대학을 다니다가 군대에 갔으며, 제대 뒤 아버님이 돌아가시는 바람에 대학을 중퇴하고 홀로 사업하시는 어머님을 도와 자금관리를 담당했다.

많은 돈을 만지다 보니 주위에 친구들이 들끓었고 자연히 요정출입이 많아졌다. 그 당시 잘 나간다는 여자들이 항상 주위에 있었으며, 어디를 가든 최고의 대접을 받아 부러울 것이 없었다.

이 사람은 평소 부모님의 뜻에 반하는 행동은 하지 않았으나 결혼만은 자신의 고집대로 했다. 부인과 자주 만나면서 사랑하게 되었으나 집안이 전혀 어울리지 않는 관계로 결혼을 할 때까지 어머니의 반대가 무척 심했다.

그러나 결혼만은 사랑하는 여자와 하겠다고 끝까지 우기자 어쩔 수 없이 어머니가 결혼을 허락하게 되었고, 어머니의 집에서 신접살림을 꾸리게 되었다. 결혼한 뒤에도 어머니의 사업을 뒤에서 철저하게 도와 줄 뿐이지 자신은 땡전 한푼 벌어 본 적이 없었다. 그랬음에도 불구하고 돈이 지겨울 정도였다고 한다.

그러나 결혼한 뒤에도 밤만 되면 친구들과 어울려 다녔고, 요정 등 유흥업소의 여자들은 이 사람을 잡으려고 안달이 났다고 한다. 그런 남편을 바라보는 부인의 심정은 어떠했는지 말 안 해도 알 것이다.

그러한 삶이 계속되다가 83년에서 84년쯤 사업의 중추적인 역할을 하던 어머니가 돌아가시면서 갑자기 사업이 기울기 시작했는데, 어머니가 남겨주신 재산이 당시 시가로 100억원가량 되었다고 했다. 그렇게 큰 재산을 물려받았으나 2년도 안 되는 사이에 몽땅 날렸다. 필자도 이 사람이 하는 말을 그대로 믿기가 어려웠다.

물려받은 재산은 현금도 있었지만 대부분은 땅문서나 집문서로 받았다. 그런데 동네에서는 사업의 주체인 어머니가 돌아가시자 인심 좋기로 소문난 그에게 도움을 요청하기 시작했고, 사람 좋은 그는 주위에서 도움을 요청하면 아무런 의심 없이 보증을 서는 일들을 서슴없이 했다.

그러다 가장 많은 금액을 보증 서준 친구가 1985년에 부도가 나서 물려받은 모든 재산을 송두리째 날리고 말았다.

평생을 아무 걱정 없이 살다가 50살이 가까워서 자신의 힘으로 처자식의 의식주를 책임지게 되었으니 그를 바라보는 주위의 눈은 그렇다고 하더라도 그의 마음이 어떠했는지는 알고도 남음이 있을 것이다.

결국 부인은 병이 났고 무능력한 남편과 자식들을 남겨두고 끝내 돌아오지 못할 강을 건너고 말았다고 한다. 그때가 1991년이었다.

그리고 보증 선 것을 받으려고 소송까지 하여 이겼으나 친구 역시 한푼도 없는 처지가 된 뒤라 지금까지 한푼 받지 못하고 고향에서도 살기가 어려워 서울에 있는 친구 소개로 아파트 공사의 관리직에 취직하여 서울의 신림동에서 살게 되었다.

자신의 인생살이가 하도 기가 막혀 팔자가 무엇인지 알고 싶어 역학책을 보다가 너무 어려워 필자를 찾아와 상담을 받고 제자가 되기로 결심했는데, 그 해가 1999년이었다.

상담할 때 이야기 중에서 지금도 잊혀지지 않는 것이 있다. 예전에 어머니 밑에서 부러울 것 없이 살던 때보다 가진 것이 한푼도 없는 지금이 마음으로는 더 편하다고 한다.

예전에는 사신도 모를 부담감에 항상 사로잡혔으나 지금은 그런 부담감에서 벗어날 수 있어서 좋고 월급이야 몇 푼 되지 않지만 스스로 벌어 생활할 수 있는 능력을 갖추었고 하고 싶던 공부도 할 수 있어 예전보다 현재가 더 좋다는 것이다.

그는 왜 화려했던 과거보다 현실적으로 어려운 현재에 더 만족하는 것일까? 현실을 긍정적으로 보려고 해서인가? 과거의 넉넉하고 화려했던 생활을 잊기 위해서인가? 그러나 모두 아니다.

그가 원하는 삶은 인성용인성격의 삶이며 운이 나빠 끌려가게 되는 심성체질은 재성체질이다. 어느 쪽의 영향을 많이 받고 사는가와 자신이 만족할 수 있는 삶을 사는가는 대운의 흐름과 밀접한 관련이 있다고 했다.

그런데 대운의 흐름은 丙辰(병진) 대운까지는 5등의 운이었다가 丁巳(정사) 대운부터 己未(기미) 대운까지는 3등의 운을 지나왔으며 현재는 1등의 운에 머물고 있다. 이 흐름의 뜻은 나이가 들수록 재성체질의 영향에서 멀어진다는 것을 의미하고 있으며, 그가 원하고 있던 격국(인성용인성격)으로 살아감을 의미한다.

그래서 그 어마어마한 재산을 한푼도 남김없이 주변 사람들에게 다 날리고도 그 사람들을 원망하지 않으면서 현재 가진 것이 없는 자신의 처지를 비관하기보다는 사람답게 살 수 있고 공부도 할 수 있고, 특히 본인의 능력으로 돈을 벌고 있다는 것에 대단히 만족하고 있는 것이다.

이렇듯 대운의 흐름이 어느 방향으로 가는가에 의해 삶의 흐름이 180도 바뀌는 운명이 있음을 알아야 하고, 설령 있는 것(돈, 권력)을 다 잃어버려 남의 눈에는 불행하게 보일지라도 자신은 만족해 하는 사람의 운명도 있음을 알아야 한다.

官星體質(관성체질)

관성체질의 가장 큰 특징은 현실세계에서 남보다 더 출세하여 명예(권력)를 얻고 싶은 것이다. 그래서 흔히 명예나 권력욕, 권위주의와 명분, 법치주의와 보수주의, 상명하복과 기존의 틀, 성실함과 획일주의, 책임감과 도덕성, 무사안일과 고지식 등으로 나타나며 남자에게는 책임져야 할 자식이나 무거운 짐을, 여자에게는 남편(남자)과 가정 그리고 진정한 사랑을 의미한다.

남녀 모두 출세에 큰 관심을 가지고 있으므로 부하들보다는 직장 상사와의 유대 관계에 더 신경을 쓰는 경향을 보이며, 윗사람으로부터 신뢰받고 인정받기 위해 모든 노력을 아끼지 않는다.

따라서 자존심이 센 사람이라도 직장 상사에게만큼은 허리 굽혀 아부를 한다. 그래서 간혹 부하 직원들이나 동료들에게는 너무 현실적으로 보여 출세밖에 모르는 사람이라는 평을 들을 수도 있고, 자신이 속한 사회(조직)가 잘못된 곳일지라도 출세와 안정을 보장해주면 악법도 법이라고 생각하여 충성을 다하므로 사회에서 매도 당하기도 한다.

그래도 명분이 떳떳하지 않고 도덕적으로 문제가 있는 자리라면 일단 거부하기도 하지만 상사가 끝까지 밀어붙이면 어쩔 수 없이 따르는 사람들이 많다. 따라서 잘못된 것을 개선하고 개척하는 것보다는 삶을 편하게 살기 위해 무사안일주의에 빠져드는 경향이 있다.

조직사회에서는 성실하고 책임감이 강해서 근면한 사람들이 많으나 반면에 융통성이 부족하고 고지식한 면이 많아 꽉 막힌 사람이라는 소리를 자주 들으며, 자기주장이 강해 남이 뭐라고 하든 간에 자기 생각만을 피력하여 대화가 통하지 않는 사람으로 보일 수도 있어 외곬의 삶을 사는 사람들이 의외로 많다.

따라서 창의력이나 아이디어가 요구되는 일이나 부분이 아닌 전체를 맡아 융통성 있게 진행시키는 일에는 적당하지 않을 수도 있으며, 자신을 잘 모르는 사람들 앞에서는 모범적으로 보이다가도 자기만의 공간이나 자신을 잘 아는 사람들이 많은 곳에선 의외로 법을 완전히 무시하려는 경향도 강하다.

또한 절제된 삶을 살아가려고 애쓰므로 본능적인 욕망이나 욕정을 잘 참고 살아 스트레스를 많이 받는다. 그것을 그때그때 풀어주지 못하면 신경쇠약이나 환청 또는 환각이나 정신분열 등과 같은 정신과적인 병을 앓게 되고 그것이 심할 경우엔 신들림 증상까지 보일 수 있다.

이 체질의 남녀에게 가장 답답함을 느끼게 하는 것은 자신이 직접 본 것이나 느낀 것 그리고 직접 듣고 만지고 배운 것 이외의 것들은 쉽사리 믿지 못한다는 것이다. 예를 들면 정신적인 문제나 심리적인 문제 등 보여지지 않는 진리를 믿는 마음이 부족해, 진술한 대화(토론)가 안 되는 경우가 많아진다.

집안에서도 보수적이어서 엄격하면서도 권위 있게 생활하려고 하기 때문에 자식들에게 부드럽고 자상하고 자애로운 모습을 보여주지 못하며, 간혹 어른들께도 잘잘못을 지적하려는 사람들이 많음을 볼 수 있다.

그런데 남자는 유난히 자식에게 거는 기대가 크다. 특히 자신이 못다 이룬 꿈을 대신하여 이루어주길 바래 아주 엄격하게 키우며, 아빠로서의 책임은 철저하게 하는 반면 부권에 도전하는 것은 용납하지 않는다.

여자에게도 마찬가지다. 남자는 하늘, 여자는 땅이라는 생각이 뿌리 깊게 박혀 있어 전형적인 가부장의 모습을 보인다. 설령 자신은 밖에서 올바르지 못한 행동을 한다 하더라도 부인에게는 끝없이 순종하기만을 바란다. 만약 부인이 그렇게 따르지 않는다면 그 가정은 끊임없이 충돌이 일어나고 급기야는 가정이 붕괴되는 상황에 이르기도 한다.

여자는 남편(남자)에게 집착하기 쉽다. 대개는 사랑하여 결혼하므로 남편이 바라는 대로 원하는 대로 모든 것을 맞추어주려고 하나, 만약 사랑이 식거나 실망하게 되면 마지못해 맞추게 되며 그 허탈한 마음을 채우려고 다른 사랑을 찾게 된다.

　만에 하나 사랑하는 남자를 찾았다 하더라도 가정을 지니고 있으므로 도덕적인 자책감과 책임감 그리고 주위의 이목으로 인해 쉽게 결단을 내리지 못하고 방황하는데 일단 결심이 서면 모든 것을 다 팽개치고 사랑하는 사람을 찾아 훌쩍 떠나기도 한다.

사주팔자 (남)	시	일	월	년
	癸	辛	丁	甲
	巳	巳	卯	午

대　운	乙	甲	癸	壬	辛	庚	己	戊
	亥	戌	酉	申	未	午	巳	辰
	73	63	53	43	33	23	13	03

오행비율　火星:3.20　木星:1.40　水星:0.20
　　　　　　土星:0.00　金星:0.00

음양비율　음기:0.2　양기:4.6　중성:0

일주강약　0.00 (身弱)

오신육친	용 신 : 水星	食傷 (가용신)
	희 신 : 金星	比劫
	기 신 : 土星	印星 (진용신)
	구 신 : 火星	官星
	한 신 : 木星	財星

격 국	食傷保比劫格

체 질	官星(C)

종합판단

이 친구는 2002년 늦가을에 필자를 찾아와 제자가 되겠다고 하여 생업을 팽개치고 몇 개월간 고시원에 방을 얻어 역학을 공부하였다.

집이 진주라서 웬만하면 집에서 동영상 강의를 시청하는 것이 어떠냐고 권했지만 굳이 필자의 강의를 직접 듣겠다는 게 그의 생각이었다. 필자가 지은 책도 다 읽고 필자의 홈페이지에 올라 있는 모든 내용물을 다 파악하고 있었으며, 몇 년 전부터 서울에 올라와 녹현역을 공부하고자 했지만 상황이 그렇게 되지 않아 미루었단다.

그러다 자신이 몇 개월 집에 없어도 큰 탈이 나지 않을 정도로 해놓고 집안의 어른들과 처자식에게 허락받고 상경했다. 게다가 의지가 굳고 책임감이 강한 학생이었으니 역학을 배울 기본 인품을 충분히 갖춘 사람이다.

이 친구는 부산에 있는 대학이나 진주의 대학 등에서 시간강사로

꽤 유명하다고 했다. 그러나 번번이 교수임명에서 탈락하는데 나이는 들어가고 해서 이제는 교수직을 포기하고 예전부터 하고 싶었던 공부나 해야겠다고 결심을 했다.

그래서 굳이 왜 필자에게 배우려고 했는가를 물어보았는데, 역학을 공부한 지는 꽤 오래되어 기존의 역학이론으로 주변의 사람들을 상담해주기도 했으나 어느 때는 맞기도 하고 틀리기도 하여 자신조차 무엇을 믿어야 할지 모를 만큼 헤매는 경우가 많아 정리된 녹현역을 배우기로 마음을 굳혔다는 것이다.

많은 역학자들을 만나기도 했고 많은 책들도 보았으나 하나같이 통일된 이론이 없이 귀에 걸면 귀걸이요, 코에 걸면 코걸이라는 식인데 반해 녹현역은 과학적이며 합리적인 이론을 바탕으로 체계화되어 현대라는 시대상을 반영한 통일된 이론이 마음에 들었다고 했다.

필자와 나이가 동갑이어서 친구같이 지냈는데 술과 담배를 안 해서 그런지 정신이 필자보다 맑고 깨끗하며 공부하는 자세 또한 달랐다. 필자의 말 한마디 한마디를 토시 하나 빼놓지 않고 필기했으며, 의문이 나는 사항에 대해서는 자신이 이해할 수 있을 때까지 묻는 식으로 공부를 했다.

이 친구가 살아온 삶을 훑어보자.

진주에서 뼈대 있는 집안 출신으로 집안의 장손으로 많은 제사를 받들고 어른과 아이를 대함에 있어서도 신분에 맞게 철저하게 위계질서를 지켰다. 예전 같지는 않지만 남존여비의 사상이 몸에 배도록 교육을 받아 아무리 능력이 없어도 남자의 대접을 받으며 요즘처럼 까불고 헤헤거리는 가벼운 듯한 모습을 극히 경계했다.

그래서 수입이 얼마 되지 않더라도 명분이 설 수 있는 교수가 되기를 희망했으며, 그러기 위해서 누구보다 열심히 공부했고 강의도 열심히 했다. 그러나 정작 본인은 그 길이 행복하지 않았다. 가르치는 것은 좋았지만 무언가 모를 답답함과 억누르는 듯한 책임감이 싫었다.

자신 역시 틀에 박힌 생활과 고리타분한 생활 그리고 의식적이든 무의식적이든 절도 있게 행동하려는 것과 전통을 지키려는 것에 대해서 왠지 모를 거부감이 있었다. 그래서 10년 전부터 집안 사람들에게 10년이 지나면 역학공부에 전념할 것이라고 누누이 강조를 하였고 6개월 정도 집을 비우더라도 생활해 나갈 수 있도록 준비를 했다.

필자 역시 이렇게 집념이 강하고 사전 준비를 철저하게 한 제자는 본 적이 없다. 이런 제자를 만나는 것은 제자 복이 많아서가 아닌가 한다. 그래서 이 친구와 같이 공부한 제자들에게 녹현역이 탄생하게 된 동기나 공식이 만들어진 계기, 그리고 특수한 구조나 격국의 크기를 만들게 된 필자의 철학을 누구보다 더 많이 공부할 수 있도록 동기를 제공하였다.

공부하는 도중 부산의 한미은행 해운대 지점에서 VIP고객들을 위해서 2003년 새해 이벤트 행사의 하나로 인생상담을 해주는 장을 마련했었다. 은행쪽에서 부산에 있는 제자 중 한 사람을 일주일 동안 상담요원으로 쓰겠다고 해서 필자는 그에게 부탁을 했었다.

쾌히 승낙을 하고 월요일부터 금요일까지 이 친구가 쟁쟁한 고객들을 상담해주기 시작했는데 무려 400여명을 보았다고 한다. 그것도 공부도 다 끝나지 않은 상황에서 말이다.

이틀째인가 그에게 전화가 왔다. 자신이 하는 말이 너무 잘 맞아 고객이 자기의 것뿐 아니라 식구들 모두 다 상담해달라고 하여 150여명을 보았다고 한다. 기존의 이론은 다 버리고 오로지 녹현의 이론으로 보았는데 신기할 정도로 맞아떨어진다고 하면서 고맙다는 말을 수도 없이 하였다.

필자는 그의 본성이나 인품이 만들어낸 종합적인 역의 상담이었다는 대답으로 민망함을 대신하였다. 그저 현실에 충실하도록 만든 것뿐인데 제자에게 너무 과분한 칭찬을 들으니 힘이 생기는 것 또한 사실이었다.

이 사주를 운명학적으로 살펴보자.

자신이 추구하고자 했던 삶은 식상보비겁격이다. 끌려갈 수밖에 없었던 삶은 관성체질이다. 대운의 흐름도 40대 초반까지 4등과 5등의 운이고, 그 이후는 2등의 운으로 초반 40여년의 흐름은 심하게 심성체질인 관성의 영향에서 벗어나지 못하다가 운이 상승하면서 자신이 하고 싶은 역학자로서의 길을 간다.

그가 굳게 마음먹고 역학의 길로 접어들면 필자보다도 더욱더 녹현역의 꽃을 피울 수 있으리라 믿어 의심치 않는다. 그것은 남보다 더 많이 가지고 출세하고자 하려는 마음이 적고 세상을 재는 잣대가 객관적이며, 올바른 역학을 알고 있기 때문이다.

[印星體質(인성체질)]

인성체질의 큰 특징은 삶이 천박하지 않으면서 인격적으로 대접받고 싶어한다는 것이다.

그래서 의무와 도리, 체면과 고상함, 인내와 평화(안정), 기대심리와 신분상승, 이성과 논리, 학구열과 소극성, 그리고 건강에 무척 예민하고 식탐이 많으며 효심이 지극하다. 그리고 변화에 민감하지 못하고 계산적이지 못하고 부모를 의미한다.

남녀 모두 현명하고 고상한 척하려는 사람들이 많으며, 그러한 모습으로 비쳐지기 위해서 모든 욕구나 감정을 포기한 채 살아가므로 정작 삶의 행복을 만끽하기란 그리 쉽지가 않다.

또 자신의 문제도 시원하게 해결하지 못하면서 주위에 있는 친한 사람들의 문제까지 관여해 근심 걱정이 끊일 날이 없는 것도 특징인데 그것은 동정심이 많은 것도 원인이 되겠지만 주위 사람들에게 인정을 받으려는 마음이 강하기 때문이다.

그리고 부모형제나 친구와의 관계에서는 모든 의무와 도리 그리고 신의까지 지키고자 능력의 한계를 뛰어넘는 것을 약속하고 도움을 주려고 하므로 가정에서는 부부싸움의 발단이 되는 경우가 많다.

그러므로 밖에 나가면 마음씨 좋은 이웃집 아줌마나 현모양처로 혹은 호인이면서 학자답게 보이지만 안에서는 엄숙하고 보수적인 기질로 자신의 권위에 도전하지 못하도록 가족들의 행동을 문제 삼으므로 가족들은 긴장하지 않을 수가 없다. 그러다가 자신이 조금이라도 아프면 당장 어떻게 되는 것처럼 야단법석을 떨기도 한다.

또한 고상하게 살고 싶은 내면의 욕구가 강해 아무리 돈이 된다고 하더라도 자신의 체면이나 이미지에 손상이 되는 일은 되도록 하지 않으며, 설령 살림이 어렵다고 해도 선비답게 양반답게 살려는 자세를 잃지 않으므로 천한 일은 마다하는 사람들이 많다.

그러나 누군가에게 의지하려는 특성이 강하여 어릴 때는 부모에게, 성인이 되어서는 배우자에게, 나이가 들어서는 자식에게 의지하려고 한다. 왜냐하면 개혁정신과 모험정신이 남보다 떨어지며 변화에 대한 두려움이 많아 급변하는 현실에 적응하기에 다소 무리가 있기 때문이다.

그래서 변화가 적은 직업에 종사하는 것이 맞으므로 주로 연구직이나 학자 혹은 선생님이나 공무원, 개인사무실 운영자 등이 어울린다. 그러므로 과감한 결단이 필요한 직업이나 독창적인 아이디어가 필요한 직업 그리고 변화가 심한 직업을 택하면 적성에 맞지 않아 능력을 다 발휘하지 못하고 어쩔 수 없어서 근무하게 되는 경우가 많다.

남자들의 경우 밖에서는 호인이라고 불릴 정도로 누구에게나 친절하지만 부인에게는 무척 엄격해서 만약에 가정불화가 일어나면 절대로 폭력은 가하지 않고 부인이 잘못한 것에 대해서 논리적이면서 집요하게 두고두고 풀어 상대방 스스로 질리도록 한다.

또한 자신은 부모형제에게 잘 못하더라도 부인에겐 최선을 다하도록 강요하며, 결혼하여 독립하더라도 부모의 말을 거역하지 못해 마마보이라는 소리를 듣기도 한다.

여자들의 경우 자기만한 효녀가 없다고 할 정도로 친정 일에 깊숙이 간여하는 사람들이 있는데, 그것도 말뿐이지 행동으로까지 옮기지 못하는 경우가 많으며 결혼했으면서도 친정에 의탁해 살림을 꾸려가는 사람들도 있다.

또한 자식들의 교육에선 누구 못지않게 옳은 사고와 행동을 강요하면서 키우고 남편에게도 옳은 일만 하도록 잔소리를 하지만 정작 자신이 살아가는 방식에는 가끔 어긋나는 행동을 하므로 밖에서의 모습과 안에서의 모습이 달라 믿음을 주지 못하는 상황을 연출하기도 한다.

사주팔자	시	일	월	년
(여)	庚	丙	丙	甲
	寅	戌	寅	寅

대 운	戊	己	庚	辛	壬	癸	甲	乙
	午	未	申	酉	戌	亥	子	丑
	73	63	53	43	33	23	13	03

오행비율　木星:3.40　土星:0.70　金星:0.50
　　　　　火星:0.20　水星:0.00

음양비율　음기:0.5　양기:3.6　중성:0.7

일주강약　3.60 (身强)

오신육친　용 신 : 土星　食傷
　　　　　희 신 : 金星　財星
　　　　　기 신 : 木星　印星
　　　　　구 신 : 火星　比劫
　　　　　한 신 : 水星　官星

격　국　食傷生財星格

체　질　印星(C)

종합판단

1997년 9월의 일이다. 정상인이 아니면서도 녹현이라는 역학자가

그 누구도 시도해 보지 못했던 새로운 녹현방정식을 창안했고, 기존

의 고리타분한 옛 이론을 21세기에 맞도록 수치화, 공식화하여 사주 프로그램까지 개발했다는 내용의 기사가 일간스포츠 사회면을 장식하던 때였다.

그 당시 그 이론을 배우고자 많은 사람들이 몰려와 필자는 제자들과 함께 명리학원을 열었으며, 강의와 상담 그리고 사주프로그램을 완성하고 있을 때였다. 그때 찾아오신 분인데 당신 것이 궁금해서가 아니고 딸의 팔자를 알고 싶어 오셨다고 했다.

신문에 용하다고 기사가 나는 역학자들은 다 찾아가 상담을 했지만 별로 신통하지 않았다고 하면서 언론이 왜 그런 사람들이 용하다고 기사화 하는지 모르겠다면서 필자를 대하는 눈도 그리 따뜻하지는 않았다.

그래도 궁금한 것이 있어서 오셨으니 최선을 다할 수밖에 없었다.

딸의 사주에 펼쳐진 격국(추구하는 삶)은 식상생재성격으로 원래는 친구들과 어울리면서 자신이 타고난 끼를 밖으로 마음껏 발산하면서 남자들과 동등하게 아니 오히려 위에 서려는 마음에서 도도한 자존심을 내세우고 자기만의 매력을 만끽하면서 누구보다 톡톡 튀어야 하고 항상 쾌활하고 즐겁고 재미있는 삶을 살아야 한다.

그런데 대운의 흐름이 안 좋아 현재 따님은 위와는 정반대의 삶을 살고 있다고 얘기하는 순간 엄마의 눈에 눈물이 글썽이는 것을 보았다.

만약 따님이 엄마에게 상담을 하면 어떤 얘기를 할 거냐고 그랬더니 아무 말도 못하고 한숨만 내쉬었다. 잠시 뜸을 들이다가 딸이 바라는 삶과 반대로 벌어지고 있는 현재의 삶을 얘기했다.

친구들도 별로 없고 밖에서 신나게 돌아다니지도 않고 자신이 타고난 끼도 발휘하지 못하고 마치 인생을 다 산 사람처럼 의욕도 떨어져 어느 한 순간이라도 재미있게 삶을 즐기지도 못하고 항상 고민이 많은 듯 살고 있으며 하기 싫은 공부에만 빠져 산다.

그래서 옆에서 지켜보는 사람들은 딸이 자폐증이나 대인기피증 같은 병에 걸린 것이 아닌가 의심을 할 것이라고 했다. 그때야 한숨을 쉬며 찾아온 목적을 말하기 시작했는데, 고등학교를 졸업한 뒤 곧바로 대학에 들어가지 못하고 삼수까지 해서 겨우 대학에 들어갔다고 한다.

문제는 그것이 아니라 학원을 다닐 때나 대학을 다닐 때 오로지 집하고 학교 그리고 학원밖에 모른다는 것이었으며, 그 흔한 미팅도 한 번 못 해보고 책상 앞에 매달려 오로지 책이나 보거나 비디오나 보고 있는데, 엄마를 더욱 못 견디게 하는 것은 항상 먹을 것이 손에서 떨어지지 않는 것이었다.

그래서 몸무게가 젊은 처녀인데도 80kg에 가깝고 엄마의 생각으로는 그런 뚱뚱한 몸매 때문에 콤플렉스가 생겼다고 생각했다. 그래서 밖에 나가지 않고 친구들과 어울리지도 않으며 미팅도 피하는 것이다.

그런데 요즘 들어 더 큰 문제가 발생하기 시작했다. 혼자 있는 것이 습관이 되었는데 혼자 있다 보니 정신상태가 조금씩 이상하게 변해가고 있음을 다른 식구들은 모르지만 딸과 많은 시간을 보내는 엄마는 알 수 있었다.

예를 들면 딸의 방에서 혼자 떠드는 소리가 나는데 가만히 들어보면 절대로 책 읽는 소리나 독백하는 것이 아니고 누구랑 얘기를 하는 것이다. 그래서 방에 들어가 보면 딸이 멍하니 천장만 바라보고 있다고 한다.

요즘은 그 증상이 점점 심해지는데 어찌하면 좋을지 몰라 용하다고 하는 역학자들을 찾아가 딸의 문제들을 상담해 보았는데 하나같이 엉뚱한 얘기나 하지 필자가 추론하는 것처럼 말하는 역학자는 한명도 없었다고 한다.

아무튼 필자는 고민하지 않을 수 없었다. 밖의 활동을 하지 않을 것이라고 예상은 했지만 증상이 이렇게 심할 것이라고는 예상하지 못했기 때문이다. 어떻게 하든 그런 모습에서 벗어나게 해줄 방법을 같이 찾는 것이 역학자의 사명이다.

사주를 보고 또 보았다. 심성체질이 인성체질이면서 4등의 운에 있어서 자꾸만 인성에 끌려갈 수밖에 없는데 인성으로 끌려가면 살이 찌는 것이 가장 흔하게 일어나는 현상이고 혼자서만 편안히 안정을 찾거나 공부에 전념하는 것인데 딸은 그 이상을 뛰어넘는 증상을 보이고 있다.

이것 저것 생각을 한 끝에 내린 결론은 다음과 같았다.

인성체질은 부모이다. 그렇다면 부모에게 의지하고 싶어할 텐데 부모는 오로지 대학에 들어가라고 했으니 아마 의논 상대가 되지는 못했을 것이다. 그렇다면 누구에게 의지하고 살고 있을까? 현실적으로 의지할 사람은 하나도 없다. 이럴 때는 주로 상상 속에서나마 의지하고픈 허상을 심어놓는데 이 딸도 그랬다.

그래서 요즘 딸이 주로 읽는 책이 무엇이냐고 물었더니 종교서적이라는 것이다. 바로 이것이다. 딸은 종교책에 나오는 神(신)에게 자신의 모든 것을 의지하고 얘기까지 주고받았던 것이었다.

따라서 딸을 종교책에서 벗어나게 하고 혼자 있는 시간을 줄이면서 되도록 함께 어울리도록 하고 헬스클럽에 다니면서 살을 빼게 하면 틀림없이 좋아질 것이라는 확신이 들었다.

그래서 딸이 혼자 있지 못하도록 식구들이 자꾸만 밖으로 불러내거나 여행을 같이 가거나 그것도 안 되면 가벼운 술집에 가서 허심탄회하게 마음속에 있는 말들을 끄집어내도록 딸의 수준에서 대화를 하여 속에 쌓인 것들을 풀어내도록 하라고 하였다.

모든 것을 혼자 하도록 하지 말고 항상 같이 있다는 것을 느끼게 하고 딸이 살을 뺄 수 있도록 가족들의 지속적인 관심과 노력이 필요하며, 가장 좋은 방법은 딸의 환경을 바꾸어주는 것인데, 여의치 않다면 우선 혼자 있는 시간을 절대 주지 않는 것이 가장 시급한 문제라고 역설하였다.

처음 올 때는 불신하는 마음으로 혹시 하는 한 가닥 희망을 찾아볼까 하고 왔는데, 돌아갈 때 그것을 찾은 것으로 보여 역학자로서의 책임을 다한 것 같아 흐뭇했다.

이렇게 인성체질이란 독하지 못하고 소극적이고 누군가에게 의지하려는 성향이 강해서 종교에 쉽게 빠지기도 하므로 이런 체질들은

할 수 있다는 자신감을 심어주는 것이 무엇보다 중요함을 느끼게 해
준 상담이었다.

두 가지 體質(체질)의 特徵(특징)

앞서 설명한 한 가지로 이루어진 체질은 운의 흐름이 나빠 체질의
영향을 받아도 쉽사리 흔들리거나 방황하지 않는 특징이 있는데 반
해, 두 가지의 체질로 타고난 사람들은 운의 흐름이 좋다고 하더라도
어느 하나에 집중해 초지일관의 자세를 보이기 어렵다.

또한 한 가지의 체질은 5종류가 있지만, 두 가지의 체질은 10종류
가 되며, 그 중 5종류는 갈등의 폭이 엄청 큰 경우와 갈등의 폭이 거의
없는 5종류가 있으며, 갈등의 폭이 크든 작든 간에 두 가지 체질에는
장점과 단점이 있다.

우선 장점으로는 어떠한 경우에도 한 가지의 체질처럼 어느 한쪽
의 삶으로만 집착하는 경우가 거의 없어 때에 따라, 분위기에 따라,
사람에 따라 임기응변이 뛰어나며, 다방면에 재주도 있어서 현실 적
응력이 뛰어나다고 할 수 있다.

단점으로는 한 곳에 전념할 수 있는 끈기가 부족하며, 순간적으로
변하는 것이 빨라 믿음을 주지 못하고, 말과 행동이 똑같지 않을 때가
많으며, 밖과 안에서의 모습이 달라 이중적으로 보이기도 하며, 결단
력이 필요할 때 망설이기도 한다.

예전의 사회는 되도록 인내하려는 삶이 주류를 이루었고 감정을 즉시 표출하려는 사람들을 그리 달가워 하지 않았으므로 두 가지의 체질을 타고난 사람들을 환영하지 않았을 것이다.

그러나 요즘처럼 다양한 삶을 원하는 21세기라서 부족한 끈기와 결단력만 보완한다면 두 가지의 심성체질을 가진 사람들이 예전보다는 살기가 나을지도 모른다.

상생하는 두 가지의 체질과 상극하는 두 가지의 체질에 대해 알아보기로 하자.

[相生(상생)하는 體質(체질)]

우선 상생한다는 것은 말 그대로 서로 도와준다는 의미이다.

여기에는 5 종류가 있는데 인성과 비겁체질, 비겁과 식상체질, 식상과 재성체질, 재성과 관성체질 그리고 관성과 인성체질이 그것이다.

이 체질들의 명칭에서 알 수 있는 것처럼 앞에 있는 육친이 뒤에 있는 육친을 생하는 관계라서 서로 친하다. 그래서 남들이 보았을 때는 두 가지의 심성체질을 가졌는지 알아차리기가 쉽지 않다.

그러나 한 가지의 심성체질만 지니고 있는 사람과는 분명히 다르다. 그것은 바로 집중력이다. 한 가지 체질일 경우 오로지 거기에만 매달리므로 누구보다 집중력이 강하다고 할 수 있지만, 두 가지의 체질일 경우에는 서로 다투고 있지 않다고 하여도 마음이 분산되는 경우가 많아 집중력이 떨어질 수밖에 없다.

먼저 심성체질로 재성과 관성체질이 있는 사람의 경우와 관성체질만 있는 사람의 경우 다른 점이 무엇인지 알아보자.

관성체질만 있는 사람은 모범적이며 성실하고 책임감이 강하여 행동에 적극적이며 명예를 소중히 한다. 설사 아무리 많은 돈이 생긴다 하더라도 자신의 신용이나 명예에 흠을 남기어 출세나 성공의 길에 지장을 준다면 그 돈을 멀리 한다.

그러나 재성과 관성체질인 사람은 이와 다르다. 위의 사람처럼 명예와 신용을 얻어 출세하고 성공하고 싶지만 돈에 대한 유혹 또한 뿌리치기가 어렵다. 돈이 많으면 성공의 길과도 매우 가깝다는 생각에 그 유혹을 뿌리치지 못하고 받아들인다.

그러한 심리는 재성체질과 관성체질의 요인이 복합적으로 내재되어 있기 때문에 이 길 아니면 저 길이라는 식으로 받아들인다. 이 경우 갈등하지 않는 것이 큰 특징이다.

두 가지 체질의 장점을 살펴보면, 남이 보았을 때 욕심이 적어 보이므로 그다지 경계의 대상이 안 되고 개성 역시 강하지 않아 누구나 쉽게 접근해 친할 수 있다. 그래서 동료나 친구 사이에 인기도 많고 발도 넓은 편이다.

어쩌면 변화가 많은 21세기에 가장 적당한 사람일지도 모른다.

역학, 더 이상의 학문은 없다 · 완결편

사주팔자	시	일	월	년
(여)	甲	丙	己	庚
	午	午	卯	寅

대 운	辛	壬	癸	甲	乙	丙	丁	戊
	未	申	酉	戌	亥	子	丑	寅
	72	62	52	42	32	22	12	02

오행비율   木星:2.40   火星:2.00   土星:0.20
            金星:0.20   水星:0.00

음양비율   음기:0.2   양기:4.4   중성:0.2

일주강약   4.40 (身强)

오신육친   용 신 : 土星 食傷
            희 신 : 金星 財星
            기 신 : 木星 印星
            구 신 : 火星 比劫
            한 신 : 水星 官星

격 국   食傷生財星格

체 질   印星/比劫(D)

종합판단

이 자료는 진주에서 활동하고 있는 필자의 제자인 해송 선생이 상
담한 것이다.

이 사람의 격국(추구하는 삶)과 심성체질(끌려가는 삶)을 보면 어떻게 살아야 행복한 삶이고 불행한 삶인지를 알 수 있다.

격국이 식상생재성격이므로 어느 누구도 의식하지 않고 자신만을 위해서 살아간다면 행복할 것이고, 체질이 인성과 비겁체질이므로 부모나 형제 혹은 주위의 시선을 의식한다면 불행할 것이다.

그럼 살아온 삶을 살펴보기로 하자.

어릴 때 자라온 집안은 가난했지만 부모는 아주 엄격했다고 한다. 아들 네명에 딸이 하나인데도 부모는 아들들만 위했고, 하나뿐인 딸은 내팽개치다시피 했으나 부모가 너무 엄해서 드러내놓고 반항은 못하고 그저 꾹꾹 참으면서 자랐다고 한다.

18살(1967년)이 되자 결국 가출을 했다고 한다. 혼자서는 두려워 친구 오빠랑 같이 집을 나갔다는 것이다. 그러나 갖은 고생을 하면서도 집이 못내 그리워 2년 만에 돌아왔다.

돌아와 보니 평소 지병을 앓으셨던 아버지는 딸의 가출로 인해 화병을 얻어 돌아가셨는데, 스스로 삶을 포기한 것 같다고 한다. 그때부터 아버지에 대한 회한이 가슴에 남아 집안을 돌보기 시작했다고 한다.

그러나 능력의 한계로 인해 결국은 술집으로 돈을 벌러 나가기 시작했고, 어릴 때부터 뛰어난 인물과 아름다운 몸매를 지닌 덕분에 남자들한테 인기가 많아 어머니와 동생들 그리고 집안을 힘들이지 않고 이끌었다.

술집에서 일할망정 인기가 많았는지라 돈 많은 사장을 만나 23살에 살림을 차리면서 애첩생활을 시작했다. 돈 많은 사장의 사랑을 몽땅 받고 살다 보니 자기도 모르는 사이에 분수에 넘는 짓을 했다. 본처의 자리를 달라고 말이다.

아무리 애첩을 사랑하여도 자식들을 낳은 본처를 물리치고 나이 어린 애첩에게 살림을 맡길 리가 있겠는가? 도저히 상상하기 힘든 정도였다. 결국은 애첩생활을 한 지 2년 만에 돈 한푼 받지 못하고 돈 많은 사장에게 쫓겨나고 말았다.

애첩생활을 하는 중에도 돈이 생기면 틈틈이 집으로 보냈다. 자신은 한푼도 쓰지 않고 말이다. 그러고 나서 할 수 없이 간 곳이 룸살롱이었다. 거기에서도 인기는 여전하여 단골도 생기고 돈 많은 남자들의 접근도 많았지만 한번의 실패가 있었는지라 쉽사리 정을 주지 못하다가 29살(1978년)에 상처한 돈 많은 영감을 만나 정식으로 결혼을 했다.

사랑했다기보다는 나이는 들어 그 직업에 계속해서 종사하기도 어려운 상황인데다 가족들을 계속 부양해야 했으므로 이런저런 생각 끝에 나이가 아주 많은 노인네랑 사는 것이 낫겠다는 판단을 하여 결혼을 감행했다.

결국 그녀의 소원대로 36살(1985년)이 되자 많은 재산을 남겨주고 남편이 세상을 떴다. 살아생전 영감하고 약속한 것이 있는데, 영감이 돌아가시면 재혼은 하지 않기로 하고 한달에 한번씩 영감 산소에 찾아가기로 했다.

누구 말대로 팔자가 바뀌는 순간이었다. 36살 젊은 나이에 갖기 힘든 어마어마한 부자가 되었다. 그러나 살 판이 난 것은 친정 식구들이었다. 그렇게 어려운 생활을 해오다가 동네 사람들이 부러워할 정도로 살림이 변했다.

그녀의 말에 의하면 동생들의 사업자금이나 생활비를 전부 대주었으며, 어떤 형제는 아예 일을 안 하고 먹고 놀았다고 한다. 그렇게 살아가는 것은 좋았으나 문제가 생겼다. 그녀의 재산을 노리는 기둥서방들이 하나, 둘씩 생겨나기 시작한 것이다.

그러다가 38살(1978년) 되던 해에 기둥서방끼리 그녀를 차지하기 위한 싸움이 벌어졌는데 하루가 멀다 하고 싸움이 일어나는 바람에 충격을 받아 끝내 병원신세까지 지고 말았다. 그리고 아무리 많은 재산을 물려받았다고 해도 7년이나 놀고 먹으면서 친정 형제들의 사업자금이나 생활비까지 다 챙겨주었으니 그 재산이 오래 갈 리 만무했다. 결국은 돈이 떨어져 43살(1992년)에 또다시 남자에게 의지해서 살아가기 위해서 재혼하지 않을 수 없었다.

이때부터는 아예 남편 몰래 친정으로 재산을 빼돌리기 시작했는데 꼬리가 너무 길어 6년 만에 발각되어 강제이혼을 당했다. 그래서 49살(1998년)에 혼자가 되자 모든 것을 포기하고 스스로 먹고 살자고 결심하고 있던 돈으로 조그마한 사업을 했는데 운이 따르지 않아서인지 손해만 보았고, 51살(2000년)에 있는 돈 없는 돈 다 털어 새로운 사업을 시작했지만 그 역시 뜻대로 되지 않아 결국 혼자서는 살 수 없는 지경까지 이르렀다.

그 뒤 도저히 견디다 못해 자신의 몸을 던져 평생 도움을 준 친정 식구들한테 손을 내밀기 시작했다. 이제는 편안히 살 수 있도록 약간의 생활비나 대달라고 말이다. 그녀의 도움을 받아온 가족이니 만큼 거절하기가 쉽지 않았을 텐데 그들은 냉정하게 거절했다.

하늘이 무너지는 듯한 슬픔을 느꼈다고 했다. 자기가 왜 이러한 삶을 살아왔는지 누구보다 잘 알고 있는 형제들인데 어떻게 일언지하에 거절하는지 모를 일이었다고 했다.

자기의 몸이 망가질 대로 나 망가지도록 희생했는데 평생을 미친 짓을 한 것이었다니 원통해서 잠도 못 자고 술로 세월을 보냈으며, 울다 지쳐서 며칠 동안 말도 못하고 지냈다. 결국은 화병으로 이어졌고 지금까지 고생하고 있다고 한다.

왜 이 사람에게는 이렇게 파란만장한 인생이 펼쳐져야만 하는지 사주를 보기로 하자.

먼저 대운의 흐름을 살필 필요가 있다. 운의 등위에 따라 격국의 영향이 많이 나타나는가 아니면 체질의 영향을 더 많이 받는가가 결정되기 때문이다.

초반 목성의 운인 戊寅(무인) 대운은 4등, 그 다음 다가오는 수성의 기운인 丁丑(정축) 대운부터 乙亥(을해) 대운까지는 5등으로 아주 어릴 때보다 더 떨어졌으며, 중반 이후에 온 금성의 시기인 甲戌(갑술) 대운부터는 2등의 운으로 갑자기 상승하고 있음을 알 수 있다.

따라서 5등까지의 시기에 이 사람은 격국보다는 심성체질인 인성

(부모, 의무와 도리, 양심과 인내심)과 비겁(형제, 의리와 우정, 인간적인 순수성)의 영향을 누구보다 강하게 받으며 살아왔다. 그래서 그렇게 어린 나이에 가족의 생활고를 책임지고 자신의 젊음과 행복을 반납하고 오로지 돈을 벌기 위해 원하지 않은 일들을 하게 되었다.

그리고 나이 들면서 운이 나아지니 예전보다는 더 행복하고 가볍게 살아야 하나 이 사람에게는 그런 증상이 나타나지 않는 것은 무슨 까닭일까? 그것은 심성체질의 등급 때문이다.

체질에 끌려가도 아주 많이 끌려가는가 아니면 조금 끌려가는가를 알기 위해서 필자는 체질을 4등급으로 나누어놓았다. 그런데 이 사람은 D급으로 가장 많이 끌려가는 운명이었다.

그래서 운이 나아진다고 해도 본인이 그것을 알고 끌려가지 않도록 조심해야지 잠시라도 방심했다간 심성체질의 영향에서 벗어나지 못하고 허우적거리다가 인생을 끝내는 사람들이 의외로 많다. 바로 이 사람의 경우이다.

해송 선생은 인성과 비겁체질로 타고나면 딸이라고 해도 친정 식구들에게 무조건적인 희생은 물론 자신의 행복을 팔 정도에까지 이르는 사람들이 많다는 충고로 마무리를 하였다고 한다.

그랬더니 예전에 자신의 팔자가 궁금해서 용하다는 역학자나 무당들을 찾아 전국을 다녔지만 왜 그런 얘기를 해주지 않았는지 한스러워 하였다고 한다.

조금만 일찍 알았더라면 무조건적인 희생만이 친정을 살리는 길이 아니며, 자신의 생도 이렇게 의미 없는 고생을 하지는 않았을 것이라

고 무척 아쉬워하면서 지금이라도 이렇게 정확하게 말씀해주신 것에
대해서 고마움을 표시하고 갔다고 한다.

역학인으로서 가슴 아픈 뒷이야기이다.

사주팔자 (여)	시	일	월	년
	壬	癸	戊	己
	戌	酉	辰	酉

대 운	丙	乙	甲	癸	壬	辛	庚	己
	子	亥	戌	酉	申	未	午	巳
	73	63	53	43	33	23	13	03

오행비율   金星:2.30 土星:1.46 木星:0.84
水星:0.20 火星:0.00

음양비율   음기:2.5   양기:0.84 중성:1.46

일주강약   2.50 (身强)

오신육친   용 신 : 金星   印星(가용신)
　　　　　　희 신 : 水星   比劫
　　　　　　기 신 : 火星   財星
　　　　　　구 신 : 土星   官星
　　　　　　한 신 : 木星   食傷(진용신)

격   국   印星生比劫格

체   질   官星/印星(D)

우선 타고난 운명이 어떠한가를 살펴보고 살아온 과정을 이야기하기로 하자.

이 사람의 격국은 인성생비겁격이며 진용신은 식상이며 심성체질은 관성과 인성체질로 두 가지이다. 그리고 운의 흐름은 초반 화성의 시기인 5등에서 중반 금성의 시기인 3등으로 상승하였고 뒤에 다가오는 수성의 시기인 2등으로 끝마친다.

이렇게 되면 초반에는 관성과 인성체질의 영향을 받으며 살다가 나이 들면서 점차적으로 격국이 원하는 삶으로 살아갈 것임을 알 수 있다. 그렇다면 지금보다는 예전에 더 심하게 체질로 끌려갔다고 할 수 있다.

그래서인지 어릴 때부터 자신의 의견이나 소신을 표현한 적이 거의 없이 부모의 의견을 따랐고 학교생활도 착하고 모범적으로 했다. 하물며 결혼하는 것 역시 자신의 의사라기보다는 부모와 주변 사람들이 신랑감으로 괜찮다고 하여 선택했다고 하니 철저하게 체질의 영향을 받았다고 볼 수 있다.

그러다가 3등으로 상승하는 시기는 체질의 영향보다는 격국의 영향을 많이 받을 수밖에 없는데 그렇게 되면 자신은 행복하다고 하여도 주위 사람들은 이 사람을 이상하게 보지 않을까 걱정이 된다.

왜냐하면 관성과 인성체질의 영향은 참되게 모든 것을 인내하고 모범적이면서 순종적인 모습만 보여주다가 격국인 인성과 비겁 그리고 진용신인 식상의 모습이 나온다면 예전과는 다른 삶을 살게 되기 때문이다.

과연 그녀의 인생이 어떠했으며 어떤 마음의 변화가 왔고 남들의 시선은 어떻게 변해 가는가에 대해서 알아보자.

이 사람은 유암 선생의 기사가 잡지에 실린 것을 보고 찾아왔다고 했다. 첫마디가 역학자뿐 아니라 무속인에게도 수없이 찾아가 상담을 해보았으나 속시원한 상담이나 대답을 듣지 못해 헤매다가 기사 내용을 보고 마지막이라는 심정으로 왔다고 하여 상담할 때 심적 부담이 컸다고 전했다.

그녀는 자신의 의무와 도리를 다하고 이성적이며 완벽하기 위해서 무척 노력했다. 그런 성격으로 인해 자기의 속마음은 되도록 숨기고 남편이나 시부모에게도 착한 며느리와 착한 아내가 되고자 인내하며 살아왔다.

그런데 결혼한 지 몇년이 지난 1998년부터 부부간에 갈등이 시작되었다. 남편의 사업이 잘 안 된 탓도 있었지만 더 큰 문제는 부부간의 잠자리에 있었는데 남편이 잠자리에서 항상 소극적으로 대했으며 시간이 갈수록 멀리했다.

그러다 보니 부부간의 애정은 점점 식어지면서 대수롭지 않은 문제에도 감정이 격해져서 큰 싸움으로 이어지기 시작했다. 부부간에 다툼이 심해지면서 시댁과도 갈등이 일어나게 되었는데 그로 인해 남편과는 돌아올 수 없는 다리를 건너게 되었다.

그런데 그녀를 더욱 고통스럽게 만든 것은 생명과도 같은 자식(진용신=식상=자식)을 이혼하면서 한 아이는 남편이, 한 아이는 자신이 키우기로 했다는 것이다. 그녀의 마음은 경제적 여력만 된다면 두 아이를 다 키우고 싶었는데 그렇지 못한 것이 한이었다.

그녀 역시 남편과 자식 그리고 시부모에게 나름대로 노력을 했으나 나이가 들면서 자아를 찾자는 즉, 삶의 주체는 자신이라는 마음이 앞서서 예전처럼 순응하고 모두에게 맞추어가는 그런 삶은 살 수 없었다.

심성체질의 등급이 낮아서인지 남편과 헤어진 것에 대해서 그렇게 좋다는 생각만 하고 있지는 않았다. 그래도 친정의 도움을 받아 커트 체인점을 개업했지만 좋지 않은 시기에 창업을 한 탓에 현재 고전하고 있다.

친정에서 빌려온 돈 때문에 친정 어머니하고도 갈등이 시작되었다. 그렇지만 사업이 호전 될 기미가 보일지 모른다며 정리하지 않고 계속해서 사업을 하겠다고 해서 단호하게 말했다.

사업을 거두어 친정에서 빌려온 돈도 갚고 깨끗이 마무리한 뒤 남의 밑에서 일을 하라는 유암 선생의 간절한 바람에 이 사람은 그렇게 하겠다는 말을 남기고는 사무실을 나갔지만 나가는 뒷모습을 바라보면서 마음이 착잡했다고 전한다.

相剋(상극)하는 體質(체질)

두 가지 체질 중에서도 여기에 소개하는 심성체질을 타고난 운명의 사람들이 가장 힘든 삶을 살아간다고 해도 과언이 아니다.

그것은 바로 두 가지의 체질을 타고났으면서도 서로 다투고 있기 때문인데, 그렇게 싸우고 있는 체질은 모두 5종류이다. 그것을 나열하면 인성과 식상체질, 식상과 관성체질, 관성과 비겁체질, 비겁과 재성체질 그리고 재성과 인성체질이다.

육친들을 보더라도 서로 상극하는 육친들끼리 서로 마주보고 있으니 이렇게 타고난 사람들은 내면의 갈등이 심할 수밖에 없다. 마치 시소의 한가운데에 올라가 있으면 중심 못 잡고 움직이는 대로 흔들리듯이 말이다.

이러하듯이 남들이 보았을 때도 그런 모습들이 확연히 드러나게 되어 자신을 평가할 때 "저 친구는 믿을 수가 없어!" 혹은 "도대체 저 친구의 입장(의견)은 뭐야!", "자기한테 이득이 무엇인지도 모르는 친구야!" 등의 소리를 듣는 경우가 많다.

즉, 상생하는 두 가지 체질의 사람보다 확연히 남들의 눈에 나타나므로 갈등하는 모습을 쉽게 발견할 수 있다. 그런 체질을 타고난 자신조차 "내가 왜 이렇게 소신이 없을까", "아닌 것 알면서도 왜 뿌리치지 못할까?" 등 자탄하기도 한다.

자신조차도 어찌할 바를 모르고 방황하므로 불쌍하기까지 하다. 그래서 주위에서 올바른 길을 제시해주면 받아들여 그 길로 가려고 하지만 시간이 흐르거나 누군가 반대 의견을 제시하면 순간 흔들려 원점으로 되돌아가 다시 방황의 길이나 갈등의 길로 접어들게 된다.

단점이 아무리 많아도 그래도 장점은 있게 마련이다. 다른 체질이 갖지 못한 점이 있으므로 사회의 일원이 되어 살아갈 수 있다.

쉽게 설명하자면 인성체질의 사람과 재성과 인성체질을 가진 사람이 있다고 하자. 그리고 둘 다 운의 흐름이 안 좋아 체질의 영향을 받을 수밖에 없다고 하자.

그럴 때 한 가지 체질을 타고난 인성체질의 사람은 오로지 공부하거나 양반행세를 하거나 밖에서는 호인이라는 평을 들으면서도 집에서는 온갖 예의를 따지며, 아내에 대한 배려 따위는 하지도 않을 것이다. 또한 돈을 벌지 못하면서도 큰소리를 낼 것이며 그러는 중에도 집안의 대소사에는 다 참석하여 예의를 갖출 것이다.

그러나 두 가지의 체질 즉, 인성과 재성체질의 사람은 그것과는 확연히 다르다. 위의 한 모습을 드러내면서도 재성체질의 영향을 받는다는 것이다. 따라서 한편으로는 돈도 벌어야 하니까 현실적으로 무엇이 이득인지 따질 것이며, 집안에서 아내의 눈치도 살필 것이며, 재미있고 즐겁게 살려고 노력하는 자세도 보이며 감정을 밖으로 드러내 불편함이나 서운함을 말하는 편안함도 줄 것이다.

그러다가 또다시 인성의 모습을 연출하기도 하고 다시 재성의 모습을 연출하기도 한다. 그래서 어느 한 방향으로만 가지 않으므로 상대편의 입장에서 두 가지의 체질을 가진 사람을 보면 다른 어떤 사람보다도 다루기가 그만큼 쉬워진다.

이 말을 달리 해석하면 자신의 고집이나 의견을 끝까지 주장하지 않는다는 뜻으로 주위의 의견에 잘 따르며 현실(관성, 재성체질)과 이상(인성, 비겁, 식상체질)의 조화를 잘 맞추며 살아갈 수 있다. 다만 이리저리 흔들리므로 주체성이 없기는 하지만 말이다.

사주팔자 (여)	시	일	월	년
	丁	甲	乙	乙
	卯	戌	酉	卯

대 운	癸	壬	辛	庚	己	戊	丁	丙
	巳	辰	卯	寅	丑	子	亥	戌
	75	65	55	45	35	25	15	05

오행비율 木星:2.40 金星:1.90 土星:0.30
　　　　　 火星:0.20 水星:0.00

음양비율 음기:1.9 양기:2.6 중성:0.3

일주강약 2.40 (身强)

오신육친 용 신 : 金星　官星
　　　　　 희 신 : 土星　財星
　　　　　 기 신 : 火星　食傷
　　　　　 구 신 : 木星　比劫
　　　　　 한 신 : 水星　印星

격　　국 官星保財星格

체　　질 官星/比劫(D)

　이 사람은 15살(1989년) 되던 해에 아버지가 다니던 회사가 부도나면서 집안 형편이 어려워지기 시작했다. 부모가 저축한 것이 없었던 만큼 막노동을 하면서 겨우겨우 생활을 해나갔다.

그러다가 대학에 들어가면서 친척들에게 손을 벌리지 않을 수 없었고, 조금이라도 더 벌기 위해 과외와 아르바이트 등 닥치는 대로 일을 하여 대학은 졸업할 수 있었다.

사회에 진출하여 얻은 첫 직장에서는 맡은 일이 마음에 들어 아주 열심히 다녔다. 그런데 시간이 흐르자 직장 상사들은 일을 잘한다고 능력을 인정해주는데도 왠지 모르게 특별한 일도 없는데 직장에 있는 것이 답답해지기 시작했다.

그런 마음이 들기 시작하면 일이 손에 잡히지도 않고 지금보다 더 나은 직장이 없나 괜히 알아보고 다녔으며, 어느 때는 며칠 동안 휴가를 내어 쉬기도 했으나 또 그 시간이 조금만 길어지면 괜히 직장의 일이 궁금하여 휴가를 반납하고 다시 직장에 나갔다.

그렇게 방황하는 중에 직장을 세번이나 옮겼고 또다시 다른 직장으로 옮기고 싶은 충동이 들었다. 그리고 남자에 대해서도 묘한 갈등을 하는 자신이 이상해 신경정신과 의사에게 찾아가 상담을 받아 보았지만 별 이상한 증상이 나타나지 않아서 팔자가 어떤지 알아보고자 왔다고 한다.

대학 다닐 때에 두 남자와 사귀어 보았는데 그때부터 자신은 결혼을 전제로 사귄 것 같았다고 한다. 미팅하고 활발하게 놀 때인데도 남학생을 사귀면 반드시 부모에게 물어보아 허락을 받고 사귀었다.

그 두 남자는 부모님이 허락하지 않는 바람에 아주 가볍게 사귀다 헤어졌으나 항상 남자들이 다가오는 바람에 조용히 학교생활을 한 적이 없었다. 사회에 나가 성숙해지자 학교 때의 인기를 뛰어넘어 직장

남자 동료들은 물론 가정이 있는 남자에게도 프로포즈나 은근한 유혹의 눈길을 받았다.

그러다 보니 남자들을 안 사귀면 무언가 허전한 마음이 들어 살아가는 목적이 무엇인가 생각해야 할 때가 많았다. 그래서 다가오는 남자들을 뿌리치지 못하여 한명씩은 사귀는데 가까워지면 자신을 구속하려고 하고 사랑한다는 말을 너무나 많이 하는 것에 짜증이 났다.

그러나 이 남자 지 남자 많이 만나보았지만 마음에 드는 남자는 없었다. 그래도 남자가 없으면 허전한 탓에 자기를 좋아한다는 사람들은 다 만났다. 남자가 주위에 없으면 허전하고 그래서 접근을 허락하면 왠지 모르게 싫고 그렇게 반복되는 삶이 마음에 안 들어 병원까지 찾아갔던 것이었다.

그는 왜 그런 증상들로 인하여 인생의 황금기를 낭비해야만 하는지 알아보자.

그의 격국(추구하는 삶)은 관성보재성격이며, 심성체질(끌려가는 삶)은 관성과 비겁체질로 두 가지로 나타나 있다. 그리고 운의 흐름은 어릴 때 병술 대운은 1등의 운이었다가 정해 대운인 수성의 시기부터는 4등의 운으로 흐르다 경인 대운이 시작하는 목성의 시기부터는 5등의 운으로 마감한다.

그렇다면 그는 평생을 자신이 원하는 삶으로 살지 못하고 원치 않는 심성체질의 영향만 받으면서 살아가야 한다. 더구나 체질의 등급도 낮은 편이라서 관성과 비겁의 영향을 받게 된다면 얼마나 방황하면서 살아가야 하는지 참으로 딱하기만 하다.

그는 관성으로 끌려가 남자가 옆에 없으면 항상 허전하고 직장 역시 갖지 않으면 너무 무료하다가도 비겁의 영향을 받아 남자에게 구속되기 싫어 사랑한다고 하면 짜증이 나고 더 나은 직장으로의 이동을 항상 꿈꾸며 현 직장에 만족하지 못했다.

즉, 직장에 있으면서도 한편으로는 벗어나고 싶어하고 또 한참을 쉬다가도 직장에 소속되어 일을 하지 않으면 뭔가 이상한 느낌이 든다. 그리고 어느 땐 책임감을 성실히 이행하다가도 아무런 책임을 지지 않으려고도 한다.

그리고 길신에도 관성이 있어 진정한 사랑도 하고 싶고 마음에 드는 남자의 보호도 받고 싶고 가정도 꾸리고 싶지만 지금은 체질이 관성이므로 원하면서도 다가가면 마음에 들지 않아서 남자나 직장을 끊임없이 찾고 또 찾아다니고 있는 것이다.

사람이면 체질에서 벗어나야만 행복하므로 극복하려는 힘이 있어야 함을 강조했고, 그러자면 식상의 성향으로 체질을 이겨내려는 삶의 모습이 나타나야 한다.

즉, 소극적인 삶에서 적극적인 삶으로 변해야 하며 남자에게 의지하기보다는 주체적으로 살려고 해야 하며 직장은 자립을 하기 위한 전 과정이라고 생각해야 적응할 수 있다고.

정 그런 마음이 안 든다면 자신이 여자라는 생각을 버리고 남자처럼 활동하면서 마음에 드는 남자가 있다면 기다리지 말고 먼저 접근

해가는 것도 방법이다. 그렇게 되면 성격에도 많은 변화가 와서 삶의
모습이 변할 수 있을 것이다.

사주팔자 (여)	시	일	월	년
	庚	壬	庚	庚
	戌	寅	辰	辰

대 운	壬	癸	甲	乙	丙	丁	戊	己
	申	酉	戌	亥	子	丑	寅	卯
	78	68	58	48	38	28	18	08

오행비율   木星:2.54 土星:1.36 金星:0.90
          火星:0.00 水星:0.00

음양비율   음기:0.9 양기:2.54 중성:1.36

일주강약   0.90 (身弱)

오신육친   용 신 : 金星 印星
          희 신 : 土星 官星
          기 신 : 火星 財星
          구 신 : 木星 食傷
          한 신 : 水星 比劫

격   국   印星保官星格

체   질   食傷/官星(D)

이 사람은 이른바 뼈대 있는 양반 가문에서 태어나 어릴 적부터 여자의 운명이란 어떠하며, 일평생을 어떻게 살아야만 하는지 여자라는 범주 안에 드는 교육 즉, 의무와 인내 그리고 윤리의식과 순종 등 유교의 이념을 집중적으로 교육받고 자랐다.

특히 여자란 인고의 세월을 살아야 할 때가 많으니 어떠한 상황이 오더라도 양반 가문의 전통을 이어가는 규범 있는 생활을 하도록 귀에 못이 박히게 교육받았다. 그런 생활이 몸에 배어 지금까지도 절도 있는 생활을 해오고 있다.

어려서 밖의 생활이란 엄두도 못 내고 집안에서 보내는 시간이 많았다. 그러다 20살이 되던 해에 남편의 얼굴도 모른 채 부모님의 뜻에 따라 결혼했다.

시집을 간 곳 역시 양반 가문으로 친정보다도 더 보수적인 집안이라서 엄한 법도 안에서 호된 시집살이를 했다. 기침 한번 크게 하지 못했고 아프다고 편히 쉴 수도 없었고 밥도 편히 앉아 먹지 못했으며 어른들 앞에서 숨 한번 제대로 쉬지 못했다.

거기에다가 제사는 왜 그리도 많은지 한달이면 두번 이상 지내야 했는데, 그럴 때마다 음식 장만에 밤을 새는 일이 다반사였다. 그래도 남편 하나 믿고 살 수 있어서 그 힘들고 고된 시집살이를 20년 가까이 참으며 살았다.

그런데 남편도 보수적인 집안에서 자라서 그런지 남자는 하늘, 여자는 땅이라는 유교적인 사고방식에 젖어 아무리 힘들게 집안 일을 해도 그 흔한 위로의 말이나 다정한 포옹 한번 없었다.

오히려 질긴 황소고집이었고 무뚝뚝하기로는 누구 하나 따를 자가 없었고 성질은 급하고 불 같아 행여 한마디라도 대꾸를 할라치면 절대 용서하지 않는 사람이었다. 이런 남편의 성격으로 인해 평생을 해로하면서 살 수 있을지, 낙이 없는 삶이 오래 갈는지, 늘 회의적이었지만 힘들 때마다 친정부모를 생각하면서 참았다.

세월이 흘러 시부모님도 돌아가시고 아이들도 다 자라 집안에서의 시간이 남아돌 때인 37살 때다. 문득 자신의 능력을 발휘해보고 싶은 생각이 들었다. 무엇이 맞을 것인가 고민 끝에 음식점을 하고 싶었다.

그것은 시집 와서 집안의 대소사가 있을 때마다 필요한 많은 음식을 직접 자신의 손으로 만들었으므로 음식에서만큼은 자신이 있었기 때문이다.

그래서 남편과 상의를 했는데 대뜸 하는 말이 그릇하고 여자는 밖으로 내돌리면 깨지는 법이야!라며 벌컥 화를 냈고 마누라가 집에서 그렇게 할 일이 없어! 하면서 돌아서는데 대단한 충격이었다.

속으로 저게 내 남편인가 하는 생각이 들어 가출까지 생각하면서 고민을 했지만 자식 때문에 그것만은 감행할 수 없었으나, 그때부터는 집에 있으면 왠지 모르게 갑갑하고 답답한 증상이 생겼다.

그래서 남편이 집에 없는 날에는 절에 간다는 핑계를 대고 밖에 나왔고 나와서는 어떻게 가게를 열어볼까 하는 생각으로 이리저리 돌아다니면서 구경하느라 시간가는 줄을 몰랐다.

이러저러한 생각으로 하루하루를 지내다 보니 어느 사이 나이는 40대 중반이 되었고 다행히 남편 회사가 운영이 잘되어 남편은 여러 회사를 경영하게 되었고 생활비도 풍부하게 주는 바람에 생활비를 아끼고 모아 독립할 때를 대비했다.

그때부터 지금까지 마음속으로는 항상 이혼을 생각하면서 살았다고 한다. 그리고 무엇인가 일을 해보려고 하면 도중에 집안에 안 좋은 일들이 생겨 본의 아니게 포기하고 말았다.

그러다가 61살(2000년) 되던 해에는 정식으로 이혼을 하려고 남편에게 요구했는데 딸들이 말리는 바람에 그만두었다. 지금에 와서 생각해보면 자식들의 만류에도 불구하고 이혼을 했더라면 좋았을 텐데 하는 생각이 자꾸 든다는 것이다.

왜 그런 마음으로 평생을 살았는가를 사주로 살펴보자.

심성체질이 식상과 관성체질로 타고나면 개혁적인 성향과 보수적인 성향을 다 가지고 살게 되는데, 이 사람의 경우 바로 전형적인 그런 체질의 삶을 살았다. 처음 본 모습은 도시에 사는 귀부인의 모습이었다.

여느 여자하고는 다른 분위기가 풍겼으며 언행도 절제와 품위가 있어 보였단다. 그런데 찬찬히 살펴보면 어느 부분인가 그늘진 구석이 있었음을 느꼈다.

그녀는 평생 남편을 사랑하지 않고 살았으며, 그저 자신이 해야 할 일만을 완벽하게 하였다.

희신에 관성(사랑, 남편, 가정)이 있고 체질에도 관성이 있는데 왜 그랬을까?

그녀의 격국은 인성보관성격이고 심성체질은 식상과 관성체질이다. 대운의 흐름은 초반에 5등에서 살다가 중반에는 4등으로 상승하였고 환갑이 다 되는 시기부터는 3등으로 올라왔다.

이를 살펴보면 어릴 때부터 체질의 영향을 많이 받다가 나이가 들면서 점차적으로 격국의 영향을 받는 삶으로 살아간다는 것을 알 수 있다. 따라서 예전에 만났던 남편은 격국(추구)에서 의미하는 관성이 아니라 체질(현실)의 관성이라서 진정한 사랑이 아닌 어쩔 수 없는 선택이었다고 할 수 있다.

그러면서도 식상과 관성체질로 서로 상반된 체질을 타고났으므로 내적으로 갈등하는 모습을 보였다. 만약 이 사람이 관성체질 하나만 지니고 태어났다면 최소한 갈등하는 모습은 보이지 않았을 것이다.

여자에게 식상체질은 남자(가정)에게 속박되지 않고 스스로 능력을 키워 결혼 여부에 관계없이 자신의 능력을 발휘하면서 능동적인 자세로 살고 싶은 것을 의미하고 관성체질은 남편이나 가정에 충실하면서 맡은 바 책임에 최선을 다하고 수동적인 자세로 살아감을 뜻한다.

아무리 체질이 독립적이고 자유로운 삶쪽에 무게의 중심을 준다고 하더라도 그것이 도덕적으로 부끄러운 일인지 아닌지 먼저 헤아려보고 가정의 일에 무조건 끌려가기보다는 가정에서도 최소한의 책임만 수행한 채 남는 시간은 사회에서 봉사활동을 하면서 살아가면 지금보다는 더 나은 삶을 살 수 있을 것이라고 하면서 상담을 마쳤다.

세 가지 體質(체질)의 特徵(특징)

그리 흔하게 나타나는 체질은 아니지만 간혹 나타나므로 세 가지 체질의 특징을 여기 소개하고자 한다.

세 가지로 이루어진 체질은 10종류가 되는데, 그 중 5종류는 서로 도와주는 체질이며, 나머지 5종류는 서로 견제하고 있는 체질이다.

이 세 가지 체질의 특징을 알자면 먼저 한 가지 체질의 특성과 두 가지 체질의 특성을 정확하게 알고 있어야만 구별이 되므로 다시 한 번 그 특징들을 살펴보자.

우선 한 가지 체질의 운명은 운의 흐름에 따라 격국의 영향을 받든지 체질의 영향을 받든지 간에 방황하거나 갈등하려는 마음이 극히 적으며, 무엇을 위해 살든 오로지 그 길로만 전념할 수 있다.

만약 그 길이 성공으로 가는 길이라면 막을 수 없을 만큼 큰 성공을 이루지만 반면에 그 길이 실패의 길이라면 바닥까지 갈 정도로 망할 확률이 높다. 즉 다른 체질보다는 확고하고 굳건하다는 것이다.

거기에 비해 두 가지 체질의 운명은 상생하든지 억제하든지 한 방면이나 한 가지의 일에 전념할 수 없다. 운의 흐름이 좋든지 좋지 않든지 간에 가고자 하는 방향으로 나아가지를 못하고 두 가지 체질의 영향을 받기 때문이다.

달리 해석하면 한 가지 체질의 운명보다는 성공했을 때도 70~80% 의 능력밖에 발휘하지 못하고 실패했을 때도 그와 같아 전부를 잃지 않지만 당사자는 최선을 다하지 못한 관계로 항상 아쉬움을 안고 살아간다는 점이다.

그러나 세 가지 체질의 운명은 그들과 전혀 다르다. 그들도 틀림없이 사람이므로 자신이 추구하는 삶(격국)이 있으며, 끌려가는 삶(심성체질)도 분명히 있다.

문제는 거기에 있는 것이 아니라 무엇을 추구하며 사는지 또 무엇에 끌려가는지를 잘 모르면서 살고 있다는 점이다.

왜냐하면 체질이 세 가지라면 자신이 어느 체질의 영향을 받으며 사는지조차 모르고 살며, 격국으로 살아간다고 해도 체질이 많아 어느 것을 바탕으로 삼고 가야 할지 갈피를 못 잡고 살아가기 때문이다.

그러므로 다른 체질의 운명들보다 세 가지 체질의 운명들은 갈등이나 방황한다기보다는 그때그때의 상황에 따라 소신이나 주관이 달라지므로 어찌 보면 주체성이 없는 사람처럼 보일 때가 많다.

따라서 성공한 인생이든 실패한 인생이든 자신의 능력을 어느 한 방면에서 50%밖에는 발휘를 못하지만 자신은 그것조차 모르고 사는 사람들이 많음을 알 수 있다.

세 가지 체질의 운명은 먼저 두 가지로 나눌 수 있는데, 도와주고 있는 체질과 견제하고 있는 체질이다. 이에 대해 알아보자.

도와주고 있는 體質(체질)

　도와주고 있는 체질의 종류는 5종류이다. 인성과 비겁 그리고 식상체질, 비겁과 식상 그리고 재성체질, 식상과 재성 그리고 관성체질, 재성과 관성 그리고 인성체질, 마지막으로 관성과 인성 그리고 비겁체질이 그것이다.

　이렇게 세 가지의 육친들이 체질로 나오면 당사자는 어디에 더 큰 비중을 두고 살아가야 하는지 알기가 쉽지 않다. 서로가 상생하고 있어 갈등이나 방황은 하지 않기 때문이다.

　가령 인성과 비겁 그리고 식상체질이라고 하자. 인성체질은 인내하고 남의 이목을 우선시하며 의무와 도리는 물론 양심에 어긋나지 않아야 하며, 비겁체질은 현실성이 떨어지더라도 가장 인간다워야 하며 무엇보다 의리와 우정을 우선시하고 다 함께 살려는 정신이 강하다.

　그리고 또 하나 남은 식상체질의 영향을 받는다. 남의 이목보다 자신만 편하면 된다는 사고로 살며, 인내하지 않고 행동으로 즉각 옮긴다든지 의사를 명백히 밝힌다든지 전혀 생각하지도 못한 발상으로 주위를 깜짝 놀라게도 한다.

　한 사람에게 이처럼 세 육친(체질)의 영향을 다 발휘하라고 한다면 과연 어느 육친의 영향력을 발휘하고 살겠는가? 아마 본인 자신도 어느 체질의 영향력을 발휘해야만 되는지 모를 것이다.

　그렇다. 세 가지의 체질 중 어느 하나만 발휘하지 않고 그때그때의 상황에 맞추어 순간 한 가지의 체질이 나타났다가 또 다시 다른 체질이 나타나므로 자신도 왜 그러한지를 모르고 남들 또한 주관이나 소신이 없는 사람으로 평가한다.

그리고 세 가지의 체질로 타고나 서로 도와주고 있는 사람들은 욕심이 없다기보다는 때에 따라 그 욕심의 대상이 변한다는 것이다. 그러므로 남들이 접근할 때 경계심을 갖기보다는 편한 사람이라는 인상을 주어 쉽게 친해지는 장점이 있다.

세 가지 체질의 운명을 지닌 예를 쉽게 발견하지 못하시만 그래도 이해를 돕기 위해서 예를 들어보자.

사주팔자 (여)	시 丁 卯	일 己 未	월 癸 未	년 乙 卯

대 운	辛 卯 79	庚 寅 69	己 丑 59	戊 子 49	丁 亥 39	丙 戌 29	乙 酉 19	甲 申 09

오행비율 木星:2.20 火星:1.74 土星:0.66
水星:0.20 金星:0.00

음양비율 음기:0.2 양기:4.6 중성:0

일주강약 2.40 (身强)

오신육친   용 신 : 木星   官星
　　　　　희 신 : 火星   印星
　　　　　기 신 : 金星   食傷
　　　　　구 신 : 水星   財星
　　　　　한 신 : 土星   比劫

격　　국   官星生印星格

체　　질   官星/印星/比劫(D)

　　이 사람은 자신이 직접 필자에게 온 것이 아니라 남자친구가 궁합이 어떤지를 알아보고자 온 경우이다.

　　그런데 출생부터 지금까지 자라온 환경이 우리하고는 다른 점이 있어 필자는 남자친구에게 그녀에 대해서 많은 것을 물어보았다.

　　세 가지 체질의 운명이 나타난 것도 흥미로웠지만 더 궁금했던 점은 자라온 환경이 크게 바뀌었는데, 현재 어떤 생각을 하고 있으며, 초반인 금성의 시기가 이 사람에게는 제일 좋은데 실제로 그것을 느끼며 살고 있는지 궁금하였다.

　　왜냐하면 그녀는 한민족인데도 남한이 아닌 북한에서 태어나 온 가족이 함께 탈출을 했기 때문이었다. 그것도 일반인이 아닌 간부 출신의 아버지와 북한에서 누구나 부러워하는 기쁨조 출신의 언니가 있음에도 불구하고 말이다.

　　북한에서 탈출한 사람들이 많은데도 이 가족의 경우 특수한 상황에서 특별한 경로로 탈출하였으므로 우리의 기억 속에 남아 있으며, 기쁨조 출신의 언니는 현재도 남한에서 연예인 생활을 하고 있다.

그녀가 탈출할 때는 대학생 신분이었고 여기 와서도 대학을 다니고 있었으며, 그 과정에서 남자친구를 만나 결혼까지 생각하며 사귀었다. 그래서 남자친구의 어머니가 아들하고 궁합을 보러 여기저기를 다녔던 모양인데, 그리 좋은 결과가 나오지 않아 남자친구가 직접 확인하고 마지막 결정을 내리려고 왔다는 것이다.

먼저 이 사주의 운명을 추론해 보자.

자신이 원하는 삶(격국)은 관성생인성격이며, 원하지 않는 삶(심성체질)은 관성과 인성 그리고 비겁체질로 세 가지의 체질을 타고났다.

가장 중요한 운의 흐름을 보면 초반 금성의 시기는 1등의 운이고 그 다음 다가오는 수성의 시기는 4등으로 급격하게 떨어지며 나이 들어서 오는 목성의 시기는 3등으로 조금 상승하는 흐름을 타고 있다.

어릴 때부터 지금까지 제일 좋은 운을 만나고 있으므로 북한에서 살 때도 남들처럼 힘들거나 어려운 생활은 전혀 하지 않았다고 한다. 그래서 그런지 다시 태어났다고 할 정도로 생활환경이 바뀌었는데도 불구하고 그녀는 그러한 생활을 실감하지 못하고 있다고 한다.

그러나 그러한 심리상태는 운의 영향도 있지만 가장 큰 요인은 세 가지 체질을 타고났기 때문이라고 보는 것이 타당하다. 한 가지의 체질도 아니고 두 가지의 체질도 아닌 세 가지 체질이라 어느 체질의 영향을 받을 것인지 파악하기 힘든 운명이기 때문이다.

때로는 관성의 영향이 나타나다가 때로는 인성의 영향이 나타나고 그러다가 다시 비겁의 영향이 나타나니 자신조차 어느 순간에 어느 체질의 특성이 나타나는지 모른다고 보는 것이 마땅하다.

그래서 그랬는지 남자친구가 하는 말이 그녀와 결혼 얘기가 오갈 정도로 깊이 있게 사귀면서도 도무지 속을 알 수 없는 것이 가장 안타까웠다고 한다.

격국에도 관성과 인성이 있고 체질에도 관성과 인성이 있어서 사랑하는 남자를 위해서 모든 것을 바치고, 예의와 의무를 다하여 가정을 지키는 현모양처여야 한다. 물론 운의 흐름에 따라 약간씩 달라지기도 함을 전제하여야 한다.

그런데 나머지 한 체질이 비겁체질이라서 선머슴 같은 기질도 있어서 사랑보다는 의리와 우정을 중요하게 여기기도 하고 억압하려고 하면 반발하려는 기질도 지녔으며 다소곳한 모습과는 다른 모습도 지니고 있다.

그 세 가지 체질의 특성이 자신도 모르는 사이에 순간순간 표출되지만 실제로 자신은 그러한 변화를 전혀 느끼지 못하고 살고 있는 것이 특징이므로 이 사람의 경우는 어떠한지를 남자친구로부터 들어보자.

연애할 때 그녀는 남자친구가 원하는 대로 따라주었다고 한다. 그만큼 헌신적이어서 결혼까지 생각했다고 한다. 그런데 이 친구의 자존심을 조금이라도 상하게 하면 이것 저것 생각지도 않고 막무가내식으로 반발하였다고 한다.

그리고 남자친구와 데이트가 없는 날은 전화로 얘기를 많이 하는데, 그녀의 사생활에 대해서 간섭한다 싶으면 꼭 언쟁이 일어난다고 했다. 왜 친구들과 만나지 못하게 하느냐, 왜 친구들과 만나면 술도 못 마시게 하느냐, 왜 먼 곳으로 놀러가지도 못하게 하느냐 등의 일이었다고 했다. 그녀가 그렇게 화를 낼 때는 데이트할 때의 다소곳하고 사랑스러운 모습은 다 어디로 갔는지 온갖 정이 다 떨어진다고 했다. 그때의 모습이 진정한 이 사람의 모습인지 아니면 현재 다투고 있는 모습이 진정한 모습인지 헷갈릴 수밖에 없었음은 뻔한 이치이다.

그러다가 다시 만나면 언제 싸움을 했냐 할 정도로 남사친구에게 최선을 다하기도 하고 양가 부모님들에게도 상냥하기 그지없고 의무는 물론 예의를 다 갖추니 그저 사랑스럽게만 보인다고 한다.

그런데 이런 변화가 어쩌다 한번이면 문제가 안 될 텐데 너무 자주 보여 결혼까지 생각한 마당에 궁합을 보지 않을 수가 없었다고 한다. 이 여자친구가 진정으로 자신을 사랑하고 있는지 궁금해지기 시작했으며, 결혼한 뒤에도 그런 문제로 자주 다투다 보면 결국 둘의 미래가 뻔하기 때문이란다.

필자는 그 남자친구에게 이런 얘기를 해주었다. 격국은 틀림없이 남자를 사랑하고 있으니 그것은 의심의 여지가 없다. 단지 심성체질이 세 가지라서 결혼해서 가정을 이루더라도 가끔 친정에 머물러 부모와 형제간에 어울릴 수 있는 시간을 주어야 하며 밖에서 친구들과의 만남도 자유를 주어야 한다.

만약 그럴 자신이 없다면 결혼까지는 꿈꾸지 않는 것이 좋겠다고 했다. 그런데 남자친구의 사주가 자기 아내를 사랑하면서도 자기만

소유하고 싶은 운명이라 아내에게 자유로운 시간을 주지는 못하리라
고 판단했다.

그 남자친구는 필자에게 그렇게 하도록 노력하여 결혼하겠다고 다
짐하고 돌아갔다. 그리고 2년 반이 지난 올해 초 다시 찾았을 때는 이
사람이 아닌 다른 여자와의 궁합을 보기 위해서였다.

결국 헤어지고 말았지만 만약 이 남자친구가 마음이 넓고 이해심
이 많으면서 처갓집과 가까운 운명이었다면 상대 여자가 세 가지 체
질을 지녔다 해도 결혼하여 무난히 해로할 수 있었을 것이라고 생각
한다.

사주팔자 (남)	시	일	월	년
	壬	戊	戊	辛
	子	戌	戌	丑

대 운	庚	辛	壬	癸	甲	乙	丙	丁
	寅	卯	辰	巳	午	未	申	酉
	78	68	58	48	38	28	18	08

오행비율   金星:1.74   水星:1.70   土星:1.36
　　　　　　火星:0.00   木星:0.00

음양비율   음기:3.94   양기:0   중성:0.86

일주강약   1.36 (身强)

오신육친   용 신 : 金星 食傷
          희 신 : 水星 財星
          기 신 : 火星 印星
          구 신 : 土星 比劫
          한 신 : 木星 官星

격   국   食傷生財星格

체   질   比劫/食傷/財星(D)

　　지금 소개하고자 하는 이 사람보다는 필자를 소개한 그의 친구 및 가족과 필자의 인연이 무척 깊다. 15년 전부터 부모님은 물론 그 형제들까지 상담을 받기 위해서 멀리 지방도시에서 다녀가곤 했으니 말이다.

　　부모님의 애정문제는 물론 큰딸의 득남까지 집안의 모든 문제를 필자의 권유나 비법에 의해 올바르게 처리하였다. 그래서일까, 자신들의 작은 소망까지 이루어 그 가족 전체가 행복하게 살고 있다.

　　이제는 부모님이 연로하셨고 자식들이 다 자라 독립을 해서 자식들이 오고 가고 있으며, 지금도 큰일을 앞두고는 항상 조언을 부탁하고 필자의 의견을 되도록 많이 참고하고 있다고 한다.

　　그런데 몇년 전, 아는 사람의 소개로 찾아왔다며 상담을 신청한 사람이 바로 이 사람으로 바로 고객 집안의 큰아들과 친구였다.

　　세 가지 심성체질을 지녔으므로 파란만장하지는 않지만 기억에서 쉽게 떠나지 않아 여기 소개하고자 한다.

직업이 전문직종인 건축설계사여서 그런지 결혼도 친구들보다 빨리 했고 어린 나이에 자격증을 취득해서 독립하지 않고 큰 사무실에 소속되어 일을 많이 했다고 한다.

그런데 나이가 들자 독립하고 싶은 마음에 동료들과 동업으로 사무실을 운영하였으나 금전적인 문제로 애초의 약속이 깨지면서 약간의 손실을 안고 문을 닫았단다. 그 뒤 혼자서 운영하는 사무실을 열어 지금까지 운영해오고 있다.

문제는 그러한 데 있는 것이 아니다. 현재 운영하고 있는 건축설계 사무실과 PC방까지 운영하면서 금전적으로 많은 돈을 벌고 있었는데, 더 벌고 싶은 욕심에 신림동에 PC방을 하나 더 운영할까 하고 운이 어떠한지를 알아보려고 왔다.

문제는 새로 하려는 PC방의 규모가 혼자 투자해도 금전적으로 전혀 무리가 없는데, 친한 친구가 같이 하자는 부탁을 하여 원하지 않음에도 거절하지 못하여 같이 해야 하는 처지이므로 망설이고 있다고 한다.

필자는 찬찬히 그의 격국과 체질 그리고 운의 흐름들을 살펴보았고 올해의 운(1999년)도 어떠한가를 종합적으로 검토한 끝에 친구와의 우정이 더 중요한가 아니면 재물이 더 소중한가를 물었다. 한참을 생각한 끝에 대답하기를 만약 가진 것이 별로 없었더라면 재물이 더 소중하였겠지만 현재의 상황에서는 부족한 것이 별로 없으므로 친구와의 관계가 더 소중하다고 하였다.

솔직한 대답이었다. 그가 타고난 운명대로 결론을 내렸구나 하는 마음이 들어 더 이상의 사업은 하지 말도록 주의를 주었다. 그러나 만약 그 사업을 하고 싶다면 친구가 부족한 만큼의 돈을 빌려주고 모든 운영권을 친구에게 맡기고 절대 관여하지 말라고 했다.

그 뒤의 소식은 알 수 없으나 아마 그 사업을 하지 않았을 것이며 친구에게도 돈을 빌려주지 않았을 것이다.

이 사람의 격국과 심성체질 그리고 운을 알아보자.

그의 사주는 조금 특이하다. 대체로 사람이 태어나면 음기(금성과 수성)와 양기(목성과 화성)의 기운이 섞이며 조금이지만 중성(토성)의 기운이 들어가는 것도 보통이다. 그런데 이 사주는 중성과 음기의 기운만 들어 있지 양기라고는 찾아볼 수가 없다.

이렇게 된 운명을 타고난 자는 보편타당한 사고를 하지 못할 가능성이 매우 크다. 자기의 판단 아래 그것이 옳다면 누구의 말도 듣지 않고 밀어붙이려고 하고 친구와의 관계에 있어서도 무엇인가 뜻이 다르면 그동안의 우정이나 의리 등을 생각하지 않고 다시는 상종하지 않으려는 편향된 사고를 한다.

즉, 중립적인 입장에서 판단하지 않고 매우 편파적인 사고를 지닌 사람임을 알 수 있다. 이 사람이 추구하려는 것은 식상생재성격이며, 끌려가려는 삶은 비겁과 식상 그리고 재성체질의 영향을 많이 받는다.

그리고 운의 흐름은 초반 금성의 시기인 4등의 운이었다가 현재 맞이하고 있는 화성의 시기는 제일 좋은 1등의 시기이고 그 다음 목성의 시기는 2등으로 흐르고 있어 과거보다는 현재가 격국의 영향을 많이 받고 있음을 알 수 있다.

그러나 세 가지 체질인지라 격국의 영향을 많이 받는 운이라고 해도 바탕에 깔려 있는 체질의 영향에서 벗어날 수는 없다.

그러므로 자신도 모르는 사이에 어느 때는 비겁의 모습(무책임, 무경우, 공생공존, 치우친 사고 등)이 나타나다가 순간 식상의 모습(야망, 모험심, 유아독존, 희생정신 등)으로 나타나며 그러다 갑자기 재성의 모습(재물욕, 이기심, 쾌락, 감정 등)을 보인다.

그래서 동료들과 마음이 맞아 사무실을 차렸다가 금전문제로 헤어지기도 했고, 개인 건축사무실을 열어 꾸준히 하고 있으면서도 전공과는 관련이 없지만 식상의 영향을 받아 PC방도 하고 있다.

그리고 또 다른 PC방을 차리고 싶은데 친구와의 동업문제로 갈등하면서 금전에 대한 유혹도 뿌리치기 힘들어 이렇게 자문을 구하고자 한 것이다.

아마 그는 계속해서 친구와의 우정과 재물에 대한 욕심 그리고 남보다 앞서 나가려는 야망으로 자신도 모르게 왔다갔다 하면서 일평생을 살아갈 것이다.

[牽制(견제)하고 있는 體質(체질)]

견제하고 있는 세 가지의 체질 중에서 두 가지의 체질은 도와주고 있어서 비슷한 성향이지만 나머지 한 가지의 체질은 그들과는 정반대의 성향이다.

그러한 체질 역시 5종류가 있는데 나열하면 인성과 비겁 그리고 재성체질, 식상과 재성 그리고 인성체질, 관성과 인성 그리고 식상체질, 비겁과 식상 그리고 관성체질, 재성과 관성 그리고 비겁체질이다.

예를 들어 인성과 비겁 그리고 재성체질의 운명이 어떠한가를 보자. 세 가지의 체질임에는 틀림이 없지만 인성과 비겁은 생하고 있어 비슷한 성향을 지녔음을 알 수 있고 재성체질은 그들과는 전혀 다른 성향을 지녔음을 알 수 있다.

그리고 인성과 비겁체질이 서로 도와주고 있지만 인성체질은 재성체질에게 꼼짝 못하는 반면 비겁체질은 재성체질을 꼼짝 못하게 하고 있으며 어느 하나의 체질성향이 크게 나타나지 않도록 견제하고 있으므로 견제하고 있는 체질이 되는 것이다.

이처럼 한 사람에게 세 가지 체질의 성향이 나타나되 서로가 견제하는 체질이라면 어떠한 삶을 엮어갈지 알아보자. 이에 앞서 상극하는 두 가지 체질의 운명과는 어떻게 다른 삶을 사는지 먼저 알아보기로 한다.

그 차이는 실로 엄청나다. 상극하는 두 가지 체질의 운명은 한 체질의 비중이 50%이므로 굳이 나눈다면 50대 50이라고 할 수 있다. 그래서 이쪽과 저쪽을 방황하며 갈등하고 왔다 갔다를 밥 먹듯이 한다고 했다.

그런데 견제하고 있는 체질의 운명들은 어느 한 체질이 50% 차지할 수 없으므로 방황하거나 갈등하지는 않으나 동시에 세 가지의 체질성향이 다 나타난다는 점이다. 예를 든 인성과 비겁 그리고 재성체질의 경우를 생각해보자.

어느 순간은 인성의 성향으로 보이다가 갑자기 비겁의 성향이 나타나고 그러다가 갑자기 재성의 성향이 나타난다. 그러므로 자기 자신도 그러한 성향을 방황이라거나 갈등이라고 느끼지 못하고 산다.

그렇다면 도와주고 있는 체질과의 다른 점을 살펴보기로 하자.

세 가지 체질의 성향이 순간순간 나타나기는 마찬가지지만 도와주고 있는 체질의 운명은 그 흐름이 무리 없이 진행하므로 그저 주관이 뚜렷하지 못한 사람일 뿐이라고 할 수 있지만 견제하고 있는 체질의 운명은 순간순간 180도 다른 성향이 나타나 진짜가 어떤 성격인지 종잡기가 매우 어렵다.

그렇다고 자기 자신이 그것을 느끼는 것도 아니어서 그저 사람이면 다 그렇게 느끼며 살고 있으려니 하고 생각한다.

세 가지 체질의 운명을 지닌 예를 쉽게 발견하기란 쉽지 않으나 예를 들어보자.

사주팔자 (여)	시	일	월	년
	庚	壬	壬	癸
	戌	寅	戌	卯

대 운	庚	己	戊	丁	丙	乙	甲	癸
	午	巳	辰	卯	寅	丑	子	亥
	74	64	54	44	34	24	14	04

오행비율 木星:2.00 金星:1.74 土星:0.66
水星:0.40 火星:0.00

음양비율 음기:2.14 양기:2 중성:0.66

일주강약 2.14 (身强)

오신육친 용 신 : 金星 印星 (가용신)
희 신 : 土星 官星
기 신 : 火星 財星 (진용신)
구 신 : 木星 食傷
한 신 : 水星 比劫

격 국 印星保官星格

체 질 官星/印星/食傷(D)

이 친구는 대학에 들어갈 때까지는 오로지 학교와 집만 아는 학생
으로 부모님의 의견에 무조건 순응하는 우등생이었다. 그러나 대학
입학 뒤 첫 미팅에서 만난 남학생과 사귀면서 모든 것이 달라졌다.

그 이유는 부모님의 성에 차는 사위 후보감이 아니었으므로 부모님이 만나지 말라고 하였지만 그녀는 졸업할 때까지 남자친구를 만났다. 집에서 남자친구를 반대할수록 오기가 발동했다고 한다. 결국엔 축복받지 못한 결혼식을 치르고 말았다.

그렇게 치른 결혼식이므로 모두에게 보란 듯이 살고 싶어서 남편과 함께 악착같이 맞벌이를 했다. 자식을 낳고도 바깥 일을 계속했는데 얼마 뒤 남편의 행동이 이상해지기 시작했다.

서서히 귀가 시간이 늦어지고 술 마시고 취한 상태로 귀가하는 날이 많아지면서 생활비 주는 것도 줄어들었다. 그런데도 남편을 탓하지 않고 그저 잠시려니 하고 순수히 받아들였다.

부모님의 완강한 반대를 무릅쓰고 한 결혼이라서 가정의 행복만은 지키고 싶어 남편에게 그 흔한 바가지 한번 긁지 않고 남편이 하루빨리 정신차리기만 그냥 바라보고 있었다. 그러나 남편의 술주정은 점점 심해지고 급기야 집으로 여자를 끌어들였다.

그러한 짐승 같은 짓을 보고도 그녀는 꾹 참았다. 열심히 살림도 하고 직장에도 다니고 아이도 키우고 그러다 보면 남편의 짐승 같은 짓도 언젠가는 끝날 날이 있을 것이라고 생각했다.

그러나 그녀의 간절한 기원도 헛되이 남편은 다른 여자하고 아예 딴 살림을 차리고 집을 나갔다. 그때부터 그녀는 운명이 무엇인지 팔자가 무엇인지 알고자 역학을 공부하기 시작했고 갖가지 방법을 다 써서 남편이 돌아오기를 기다리며 살았다.

그나마 남편이 돌아오는 날은 돈이 떨어지거나 아니면 여자하고 싸움을 했을 때였다. 남편은 평범한 직장에 다니고 있었는데, 여자하고의 살림살이는 웬만한 부잣집같이 했다. 그러니 생활비는 당연히 부족했고 부족한 생활비는 그녀가 아이 데리고 살면서 한푼 두푼 모은 것을 빼앗아 충당했다.

그런 생활을 자그마치 4~5년 했는데 그 얘기를 듣는 필자는 그녀가 정신이 올바른지 의심이 들 정도였다.

아무튼 부모님하고 의절하면서까지 결혼했으므로 친정에도 갈 수 없었고, 고향을 떠나 타향에서 살고 있었으므로 친구들도 없었다. 그래서 직장 내의 동료나 상사에게 가정의 일을 의논하게 되었다.

특히 그녀에게 유난히 신경을 쓰는 상사가 있었는데, 그 상사의 위로나 친절이 허탈하고 허전한 심정에 많은 위안이 되었다. 그러다 보니 남편 이외의 남자한테 처음으로 따뜻한 정을 느꼈다.

결국 서로가 넘어서는 안 되는 선을 넘었지만 인간적으로는 전혀 죄의식을 느끼지 못했다고 한다. 그런데 부서의 이동관계로 이 상사와 자연스럽게 떨어지게 되었고, 남편에 대한 미련도 이미 버린 뒤에는 그 지역에서 벗어나고 싶은 마음이 들었다.

그래서 이혼을 하고 자식은 동생 집에 맡기고 멀리 서울로 올라와 직장에 들어갔다. 그리고 직장생활과 역학공부에만 전념했다. 빨리 안정되어야만 딸과 같이 살 수 있으므로 열심히 살았다. 그러는 사이에 1999년에 필자의 제자가 되었고 그 해 늦가을 좋은 남자를 만나 양쪽 집안의 양해 아래 같이 살고 있다.

지금도 가끔 만나는데 예전보다 지금의 모습이 행복해 보인다. 지금의 배우자를 만났을 때 두 사람의 사주를 스스로 보았음은 당연하다.

필자의 제자는 다른 여자들처럼 순탄한 삶을 살지 못한 경우이다. 그래서 자신의 운명이 왜 그러한지 풀어보려고 30대부터 역학책을 보았으나 자기의 사주조차 풀지 못해 이곳 저곳으로 헤매다가 결국 필자를 만나 자신의 운명은 물론 남들의 운명까지 봐줄 수 있는 실력을 갖추게 되었다.

그렇다면 이 사람이 왜 그런 삶을 살았으며, 사주에는 어떻게 나타나는지 알아보자.

그녀가 추구하는 삶(격국)은 인성보관성격에 진용신은 재성이다. 심성체질(끌려가는 삶)은 관성과 인성 그리고 식상체질. 운의 흐름(마음의 만족도)을 보면 초반 수성의 시기는 5등의 운이고 중반 목성의 시기는 3등이고 미래에 다가오는 화성의 시기는 1등으로 흘러 전체적인 흐름이 누구나 꿈꾸는 이상적인 흐름이다.

그렇다면 지금보다 과거에는 체질의 영향으로 많이 끌려갔다고 볼 수 있다. 그런데 이 사람은 체질이 세 가지다. 그것도 관성과 인성체질의 성향은 거의 같다고 할 수 있는데 식상체질은 그것과는 정반대의 성향을 띠고 있다.

이렇게 되면 서로 견제하고 있는 체질이 된다. 식상의 성향이 나타나 관성의 성향을 견제하려고 하면 인성의 성향이 나타나 식상의 성향을 견제하게 되므로 어느 한 가지 체질의 특성이 강하게 나타나지 않는다.

그래서 그런지 그녀를 몇년간 살핀 결과 자신의 의견을 또렷하게 주관을 가지고 말하는 것을 본 적이 없고 문제가 터지면 어떻게 풀어가야 할지 몰라 헤매는 경우를 많이 본다.

누구를 만나 좋아하고 사랑한다 하더라도 열정을 다하여 대하는 것도 아니고 싫어도 싫다고 확실하게 주장하지도 못하고 그냥 끌려다닌다. 그리고 자신은 하고 싶지 않지만 부탁하면 거절하지 못하고 좋아하는 것도 부모나 남들을 의식하는 바람에 적극적으로 하지 못한다.

그렇다고 그녀가 행복하지 않은 것은 절대 아니다. 이미 그런 내면의 성향들을 갖추고 태어나서 능력이나 주장을 100% 발휘하지 않더라도 어떠한 앙금이나 찌꺼기가 남아 있지 않으며, 사람이라면 다 그런 식으로 사는 것이지 원하는 것을 다 하면서 살 수 없는 것이 인생이려니 생각하고 어느 한 개인이나 사회에 대해서 상대적인 불행을 느끼지 않고 살아간다.

그러니 공부를 하는 동안에도 화를 내거나 신경질을 부리는 경우를 필자는 거의 본 적이 없다. 다행히도 그녀의 운이 급격하게 상승하고 있어 그런 끔찍한 과거를 다시는 되풀이하지 않을 것이므로 마음이 놓인다.

마지막으로 관성과 인성체질은 보수적인 경향이 있어 남들의 시선이나 부모의 시선을 무척 의식하고 전통에 벗어나지 않으려는 노력을 하고 남자의 사랑을 받아 안정적으로 살고 싶어하지만 식상체질은 기존의 것에서 탈출하여 극히 개방적인 삶을 살며 특히 억압 받는 생활을 극히 싫어하고 자기가 가진 끼를 발산하며 살고 싶어한다.

그렇다고 상극하는 체질처럼 방황하거나 갈등하지 않는다. 위에서 얘기했듯이 순간순간 서로 다른 체질들의 성향이 나타나지만 사람이면 누구나 다 그렇게 갈등하면서 살아간다고 생각한다.

사주팔자 (여)	시	일	월	년
	丁	乙	丁	丁
	亥	亥	未	未

대 운	乙	甲	癸	壬	辛	庚	己	戊
	卯	寅	丑	子	亥	戌	酉	申
	80	70	60	50	40	30	20	10

오행비율 火星:2.14 水星:2.00 土星:0.66
金星:0.00 木星:0.00

음양비율 음기:2 양기:2.8 중성:0

일주강약 2.00 (身强)

오신육친 용 신 : 土星　財星
희 신 : 金星　官星
기 신 : 木星　比劫
구 신 : 火星　食傷
한 신 : 水星　印星

격 국 財星生官星格

체 질 食傷/財星/印星(D)

이 사주를 먼저 풀어보고 난 뒤에 실제의 삶을 이야기하기로 하자.

녹현방정식을 대입하여 풀어본 결과 이 사람의 격국(추구하는 삶)은 재성생관성격으로 내심으로는 남자의 사랑을 받으면서 가정을 누구보다 아끼고 모범적으로 이끌면서 해로하고 싶어한다.

그러나 남들이 보는 모습은 그것과는 정반대인 성향이 나타난다. 그것은 관성과는 반대인 식상의 특징이 나타나서 자유롭고 개방적이며 남자들보다 앞서려고 하므로 강인한 모습을 보이게 되고 자신의 능력으로 홀로 서기 위해 노력하기 때문이다.

따라서 재성생관성격의 여자들은 마음으로는 남자에게 사랑받으면서 살고 싶지만 겉으로는 그런 내색을 전혀 하지 않고 당차게 살아가고자 한다. 그런 모습으로 살면서 용신인 재성 즉, 남보다 더 많은 재물을 모으며 낙천적으로 살고자 한다.

어쩌면 가장 간절하게 사랑을 원하기 때문에 그런 사랑을 오래 유지하기 위해서 남자의 역할을 분담하여 남자를 편하게 하고 싶어하는지 모른다. 아마 이런 여자를 만난다면 현실적으로 남자에게는 가장 이상적인 배우자가 될 것이다.

심성체질(끌려가는 삶)은 식상과 재성 그리고 인성으로 세 가지 체질로 태어났는데, 이를 살펴보면 식상과 재성체질의 성향은 거의 같은데 반해 인성체질은 그들과 다른 성향을 지니고 있다.

식상과 재성체질의 영향은 자기가 하고 싶은 것이 있다면 누구의 눈치도 보지 않고 과감하게 행동으로 옮기며 항상 편한 생활을 하기 위해 실리를 좇는다. 그리고 인내하는 생활보다 감각적인 삶을 즐기며, 이성과의 만남에 관심이 많고 즉흥적이며 즐거운 생활이 되기를 바란다.

그러나 인성체질은 행동하기 전에 생각을 더 많이 하고 인내하며 신중히 대처한다. 자신의 삶보다 남들의 시선이나 이목에 더 신경을 써야 하므로 스트레스가 쌓이고 실리보다 명분에 치우치며 의지하려는 마음이 강하다.

운의 흐름(마음의 만족도)을 살펴보자. 초반 금성의 시기는 제일 좋은 1등의 운이며 중반 수성의 시기는 갑자기 하락하여 제일 안 좋은 5등의 운으로 흐르며 후반에 다가오는 목성의 시기는 2등의 운으로 흐른다.

이런 흐름이라면 지금보다 어릴 때가 오히려 자신이 추구했던 삶에 가깝게 살 수 있었고, 나이가 들면서 심성체질의 영향을 많이 받을 수밖에 없는 즉, 끌려가는 삶의 방향으로 살아가게 된다.

이렇게 되면 자신이 가진 능력만큼 발휘하지 못하여 당당해질 수가 없으며 개성을 연출하지도 못하게 된다. 그리고 왕성한 활동을 할 수 없게 되어 즐겁거나 재미있게 살지도 못하면서 돈을 벌어지지 않고 사랑 역시 찾을 수 없다고 본다.

그리고 오로지 체질인 식상과 재성 그리고 인성의 좋지 않은 성향들로 끌려가게 된다. 그래서 필자에게 왔을 때, 30살이 넘었으면서도 대학에서 일본어를 공부하고 있었는데, 유학을 가서 관광학을 전공하여 이 분야에서 일을 하고 싶다고 했다.

그 기간이 최소한 3년에서 5년이라고 해서 필자는 말렸다. 30살이 넘도록 지금까지 밖에 나가 돈을 벌어본 적이 없었고 생활비 전부를 부모에게 의지하고 도움을 받고 살았다. 남자들은 만나지 않고 지냈으나 언젠가는 이상형의 남자를 만나 달콤한 사람에 빠질 것이라는 상상을 하면서 살고 있었다.

대운이 아직 1등의 운에 있는데도 자신의 격국대로 살아가지 못하고 체질쪽으로 끌려가는 것은 너무 일찍 좋은 운을 만나 어렸을 때부터 운이 좋아 주위의 기대가 클 수밖에 없었다고 한다.

당언히 알아주는 내학에는 들어가려니 했는데 하락하는 운의 영향으로 인해 필수라는 재수에 선택이라는 삼수까지 했는데 공부에 집중이 안 되었다고 한다.

그 시기에 이 사람은 공부하려고 마음을 잡고 책을 펼치면 온갖 잡생각이 나고 지금의 모습이 무엇인가 하는 아쉬움과 한숨만 나오고 그러다 슬프면 같은 처지의 친구들과 만나 술을 마셔 일상의 리듬이나 공부하려던 계획까지 다 망쳐버렸다고 한다.

그런 생활의 반복으로 10년에 걸쳐 재수한 끝에 대학에 들어갔지만 아무래도 유학을 갔다와야만 명분이 선다는 생각 끝에 도움을 청하고자 찾아왔다.

그러나 유학기간도 기간이지만 문제는 세 가지 체질의 영향을 받으므로 그러한 계획도 5년이 아닌 그 이상이 걸릴 수도 있고 중도에 포기할 수도 있으며 또 공부하다가 젊은 청춘을 다 보낼 것도 같아 졸업과 동시에 국내에서 취직하여 사회생활을 하면서 대학원을 다니라고 했다.

그 뒤의 소식은 모르지만 아마 이런 계획도 저런 계획도 이루지 못하고 지금도 방황하고 있을지 모른다.

무체질(無體質)의 特徵(특징)

체질이라는 것이 왜 탄생했는지를 알면 체질이 없는 경우를 쉽게 이해할 수 있다. 앞서 체질이란 잠재되어 있는 본능적인 욕구이며 사고를 필요로 하지 않는 동물적인 본능을 말하고, 감정적으로 치우쳤을 때는 체질의 성향이 강하게 나타난다고 했다.

그리고 체질은 욕심이라고도 했다. 남보다 더 출세하고 싶거나, 물질적으로 풍요롭고 싶거나, 사랑을 더 많이 받고 싶거나, 유쾌하고 즐거운 삶을 살고 싶은 욕심이다.

그렇다면 무체질의 운명인 사람은 동물적인 본능도 약하고 감정적으로 격해지지도 않으며 욕심이 없다고 할 수 있는가? 만물의 영장인 인간이 그럴 수는 없다. 다만 체질이 있는 사람보다는 훨씬 이성적인 사람이라고 보면 된다. 무체질의 사람들은 지나치지 않을 정도의 욕심을 갖고 있거나 통제할 수 있는 감정을 지녔다.

따라서 현명한 삶을 살고 있으므로 저 사람은 법 없이도 산다는 기분 좋은 소리를 듣기도 하며 욕심이 작아서 주위로부터 사람 좋다는 소리를 듣곤 한다.

무체질의 장점은 최악의 상황이 닥친다 해도 좋은 사람이라는 이미지 때문에 주변의 도움을 많이 받는 것이다. 또한 단점은 다른 사람보다 욕심이 적으므로 좋은 기회가 와도 꽉 움켜쥐지 못해 기회를 최대한 활용하지 못한다는 점이다.

그러므로 경쟁이 심하지 않은 사회에서는 존경받을 수 있는 인물이지만 경쟁이 심한 사회에서는 오히려 손해만 보는 인물이다.

따라서 무체질의 사람들이 체질이 있는 사람만큼 많은 욕심을 부리라는 것은 아니나 타고난 운명보다는 조금 더 욕심을 부리고 살아야 합리적으로 살 수 있다.

예를 들어보자.

사주팔자 (여)	시	일	월	년
	丙	癸	乙	戊
	辰	巳	丑	申

대 운	丁	戊	己	庚	辛	壬	癸	甲
	巳	午	未	申	酉	戌	亥	子
	74	64	54	44	34	24	14	04

오행비율   火星:1.20 土星:1.06 金星:1.00
          水星:0.84 木星:0.70

음양비율   음기:2.2 양기:1.9 중성:0.7

일주강약   1.84 (身强)

오신육친 용 신 : 火星　財星
　　　　　희 신 : 土星　官星
　　　　　기 신 : 水星　比劫
　　　　　구 신 : 木星　食傷
　　　　　한 신 : 金星　印星

격　　국　財星生官星格

체　　질　無體質

　이 사람은 전형적인 무체질의 운명으로 이 사람의 시누이가 찾아
와 남동생 부부의 운명을 상담하여 기억에 남는다.

　필자는 이런 저런 사람들의 상담을 많이 하였는데, 부부간의 일이
라면 시어머니가 오든 친정어머니가 오든 부부 중 한 사람이라도 오
지 않으면 절대 상담에 응하지 않는다.

　그 이유는 필자가 부부간 운명의 장단점을 파악해서 서로간에 무
엇이 문제인가를 제3자에게 얘기했을 때, 실제 부부간의 문제해결에
도움이 안 되는 경우를 많이 보았고 오히려 역효과가 나기도 하였다.

　손은 안으로 굽는다는 말이 있듯이 제3자와 인척관계에 있는 부부
중 한 사람을 옹호하기 때문이다. 그래서 부부 중 한 사람이 오지 않
으면 상담에 응하지 않고 있다.

　그런데 1996년 12월 결혼한 시누이가 와서 끝까지 버티며 동생부
부의 사주를 봐달라고 하는 것이었다. 필자 역시 절대로 볼 수 없다고

끝까지 버티었다. 그런데도 가지 않고 묵묵히 필자만 바라보고 있어 측은한 마음이 들어 한 가지 약속을 받아냈다.

동생부부 사이에 무슨 일이 있는지는 모르지만(사주를 안 본 상태) 필자가 얘기하는 대로 그대로 전하고 따르겠냐고 물었다. 그렇게 하겠다는 대답에는 그의 진심이 담겨 있어 그의 마음을 읽고 봐주기로 하였다.

동생부부의 사주를 묻는데 이 부부의 문제가 결혼을 한 지 일년이 지난 지금까지도 집안(시집)에서 혼인신고를 미루고 있다는 것이다.

신고를 미루게 된 동기는 아들이 아내를 사랑하는 것이 아니고 홧김에 한 결혼이라서 곧 헤어질 것이라고 믿어 아들 내외가 신고를 해달라고 해도 부모님이 지금껏 응하지 않고 있다고 한다.

더구나 사주를 보러온 누나도 부모님의 의견에 동조하고 있다고 한다. 그렇게 된 동기는 누나와 엄마가 동생부부의 사주를 여러 곳에서 상담한 결과, 결코 해로할 수 없는 사람끼리 만났으니 혼인신고는 하지 말라고 하여 미루었다고 한다.

그러는 사이 일년이 지났는데 동생부부가 헤어지기는커녕 오히려 부모에게 혼인신고를 해달라고 드러내지는 못하고 암묵적으로 표현하고 있으니 누나로서는 가슴이 아팠다고 한다.

신중하게 추론에 들어갔다. 동생의 운명을 먼저 보았다. 큰 상처가 있었다. 그것을 잊고자 택한 느낌이 들었지만 동생의 운명은 누가 아내가 되었든 상관없는 운명을 타고났다. 여자가 아주 나쁜 사람이 아닌 이상은 어느 정도 감수하면서 살아갈 수 있는 운명이었으며, 또한 식상체질이라서 아내보다는 장인과 장모에게 더 잘할 것이므로 그다지 문제가 없어 보였다.

그래서 자신이 아내를 진정으로 사랑하지 않더라도 결혼을 한 이상 책임과 의무는 다하는 남편으로 가정을 이끌어가고 나름대로 처갓집에도 사위의 의무를 다할 것이라고 했더니, 누나가 하는 말이 부모한테는 말하지 않았지만 그런 얘기를 전화통화에서 한 적이 있다고 한다.

그 다음으로 부인의 사주를 보았다. 격국은 재성생관성격에 심성체질은 무체질이다.

운의 흐름은 수성의 시기가 5등이었고 중반에 온 금성의 시기는 4등의 시기였다가 나이 들어서 다가오는 화성의 시기는 1등으로 급격하게 상승하고 있는 흐름이었다.

과거가 5등이었고 현재가 4등이었지만 심성체질이 무체질인지라 큰 특색 없이 무난히 대학을 나왔고, 악기를 전공해서 개인교습을 하여 자신의 용돈은 벌었으며, 집안도 넉넉하게 사는 형편이라고 한다.

그러다가 동생을 만난 뒤에 이 사람이 더 동생을 좋아하게 되었고 동생이 시키는 대로 무엇이든 따라주었으며 눈치는 별로 없지만 항상 다소곳했다고 한다.

동생이 다른 여자와의 이별로 상처가 큰 시기에 만나 이 사람에게 위로를 받았다고 한다. 다만 헤어진 여자만큼 사랑하지 않아서 집안에서는 걱정을 했으나 이 사람은 그것을 아는지 모르는지 무조건 동생을 따라 다녔다고 한다.

집안에서는 이런 염려 덕에 결혼을 반대하였었는데 끝내 동생이 사고(부모랑 충돌)를 내어 할 수 없이 결혼을 시켰다고 한다. 결혼 뒤에도 껄끄러운 관계가 계속되어 부모 역시 편하지 않았다고 한다.

이 사람의 운명을 판독한 결과 관성이 희신이라서 최악의 운으로 흐르고 있어도 사랑만큼은 절대 포기하지 않을 것이며, 자신이 선택한 남자에 대해서는 후회하지 않고 살아갈 것으로 보았다.

더구나 사랑하는 남편을 위해서 부업도 할 수 있는 격국이라서 남편이 벌스럽지만 않다면 평생 해로할 수 있는 운명이라고 보았다. 다만 마음과는 달리 운이 최악의 시기라서 깔끔하거나 깨끗하지는 않을 것이라고 했더니 집에 가면 신혼부부라는 느낌이 안 들 정도로 어수선하다고 한다.

그래도 동생을 사랑하는 마음이 가상하니 그 점을 높이 인정해서 부모님에게 가서 혼인신고를 해주라고 했는데, 3일 뒤 누나가 다시 왔을 때 하는 말이 필자의 말을 듣고 상담한 날 집에 가서 부모님과 상의 끝에 해주기로 했다는 것이다.

그 뒤 딸을 낳아 작명까지 해주었으며, 누나로부터 남들 사는 것처럼 무난하게 살고 있다는 동생부부의 생활을 가끔 들을 수 있었다.

동생 성격은 깐깐하고 이 사람의 성격은 무난한 편이라 간혹 동생이 신경질적으로 나오지만 이 사람이 가볍게 넘기는 바람에 큰 탈은 나지 않는다고 했다.

이 사람이 최악의 운을 맞이하면서도 특별한 개성이나 고집이 없었던 것은 무체질의 영향으로 인해 모든 문제들을 처리할 때 두루뭉

실하게 할 수 있었고, 그러므로 남편과도 원만하게 살 수 있다고 보여진다.

만약 체질이 있는 사주라면 이 사람처럼 남편을 편하게 대하지는 못했으리라고 본다. 그래서 시부모님이 혼인신고를 해주지 않아도 불평 한마디 없이 남편을 따른 것이다.

앞으로도 무난한 삶이 이어지리라고 본다.

사주팔자 (남)	시	일	월	년
	丁	丁	辛	丙
	未	丑	卯	申

대 운	己	戊	丁	丙	乙	甲	癸	壬
	亥	戌	酉	申	未	午	巳	辰
	78	68	58	48	38	28	18	08

오행비율 木星:1.20 金星:1.20 土星:1.00
          火星:0.90 水星:0.50

음양비율 음기:2.2 양기:2.6 중성:0

일주강약 2.10 (身强)

오신육친 용 신 : 土星 食傷
          희 신 : 金星 財星
          기 신 : 木星 印星
          구 신 : 火星 比劫
          한 신 : 水星 官星

격 국	食傷生財星格
체 질	無體質

　이 친구는 필자의 동창생으로 학교 졸업 뒤 20여년 만에 다시 만나게 되었다. 만나게 된 동기는 지방자치시대가 되었으니 동창생들도 고향을 위해 무엇인가 일을 할 때가 되었다는 생각에 모이게 되었다.

　각 분야에 퍼져 있는 동창생들을 찾는 업무가 필자에게 떨어져 나름대로 열심히 일을 하고 있는 친구들을 찾아 여기저기 연락해서 모임을 만들었을 때 만나게 된 친구 중 한명이다.

　초등학교와 중학교를 같이 다녔는데도 학교 다닐 때는 이 친구와 같은 반을 한 적이 없어서 그렇게 친하게 지내지는 않았지만 워낙 착하고 순진하고 공부밖에 모르는 모범생이었으므로 동창생 중에 이 친구를 모르는 친구가 없을 정도다.

　이 친구는 대학을 졸업한 뒤 오랜 기간 사법고시 공부를 하였는데, 늘 1차 시험에는 합격을 하지만 2차 시험에서 떨어지는 비운을 겪곤 하였는데 이유인즉 실력이 없어서가 아니라 바로 악필이라는 이유 때문이라고 한다.

　필자 역시 자신이 쓴 글을 시간이 지나서 보면 내용이 무엇인지 모를 정도로 악필이기에 이 친구의 심정을 이해한다.

　역학에 입문하여 20년간 감정한 결과를 가지고 현실에 맞는 역서를 펴내 도움을 주고 싶었지만 솔직히 악필인지라 차일피일 미루다가 94년에 컴맹이면서도 무조건 컴퓨터를 구입했다. 이유는 단 하나 책을 쓰기 위해서였다.

이 친구는 아주 중요한 시험에서 악필이라는 이유 하나만으로 정답에 가까운 내용을 쓰고도 심사위원들이 읽지를 못해 계속해서 떨어졌다. 이것은 가슴 아픈 일이 아닐 수 없다.

훗날 이 친구가 합격한 다음 축하 자리에서, 어느 해에는 공부는 전혀 안 하고 오로지 글씨 쓰는 연습만 했다는 과거사를 털어놓았다. 다행히 합격한 뒤라 웃으면서 얘기했지만 악필인 필자에게는 한이 서린 음성으로 들렸다.

실력은 월등했지만 글씨를 못 쓴다고 10년이라는 긴 세월을 허비하게 만든 사법고시 제도에 대해서 정말 원망 아닌 원망을 할 수밖에 없었다.

다른 나라처럼 시험장에서 노트북이나 타자기 등 다른 것을 이용해서 정답만 써내면 인정해주는 그런 여유 있고 융통성 있는 제도가 시급하다고 본다.

남들에게 인정 받을 만큼 능력이 있는 이 친구가 악필이라는 이유만으로 10년이라는 긴 시간을 낭비하게 했다는 것은 작게는 자신을 위해서 크게는 국가를 위해서 결코 바람직한 일이 아니다. 아무튼 이 친구는 악필의 서러움을 극복하고 사법고시에 합격하여 연수원 교육도 받았고, 교육 과정에서도 실력을 인정 받았지만 나이(30대 중반 이후)가 많은 탓에 스스로 변호사의 길을 택하게 되었다.

우리나라의 풍토는 사법고시에 통과한 사람이 결혼할 때는 그 배우자가 몇 개의 열쇠를 가져와야만 한다고 한다. 설령 공부할 때 만나 서로 사랑했고 물질적으로 도움을 받았다 하더라도 합격한 뒤에는 예전의 애인하고 헤어지고 좀더 조건이 좋은 사람과 거래로 결혼하는 것이 대부분이다.

그러나 이 친구의 생각은 달랐다. 힘들게 공부할 때 만나 연애하면서 긴 시간 기다리면서 물심양면으로 도움을 주었던 지금의 아내와 합격하자마자 곧바로 결혼을 했던 것이다.

지금도 생각난다. 연수교육을 받을 때 이미 신혼살림이 시작되었는데, 처음 살기 시작한 곳이 신림동 꼭대기로 좁은 골목을 따라 올라가 집들이 쭉 붙어 있는 그런 곳이었다.

사랑하는 여인과 결혼하여 둘이서 빈손으로 변호사 생활을 시작했다. 친구들 생각에는 능력이 있으므로 곧 돈을 많이 벌어 지금보다도 훨씬 나은 생활을 할 수 있을 것이라고 믿었다. 그런데 너무 양심적이라 그런지 변호사 생활이 10년이 넘어가는데 아직도 형편이 어렵기 마찬가지인데 그 이유는 이 친구의 고집에서 비롯된다.

고향 사람들을 위해서 무료 변호를 몇 년식 해주었고, 사건을 의뢰받아도 대부분 고향의 선후배들의 일이어서 사건이 잘 해결되어 받아야 할 변호비용을 형편상 못 받는 경우도 있으며, 더러는 이 친구의 그런 장점을 약점으로 이용하는 사람들도 있었다.

다른 변호사보다 일은 훨씬 많이 하면서도 이 친구의 애향심과 동정심 그리고 양심 때문에 겉에서 보는 것과는 달리 실속이 없는 생활을 하고 있었다.

내일 모레면 50살이 되건만 아직도 비리를 보면 스스로 참지 못하고 나서서 일을 해결해주려는 희생정신 때문에 자신은 힘든 가정생활을 꾸려가고 있다. 그렇지만 사회는 이 사람이 일한 만큼 밝아지고 있을 것이다.

이 사람은 왜 남들처럼 욕심은 못 낼망정 받아야 할 변호비용도 못 받고 무료변호를 많이 하는지 사주상에서 알아보기로 하자.

이 친구의 격국(추구하는 삶)은 식상생재성격이며 심성체질은 무체질이다. 운의 흐름은 3등이었다가 이제 막 2등의 운으로 상승되었다. 그러나 토성의 운이 없는 관계로 금성의 시기가 사실상 1등의 운이라고 할 수 있다.

그렇다면 점차적으로 좋아지고 있는 삶인데 아무래도 과거보다는 현재가 격국에 충실한 삶이라고 할 수 있다. 그렇다면 과거에는 흉신들 즉 인성과 비겁의 속성을 받아 실속을 챙기기보다는 주변 사람들의 시선과 자신의 이미지 관리 그리고 인간적인 의무와 도리 등에 끌려갔다고 할 수 있다.

더구나 무체질이라 욕심도 많지 않으므로 더욱 그러하다. 그러니 그런 영향들이 나타난다면 아예 자기 자신은 없다고 보는 것이 타당할지 모른다. 이와 같이 지금까지의 삶은 전부 남을 배려한 삶이었다.

그러나 앞으로의 삶은 조금 다르리라고 예측해 본다. 이 친구가 일을 하고 있었던 의정부에서 올해 봄에 일산으로 사무실을 옮겼다. 의정부 법원이 분리되면서 일산에 법원이 생겼기 때문이다.

필자는 지난해 예측할 때 올 하반기부터 돈을 벌 수 있다고 이 친구에게 얘기했던 터였으므로 행여나 하는 마음에 모임이 있을 때 예전하고 올해 들어 마음의 변화나 생각의 변화가 있느냐고 물었다.

그랬더니 이제부터는 가족을 위해서 살아야겠다는 말을 하였고, 아이들이 커가는 것을 보면 책임감이 더 해진다는 의미심장한 말을 하였다.

대운도 바뀌고 세운도 바뀌는 시점이라 이제는 격국이 원하는 방향으로 살려고 변화되고 있음을 단 몇 마디의 말로 알 수 있었다.

그래도 체질이 없는 관계로 체질이 있는 사람보다는 훨씬 욕심이 적어서 걱정은 남아 있다. 그러나 지금은 자신을 위해 돈을 벌려고 한다 하더라도 변호사로서 개인적인 양심과 지난날 추구했던 사회의 정의에 많은 헌신을 할 것이다.

形而下學(형이하학)과 形而上學(형이상학)적인 體質(체질)

사람이 살아가는 데 있어 바라는 모든 것이 이루어지기란 쉽지 않으며, 또한 원하지는 않았지만 남들의 눈에는 성공했다고 비칠 수도 있는 삶이 있고, 자신이 그렇게 원했던 삶을 평생 살았어도 남들의 눈에는 성공했다고 할 수 없는 삶을 산 사람들도 있다.

필자는 이것을 현실적으로 잘 적응하는 체질과 적응하지 못하는 체질로 나누어 세속적인 출세를 하는 체질과 정신적인 안정을 무엇보다 중요하게 보는 체질로 구분 지었다.

다섯 가지 체질 중에서 재성과 관성체질인 사람들이 현실적으로 적응을 잘하는 다시 말하면 세속적으로 출세하고 성공하며 돈을 잘 벌 수 있는 경향이 다른 체질들보다 매우 강하며, 그와는 반대로 정신적인 분야를 중시 여기고 인간답게 살아가자는, 공생공존하자는 체질은 역시 비겁체질을 따라갈 수 없으며, 그 뒤를 이어 인성과 식상체질이 차지한다.

따라서 재성이나 관성체질은 형이하학적인 체질이라고 부르며, 비겁과 인성 그리고 식상체질은 형이상학적인 체질이라고 한다. 그리고 체질의 성향으로 끌려가는 것은 이미 운의 흐름이 좋지 않게 흐르고 있음을 의미하는 것으로, 마음의 안정을 찾기에는 그다지 쉽지 않다. 그것은 자신이 원했던 삶과는 180도 다르게 현실이 펼쳐지기 때문이다.

　그럼에도 불구하고 형이하학적인 체질들은 돈을 벌고, 출세하고자 애쓰므로 열심히 살아가는 삶의 모습을 연출할 것이며, 형이상학적인 체질들은 그런 적극적인 모습보다는 조금은 관망하는듯한, 속세에서 한 발짝 물러나 있는듯한 삶의 모습을 연출한다는 것이다.

　운의 흐름이 좋지 않게 흘러 행복하게 살아갈 수 없음에도 불구하고, 누구는 더 열심히 현실에 적응하면서 부를 축적하고, 명예를 거머쥐는 사람들이 있는 반면에 누구는 현실과는 거리를 두면서 공부에만 집중한다든지, 정신적인 도를 닦든가 종교에 심취한다든지, 실리가 없는 일에 시간만 낭비하면서 세월을 보내는 사람들도 있다.

　사회적으로 성공을 했다면 운의 흐름이 좋아 자신의 꿈을 이룬 줄로 남들은 알고 있는 경우가 많은데, 성공한 자들의 50% 가량은 그렇지 않을 수도 있음을 알아야 한다. 그리고 형이상학적인 체질들은 돈을 벌지 못하거나 출세를 전혀 못하는 것은 절대 아니다.

　복잡다단한 21세기에서는 아이디어 하나로, 운동 하나로, 학위논문 하나로, 종교 하나로, 사회운동 하나로, 심리적인 문제 하나만으로도 부와 귀를 한꺼번에 거머쥘 수 있는 시대이므로 형이상학적인 체질이라도 얼마든지 남들의 눈에 성공했다고 보여질 수도 있는 것이다.

　다만, 형이상학적인 체질들은 형이하학적인 체질들보다 현실에 대한 욕심이 적은 것과, 형이하학적인 체질들은 형이상학적인 체질보다 현실에 대한 욕심이 큰 것은 어쩔 수 없는 운명임을 우리는 알아야 한다.

사주팔자	시	일	월	년
(남)	壬	癸	丙	壬
	戌	卯	午	寅

대 운								
	甲	癸	壬	辛	庚	己	戊	丁
	寅	丑	子	亥	戌	酉	申	未
	71	61	51	41	31	21	11	01

오행비율   木星:2.00 火星:1.40 土星:0.50
金星:0.50 水星:0.40

음양비율   음기:0.9 양기:3.4 중성:0.5

일주강약   0.90 (身弱)

오신육친   용 신 : 土星   官星
희 신 : 火星   財星
기 신 : 木星   食傷
구 신 : 水星   比劫
한 신 : 金星   印星

격   국   官星保財星格

체   질   食傷(A)

종합판단

이 사람의 지금까지 삶은 자신이 만족할 만한 삶을 살고 있지 못하
고 있는데도 불구하고 남들에게는 출세한 사람이라는 소리를 듣고

산다.

벤처분야 특히 인터넷계에서는 한국뿐 아니라 미국에서도 알아주는 권위자로 외국회사의 한국 지사장도 맡았으며, 언론사의 각종 인터넷 사업의 일을 맡을 때마다 큰 이득을 내는 튼튼한 기업으로 성장시켜주었다.

그런 능력을 갖춘 사람이니 벤처 기업쪽에서는 너나 할 것 없이 그의 능력을 인정할 수밖에 없고, 그 분야에서 성공한 사람으로 불리는 것은 당연하다고 할 수 있다.

그런데 정작 자신은 성공했다고 여기거나 만족한 삶이라고도 말하지 않는다. 연봉도 3억원이나 받고 좋은 동네에서 좋은 차를 타고 다니며 살고 있는데 말이다.

그는 어렸을 때부터 부모님의 각별한 사랑으로 누구도 부럽지 않은 환경에서 당시에 가장 비싼 과외를 받으면서 자랐다고 한다. 대학을 마치고 전문 지식을 익히기 위해 미국 유학까지 했다.

그곳에서도 능력을 인정 받아 귀국한 뒤에도 외국회사의 한국 지사장까지 지냈고, 지금도 거대 미국의 벤처 회사로부터 한국에 지사를 세울 테니 지사장을 맡아 한국 내의 모든 활동을 책임져달라는 요청을 받고 있다. 그것도 미국회사의 지분을 주면서 말이다.

이렇듯 겉으로 보기에 그는 큰 성공을 한 사람이다. 더구나 실제의 삶에서도 부족한 것도 모자라는 것 없이 완벽한 사회생활과 가정생활을 하고 있는데, 왜 자신만은 그런 생활에 만족하지 못하여 필자와의 상담에서 터놓을 수 없는 고충을 토로했어야 했는지를 이제부터 알아보자.

우선 이 사람이 원하는 삶은 관성보재성격으로 용신인 관성 앞에 인성을 이용해야 하므로 인성의 모습이 나타난다. 물론 원해서 인성을 이용하는 것은 아니다.

그렇다면 겉으로 드러나는 모습은 자신의 능력을 보이기 위해 누구보다도 공부를 많이 하여야 하고 인정 받기 위해서 자신의 의무를 다하고 도리에 충실하여야 한다. 그리고 전혀 빗나감 없는 바른 생활을 해야 하며, 부모님이나 남들의 시선을 항상 의식하여 의젓해지려고 하며 이성적인 자세를 버리지 않는다.

그렇게 한 다음, 용신인 관성의 모습이 나타나는데 그것은 누구보다도 사회의 질서나 기존의 규칙에 충실하고 조직에 들어가 맡은 바 책임을 다하여 상사의 신임을 받으면서 남보다 빠른 출세를 하고 자식에게 전혀 틈이 없는 완벽한 아빠의 모습으로 살아간다.

정말 빈틈이 없고 조그마한 것에도 어긋나지 않는 모범적인 삶의 자세를 견지하면서 살아가기를 원한다.

그러면서 용신을 이루면 마지막으로 추구했던 희신인 재성의 성향으로 삶의 마지막을 끝낸다. 그렇다면 이 사람의 내심에는 재성의 욕망이 꿈틀거리고 있었다고 보아야 한다.

재성의 성향이란 순간의 분위기에 최선을 다하며 자연과 함께하는 여행을 하면서 자기 감정에 충실하고 물질적으로 풍족한 상태에서 멋진 이성과 함께 화려하고 재미있는 나날을 보내면서 행복한 삶을 살아야 한다.

이 사람이 이러한 일정을 이루기 위해서는 반드시 운의 흐름이 따라주어야 한다. 초반 화성의 시기는 2등에서 출발했지만 곧바로 이어지는 금성의 시기는 3등으로 한 단계 떨어지며 그 다음으로 다가오는 수성의 시기는 4등으로 점차적으로 운이 하강하는 국면을 맞이한다.

이렇게 된다면 자신이 그렇게 추구했던 격국의 일정은 이루어지지 않고 심성체질의 영향 즉, 식상의 성향이 강하게 나타난다.

이 사람에게는 식상의 영향이 어떻게 나타날까? 우선은 격국이 이루어지지 않으므로 자신을 인간적으로 인정해주는 곳이 없을 것이며, 어디를 가든 마음에 드는 직장은 나타나지 않을 것이며, 원하는 만큼의 재물도 쉽사리 들어오지 않는다.

그러면서도 체질인 식상의 성향이 나타나 강한 카리스마를 발휘할 것이고 상사보다 부하 직원들 챙기는 것을 더 좋아하고 명령을 받기보다는 스스로 무엇이든 책임있게 하려고 하면서 자기만의 개성과 독창성을 발휘하고 필요에 따라서는 과감하게 개혁을 하기도 한다.

그래서 어디를 들어가든지 책임자의 위치에 서서 독창적이며 독립적으로 일을 하고 싶어한다.

그의 소망은 자신을 인정해주는 곳에서 자신의 책임 아래 자신이 맡은 분야에서 타의 추종을 불허하며 자신이 가진 능력을 100% 이상 발휘하는 것이다.

그러나 항상 그 문턱까지 가서 마지막에 쓰라린 아픔을 당한 뒤에 자신은 물론 가족까지도 안타까운 나날을 보내고 있다.

그럼에도 불구하고 남들이 그를 성공한 사람이라고 인정하는 것은 꺾이지 않는 도전정신과 오기 그리고 흐트러짐이 없는 생활에서 찾아볼 수 있는데, 그것은 관성의 성향보다 더 강한 완벽성과 야망이 더 큰 식상체질의 영향에 기인한다.

비록 자신은 운이 떨어져 마음의 만족을 얻지 못하는 삶을 살지라도 약하게 흐트러지는 체질이 아니라 매우 강한 체질을 타고났으므로 남들은 그런 내면의 사정을 알지 못하고 그의 겉모습만 보고 평가한 것이다.

결론을 내리면 자신은 행복하지 못한 삶(마음)을 살고 있으면서도 실제의 삶에 있어서는 남보다 더 나은 삶(육체)을 살고 있는 형이하학적인 운명이라고 할 수 있다.

사주팔자 (남)	시	일	월	년
	戊	戊	庚	辛
	午	子	寅	卯

대 운	壬	癸	甲	乙	丙	丁	戊	己
	午	未	申	酉	戌	亥	子	丑
	74	64	54	44	34	24	14	04

오행비율　木星:2.20　水星:1.00　火星:1.00
　　　　　金星:0.40　土星:0.20

음양비율　음기:1.4　양기:3.2　중성:0.2

일주강약   1.20 (身弱)

오신육친   용 신 : 土星   比劫
          희 신 : 火星   印星
          기 신 : 木星   官星
          구 신 : 水星   財星
          한 신 : 金星   食傷

격   국   比劫保印星格

체   질   官星(A)

종합판단

이 친구는 필자의 오랜 친구이자 필자의 첫 번째 제자이기도 하다. 필자와 만난 시점은 1984년 이 친구가 가장 힘들 때였다. 삶을 얘기하기 전에 어떠한 운명을 타고났는지를 알아보자.

이 친구가 원하는 삶은 비겁보인성격으로 바쁘고 복잡하거나 돈밖에 모르며 출세하기 위해서 살기보다는 한가하고 여유 있으면서 혼자가 아닌 동료나 형제들과 함께 어울리면서 살아갈 수 있는 정신적으로 안정된 삶을 지향한다.

그리고 심성체질은 관성체질로 자신의 삶이 물질적으로 남보다 더 많이 가지고 출세하고 성공하고 싶은 내면의 욕구를 지녔음을 알 수 있다.

운의 흐름을 보자. 초반 수성의 시기는 4등에서 출발했는데 현재 맞이하고 있는 금성의 시기는 5등으로 한 단계 떨어졌음을 알 수 있고 그 뒤에 이어지는 화성의 시기는 2등으로 마무리하는 흐름이다.

그렇다면 태어나서 지금까지의 삶은 자신이 바라던 격국으로의 삶이 이루어지지 않고 심성체질로 끌려가고 있음을 알 수 있다. 이는 원하지 않는 삶을 살고 있다는 것을 의미한다. 따라서 격국과 체질을 살펴보면 이러하다.

만약 이 친구에게 운의 흐름이 좋아 격국의 삶을 살아간다면 자신이 하고 싶은 것을 하되, 조금은 나태해지면서 물질적으로는 여유없이 살게 된다. 그런데 운이 나쁘게 흘러 체질로 끌려가므로 무거운 책임감을 느끼면서 현실에 철저하게 적응하기 위한 냉엄한 세상을 몸으로 직접 느끼면서 살아가야 한다.

이 친구의 삶의 모습을 알아보자.

아들만 삼형제를 둔 집안의 장남으로 태어나 학교 졸업 뒤, 해군에 하사관으로 지원 입대하여 7년을 근무하다가 제대하였다. 그 뒤에 틈틈이 익혔던 서예 실력을 바탕으로 학원을 차렸으나 너무 세상 물정을 몰랐고 남들도 다 자기하고 같은 줄 알고 순진하게 운영하다가 손을 털고 말았다.

빈손으로 서울에 올라와 재기의 몸부림을 쳤으나 그러면 그럴수록 깊은 수렁에 빠져 끝내 모든 것을 다 잃어버렸다. 그 뒤 속세를 벗어나고자 깊은 산으로 들어가 도를 닦으려 했다.

그 즈음에 필자를 만나 역학을 공부하게 되어 2년 뒤 철학원을 열어 운영하다가 현재의 부인을 만나 결혼과 동시에 철학원을 접고 처 갓집의 세탁소를 도와주면서 살게 되었다.

얼마 있어 차 인테리어 공장을 차려서 차에 들어가는 보조용품(핸 들커버, 청소기구, 햇빛가리개 등)을 생산하여 전국의 가게에 공급하 게 되었고, 그 와중에 형제들을 끌어들여 지금은 많은 양을 생산하여 업체에 공급하면서 인터넷 판매까지 하고 있다.

이 친구는 인터넷에서 사용하는 모든 웹기술을 익히고자 나이 50 살 넘어서 컴퓨터와 인터넷을 3년이나 공부하는 열의를 갖고 있다. 결국에는 누구의 도움 없이 홈페이지를 만들어 현재는 그 업계에서 알아줄 만큼 인터넷 주문 판매가 한창이다.

결혼하기 전과 결혼한 뒤, 그리고 예전의 공장 할 때와 지금의 상황 등을 비교하면 하늘과 땅 차이가 날 만큼 달라졌음을 알 수 있다. 예 전에는 처갓집의 도움을 받아 생활할 정도로 어려운 처지였는데 지금 은 오히려 처갓집을 도와줄 정도로 재산을 모았으며, 사회적으로도 성공했다고들 얘기하고 있다.

운의 흐름은 틀림없이 하락하고 있는데 이 친구의 삶은 나아지고 있다. 그런데 그는 현재의 모습이 자신이 바라는 삶이 아니라고 한다. 나이 들어서는 한적한 곳에 가서 자신이 좋아하는 붓글씨를 쓰고 그 림이나 그리면서 도를 닦는 생활을 하고 싶은 것이 꿈이라고 한다.

위의 두 가지 예에서 보았듯이 정신적으로는 만족하지 못한 삶을 살고 있으면서도 밖으로 보여지는 삶은 전혀 실패하지 않은 삶으로 오히려 성공한 삶으로 비쳐지는 운명들도 많다.

절대 운이 좋아서 그러한 것만이 아님을 우리는 확실히 알고 상담
을 해야 한다.

사주팔자 (여)	시 己 未	일 戊 寅	월 乙 未	년 丙 申

대 운	丁 亥 71	戊 子 61	己 丑 51	庚 寅 41	辛 卯 31	壬 辰 21	癸 巳 11	甲 午 01

오행비율   火星:1.74   木星:1.20   金星:1.00
            土星:0.86   水星:0.00

음양비율   음기:1   양기:3.6   중성:0.2

일주강약   2.60 (身强)

오신육친   용 신 : 金星   食傷
             희 신 : 土星   比劫
             기 신 : 火星   印星
             구 신 : 木星   官星
             한 신 : 水星   財星

격 국   食傷保比劫格

체 질   印星(A)

종합판단

　이 사람이 필자의 손님이 된 지 10여년이 넘었다. 4남매의 첫째로 태어나 어렵지 않게 살다가 학교를 졸업한 뒤에 결혼을 하였다. 회사에 잘 다니던 남편이 결혼하자마자 회사를 그만두는 바람에 졸지에 직업을 가지게 되었다.

　피아노를 전공한 덕분에 부모님 건물에서 큰돈 들이지 않고 학원을 운영하면서 남편 대신 생활을 책임지게 되었다. 차라리 결혼을 안 했더라면 친정에서 편하게 일이나 도우면서 살았을걸 하고 뒤늦은 후회를 했다고 한다.

　그러나 친정 집이 기울면서 학원을 하고 있는 건물도 팔아야 하는 상황에 이르렀다. 이후에 피아노 학원만으로 생계를 이어갈 수 없는 상황인데도 불구하고 남편은 그녀가 십 몇 년간 생계를 책임지는 바람에 그저 쉬는 게 타성이 되어 일할 생각을 하지 않았다고 한다.

　그런 세월을 몇 년간 하다 보니 모은 돈은 다 없어지고 집 한 채만 남은 시점에서 남편이 택시기사로 취직하여 겨우겨우 끼니를 이어가고 있었다.

　그녀는 필자에게 올 때마다 무엇을 해야만 자식을 잘 키울 수 있을지를 물었지만 필자는 그것보다도 제발 병원에 가서 진찰도 받고 약이나 먹으라고 했다. 온몸이 성한 곳이 한 군데도 없을 만큼 온통 병이 들었는데도 병원에 가지 않고 그날그날 이어가고 있었기 때문이다.

　그럴 때마다 그녀는 차라리 병명을 모르고 사는 것이 낫지 병원에 가면 여기저기 전부 병이라고 할 텐데 어떻게 갈 수 있으며, 당장 입원해서 치료를 받아야 하면 어떻게 생활해나갈 수 있냐는 걱정부터 하였다.

그러면서 자식의 진로나 남편의 건강을 걱정하고 거기에다 친정 식구들의 걱정까지 챙겼다. 보통 사람이 이 사람처럼 많은 병이 있었다면 아마 벌써 하늘나라에 갔을 것이다.

생계에 대해서나 자신의 병에 대해서 조금이라도 걱정을 하면 아마 답답해서 살기 어려울 것이라는 생각이 들었다. 그런데 그러한 것에 대해서 이미 달관의 경지에 올라 있었으므로 아무리 어려운 처지가 되고 병이 심하게 들어도, 주변에서 친구들이 잘사는 모습을 보아도, 친정 형제들이 성공을 하여도, 남편이 십여 년을 놀아도 그저 그러려니 하면서 다 받아들일 수 있었을 것이다.

이 사람을 이 장에 소개하는 이유는 다음과 같다. 최악의 조건에서 최악의 삶을 살고 있으면서도 이 사람의 마음은 전혀 동요하지 않고 오히려 남들을 걱정하는 마음이 앞서 있다. 그 원인이 무엇인지 알아보기로 하자.

그녀의 격국은 식상보비겁격에 심성체질은 인성체질이다. 운의 흐름은 초반 화성의 시기인 3등으로 출발하였다가 곧바로 다가온 목성의 시기는 5등으로 급격하게 떨어진 흐름이고 이어 오는 수성의 시기는 4등으로 마무리 짓는 흐름이다.

이런 흐름이라면 이 사람은 원하지 않은 삶을 살 가능성이 크다. 그렇다면 원했던 삶은 무엇인가? 용신인 식상의 앞에 재성을 활용하려고 하니 예술 분야에서 타고난 소질을 발휘하여 인기도 모으고 경제력도 갖춘 뒤에 낭만을 찾으며 자연과 더불어 살고 싶어한다.

그러다가 용신인 식상의 성향이 나타난다. 누구에게 의지하거나 도움을 받지 않고 스스로 커리어우먼의 역할을 하면서 책임을 다하고 활발하게 활동하면서 자신의 타고난 끼와 재능을 맘껏 펼친다.

그 뒤에는 희신인 비겁의 모습을 나타내어 남들과 더불어 함께 살고 의지하면서 자신의 모든 것을 사회에 비치려는 가장 인간적인 삶으로 생을 마치고 싶어한다.

그런데 운의 흐름이 이와 같지 않으니 결국에는 격국의 성향을 다 버리고 체질로 끌려가야 하는데 재성이나 관성의 체질이 아닌 관계로 그나마 현실적으로 욕심이 많지 않다.

그래도 이 사람은 인성체질인지라 남보다 더 인정받고 싶고, 공부도 많이 하고 싶고, 고생 안 하고 편안히 살고 싶은 마음이 강하며, 고귀하고 지적인 사람으로 남고자 늘 남의 시선을 의식하여 자신의 이미지 관리에 많은 공을 들인다.

만약 다른 사람이 이와 같다면 자신의 처지를 비관해 삶을 포기하거나 종교에 귀의하여 살아갈 것이며, 그것도 여의치 않다면 부모나 형제에게 무조건적으로 기대면서 살아가려는 모습을 보일 것이다.

그런데 그녀는 절대로 그렇지는 않다. 누구를 원망하거나 고상한 삶을 살아야 한다거나 부모나 형제에게 기대려 한다거나 남의 이목이 무서워 할 일을 못하거나 하는 사람이 아니어서 그저 닥치는 대로 맞이하면서 살아가고 있다.

그러한 모습은 이미 삶의 한계를 넘어선 도인의 모습에 가깝다. 무심으로 돌아가 잘사는 것도 네 복, 못사는 것도 내 복이라는 아주 단순한 진리를 실천하는 사람이다.

따라서 현실적으로는 힘겹게 살면서도 자신의 처지가 딱하다고 하여 누구를 원망하거나 하지 않고 오히려 현실을 담담하게 받아들이면서 마음만은 행복하고 즐겁게 살아간다.

이러한 운명이 현실적으로는 출세하거나 성공하지 못했다 하더라도 정신적으로는 안정된 형이상학적 운명이다.

사주팔자 (남)	시	일	월	년
	癸	丙	甲	甲
	巳	辰	戌	辰

대 운	壬	辛	庚	己	戊	丁	丙	乙
	午	巳	辰	卯	寅	丑	子	亥
	71	61	51	41	31	21	11	01

오행비율　土星:1.76　火星:1.00　木星:1.00
　　　　　金星:0.84　水星:0.20

음양비율　음기:1.04　양기:2　　중성:1.76

일주강약　2.00 (身强)

오신육친　　용　신 : 木星　　印星 (가용신)
　　　　　　 희　신 : 水星　　官星
　　　　　　 기　신 : 金星　　財星 (진용신)
　　　　　　 구　신 : 土星　　食傷
　　　　　　 한　신 : 火星　　比劫

격　　　국　　印星保官星格

체　　　질　　食傷(C)

종합판단

이 친구는 인상에 남는 제자 가운데 한명이다. 어려운 상황 속에서도 전혀 흐트러짐 없이 꿋꿋하게 선비 정신이나 인간적인 면모를 잃지 않고 살아가는 사람이 이 사람이다.

그러한 생활의 태도는 몇년이 지난 지금도 변함없어 여기에 소개하고자 한다.

그가 추구한 것은 인성보관성격에 진용신은 재성이고, 심성체질은 식상체질이다. 운의 흐름은 초반 수성의 시기는 2등이었다가 현재 목성의 시기는 3등으로 조금 떨어졌으며, 나중에 화성의 시기가 되면 4등으로 내려갈 운이다.

이렇게 된다면 그는 자신이 원하는 삶보다는 원치 않았던 삶으로 끌려들어갈 가능성이 크다. 한마디로 식상의 성향으로 끌려가면서 살게 된다.

그가 원했던 삶은 인성과 관성 그리고 간간이 바라는 재성이다. 그런데 그러한 것들이 이루어지지 않고 체질로 끌려가면 안정도 이룰 수 없고 인간적인 면도 볼 수 없고 부모에게 효도를 하지도 않으며 의무나 도리에는 게으르기 그지없다.

그리고 기존의 질서나 규칙을 어기는 것이 부지기수이며, 정직하지도 성실하지도 않으며, 가족에 대한 책임감도 없으며, 세상사를 자신이 보는 시야대로 좁게 비판한다.

마지막으로 진용신인 재성조차 이루어지지 않아 아내에 대한 애정도 엷어지고 물질적으로도 궁핍하여 낭만이라곤 온데간데없어 재미없이 살게 된다.

그리고 오로지 식상체질의 특징으로 남들을 대할 때 안하무인이어서 자존심만 내세우며 항상 비뚤어진 생각이나 행동으로 반발하여 남들에게 욕을 먹는 생활이 이어지므로 사회에 머물면서 모두와 함께 어울려 살아가기에는 적당하지 않다.

그런데 이 친구는 그것과는 다른 삶을 살고 있는데 이유를 보자.

그는 부모님에게 절대 폐를 끼치지 않으며, 집에서는 아내가 힘들지 않도록 항상 살피고 자식에게 훌륭한 아빠가 되려고 노력하며 아무리 금전적으로 궁핍하여도 선비 정신을 잃지 않는다.

또한 역학자로서 사이비 같은 짓은 결코 하지 않으며, 어떤 손님이 되었던 최선을 다하여 감정을 하고 편법으로 돈을 벌 수 있는 기회가 와도 동요하지 않으면서 남들과 자기의 생활을 비교하지 않은 채 그저 고고하게 살고 있다.

주변에서 도움을 주려고 하면 이렇게 사는 것이 인생이지 뭐 다른 것이 있냐며 물질적인 것에 치중하지 말고 되도록 정신적인 안정을 얻어야만 된다고 오히려 조언을 한다. 이렇듯 길이 아니면 절대 가지 않으려는 꿋꿋한 선비생활을 하고 있다.

따라서 운의 흐름이 떨어져 원하지 않는 삶을 살고 있는데, 삶을 있는 그대로 받아들여 자연의 일부인 인간으로서 무화되어 살아가고 있다.

남들보다 많시도 않고 출세한 것도 아니고 오히려 치지는 생활인데도 불구하고 자신의 생활을 사랑하고 가족을 위해 묵묵히 살아가고 있는 모습을 보면 과연 형이상학적인 삶이 무엇인지를 깨닫게 한다.

지금도 그는 사당동에 자리잡고 많은 사람들에게 교훈적인 인·의·예·지·신의 혼이 담긴 상담을 해주고 있다.

21세기 新 개념의 역학!

格局(격국)의 크기란

녹현역을 창안하면서 가장 난해했던 것 중의 하나가 바로 격국의 크기였다. 이 부분을 잘못 이해하면 사주상에 나타난 상·중·하 격국의 크기로 실제의 생활을 판단하는 오류를 범할 수 있기 때문이었다.

그리고 격국의 크기가 부귀의 크고 작음을 나타내는 것이 아닌데도 불구하고 대다수의 사람들은 부귀를 의미하는 것으로 판단할 수 있는 소지가 많은 이론이라는 점도 필자를 좀더 신중하게 한 원인이기도 했다.

지금까지 사람이 살아감에 있어 추구하는 삶이 무엇인지(격국), 끌려가는 삶은 무엇인지(심성체질), 언제 어느 시기에 그런 영향들이 미치는지(운의 순위) 등에 대해선 다 알 수 있었지만, 오로지 격국의 크기는 무엇을 나타내고 있는지 궁금하지 않을 수 없다.

한 마디로 표현하면 마음의 여유라 한다. 항상 마음 속에서 무엇인가를 준비하고 있었는지, 전혀 그런 마음도 없이 지냈는지를 살펴보는 이론이다. 이 이론이 어느 이론보다도 중요한 것은 우리에게 미치는 영향력이 막강하기 때문이다.

기쁜 일이든 슬픈 일이든 급작스럽게 발생하는 경우가 많은데, 그럴 때 누구는 아무렇지도 않게 대범하게 넘어가는 경우가 있는 반면에, 누구는 너무 가볍거나 경솔해 마치 일비일희하는 모습이 선명하

역학, 더 이상의 학문은 없다 · 완결편

게 드러나는 경우도 있다.

만약 준비되어 있는 사람에게 갑자기 좋지 않은 일들이 발생해도 밖으로 전혀 티를 내지 않고 처리할 수 있는 마음의 여유가 있으므로 남들의 눈에는 그렇게 보이지 않을 수 있으며, 또한 좋은 일들이 발생해도 이미 준비하고 있었으므로 그렇게 크게 날뛰거나 기뻐하지 않고, 자신의 능력에 맞게 향후의 대한 계획을 세울 수 있다.

그러나 준비되어 있지 않은 사람에게 좋지 않은 일이 발생하면 크게 놀라며 호들갑을 떨고 이곳 저곳에 자신의 저지에 대한 것을 알려 이해를 구하려고 애쓰며, 만의 하나 좋은 일이 발생하더라도 조용히 넘어가지 않고 자신의 공인 양 사방에 알리고 그에 걸맞는 대접을 받고자 어깨에 힘을 주는 경향도 많이 보인다.

그래서 흔히 마음의 여유가 있는 사람은 아무리 어려운 처지에 빠졌다 하더라도 남들의 눈에는 그들의 생활이 부럽기만 하고, 마음의 여유가 없는 사람은 아무리 부귀영화를 누리고 있다고 하더라도 그에 상응하는 삶을 누리지 못하므로 남들의 눈에는 오히려 처량하게 보일 수도 있다.

결국에는 보여지는 삶의 모습보다는 내면에 잠재되어 있는 질적인 삶의 모습이 어떠한가를 나타낸 것이라 할 수 있다. 격국의 크기에는 상격과 중격 그리고 하격으로 나누는데, 상격에 가까울수록 내면의 질적인 삶에 충실하고자 하고, 하격에 가까울수록 보여지는 삶의 모습에 충실하고자 한다.

상격의 사람들은 세속적으로 많이 가지고 있고, 높이 올라가 있음을 뜻하는 것이 아니라, 대다수 국민들이 진정으로 우러러 볼 수 있는 지도자, 설령 가진 것이 없어도 정신적으로 의지할 수 있는 사람, 올바르게 살면서 정당하게 부귀를 얻은 사람들로 모든 국민들이 진정으로 믿고 따를 수 있는 사람들의 사주를 뜻한다.

그런 사람에게 부와 명예가 따르면 그것을 오로지 자신만을 위해서 사용하겠는가? 절대 그렇지는 않을 것이다. 그런 위치에 오를 때까지 함께 고생한 모든 사람은 물론 주변의 모든 사람들을 껴안으며 인간답게 살아가고자 노력한다.

그런 사고를 지닌 사람이라서 물질적으로 가진 것이 없으며, 명예도 보잘 것이 없다고 하더라도 남들의 눈에는 오히려 자신들보다 더 나은 삶을 살고 있다고 생각해 항상 부러워하며, 만의 하나 그들의 실상이 드러난다고 해도 무시하지 않고 자신들의 삶의 조언자 역할을 해줄 것을 청한다.

하격의 사람들은 상격과는 180도 다른 삶의 모습을 보이는데, 한마디로 표현하면 성공한 사람이라고 해도 많은 사람들의 존경의 대상이 되기보다는 지탄을 받는 사람들이 이에 속하며, 자신의 위치에 어울리지 않는 매우 인색한 삶을 사는 사람들도 이에 속한다.

흔히 자신의 출세만을 아는 정치꾼들, 돈벌이에 혈안이 되어 탈세를 하든 아니면 비양심적인 짓을 하는 사람, 남의 공적을 가로채서 자신의 공적인 양 내세우는 사람, 어제와 오늘 그리고 내일의 언행이 다른 사람들로 주로 중용의 삶을 살지 못하며 신분에 걸맞지 않는 삶을 사는 사람들이 하격의 운명들이라고 본다면 큰 무리는 없을 것이다.

그래서 남들의 눈에는 성공했다고 해도 상격의 사람처럼 여유 있고 넉넉하게 살기보다는 무엇인가 쫓기는듯한 삶을 사는 것 같아 안타깝게 비치며, 성공하기 전과 후의 언행이 180도 바뀌어 배신감이 강하게 들기도 하며, 모든 성공이 자기 자신만의 노력으로 된 것처럼 행동해 지인들로부터 건방지고 인색하다는 평을 받아 인간적으로 가까이하기에는 어딘가 껄끄러운 운명들의 사람들이다.

따라서 아무리 성공했고, 출세했다고 하더라도 하격의 사람들은 남들로부터 좋고 후한 이미지를 심어주지 못하고, 성공의 시간도 길지 않아 운이 내리막으로 접어들면 주변으로부터 무시 또는 왕따 당하는 경우가 많다.

그러나 상격이나 하격의 사람들이 우리 사회에 대다수를 차지하는 것이 아니고 극소수에 불과하다. 상격(상류층, 지도층, 이성층, 공생공존층 등) 5%와 하격(하류층, 조급층, 감정층, 이기주의층 등) 5%가 존재하며 나머지 90%의 사람들은 중격인 것이다.

중격이 90%라는 것은 백 명 중에 구십 명이 중산층이라는 의미로 어마어마하게 넓게 분포해 중격이면서도 중상격인지, 중하격인지에 따라 삶의 격차를 나누었다. 즉 중상격의 사람들은 상격에 가까운 삶을 살며, 중하격의 사람들은 하격에 가까운 삶을 살아간다고 보면 된다. 그리고 중중격 사람들의 삶을 보통 사람들의 삶이라고 한다.

보통 사람의 삶이란 운의 흐름에 따라 울고 웃고, 기쁘고 슬프고, 돈을 벌었다가 날리고, 권력을 쟁취했다가 빼앗기고, 행복했다가 불행하기도 하는 그런 삶의 반복을 말함이며, 그런 삶을 사는 사람들이 대다수를 차지하는 것이 현실이므로 중중격의 크기를 타고난 운명들이 얼마나 많은가를 알 수가 있다.

格局(격국)의 크기를 찾는 方法(방법)

삶에 지대한 영향을 끼치는 격국의 크기를 과연 무엇을 보고 정하는 것인지 궁금하지 않을 수 없다. 그것은 바로 길신(일반적인 사주=용신과 희신, 진가 사주=가용신과 희신, 병약 사주=병신)들이 사주상에 얼마나 분포되어 있는가를 보고 결정을 한다.

길신이란 덕을 보는 것이라고 입문편에서 말했으며, 또한 물질적인 도움이라고 했었다. 그렇다면 사주상에 길신이 많으면 많을수록 좋은 것이 아닌가? 덕을 많이 보니까 말이다. 그러나 사람의 일생은 어릴 때는 누군가에게 의지하다가 장년이 되면 홀로 독립하여 자신의 가정을 꾸미고 이세를 낳아 기르다가 독립시키고 생을 마감하는 코스가 정상인 것이다.

이 말은 덕을 보아도 어느 정도의 덕을 보는 것을 의미하지 태어나 죽을 때까지의 일방적이고 무조건적인 덕을 보는 것은 결국 당사자를 약하게 만들어 강한 자만이 살아 남는 생존의 법칙에 적합하지 않으므로 결코 좋은 운명이라 할 수 없다.

또한 길신이 너무 적은 사주도 주변의 보살핌이나 도움을 받아야 할 때, 원하는 만큼 받을 수 없으므로 훗날 장년이 되어 자신의 능력을 발휘해야 할 때, 타고난 능력의 100%을 발휘하지 못할 가능성이 많아 이 역시 강한 자만이 살아 남는 법칙에 적합한 운명이 아니라고 본다.

그렇다면 길신은 너무 많거나 적어도 안 좋다는 것이며, 어느 정도 있는 것이 가장 바람직하다는 것을 알 수 있다. 우선적으로 상격과 중격 그리고 하격의 기본구도가 어떠한지 알아보자.

상격의 기본구도 (@ 표시는 길신표시임)

천간		@	@ @	@ @ @
지지	@ @	@ @	@ @	@ @
크기	상격			

중격의 기본구도

천간		@	@ @	@ @ @
지지	@	@	@	@
크기	중격			

천간		@	@ @	@ @ @
지지	@ @ @	@ @ @	@ @ @	@ @ @
크기	중격			

천간		@	@ @	@ @ @
지지	@ @ @ @	@ @ @ @	@ @ @ @	@ @ @ @
크기	중격			

하격의 기본구도

천간		@	@ @	@ @ @
지지				
크기	하격			

위의 도표에서 알 수 있는 것은 상격의 종류는 4개지만 모두가 지지에 두 개의 길신만 있었으며, 하격도 4개지만 길신이 천간에만 있지 지지엔 존재하지 않았다는 점이며, 중격은 모두 12개로 상격과 하격을 뺀 나머지의 경우들이다.

상격

천간		@	@ @	@ @ @
지지	@ @	@ @	@ @	@ @
크기	상의 하격		상의 중격	

상격은 모두 4종류로 위의 도표만 보아서는 전체 사주의 20%를 차지하고 있는 셈이다. 현실적으로 상류층의 사람들은 20%가 안되므로 현실과 맞지 않는 이론을 필자가 주장하고 있는 것이 아닌가 생각할 수도 있다.

그러나 그렇지는 않다. 상격의 종류는 4가지지만, 상격에 들어가기 위한 조건이 워낙 까다로워 지지에 길신이 두 개가 있어도 상격에 속하기가 쉽지 않다. 지지에 두 개의 길신이 있어야 하지만, 일차적으로 일반적인 사주는 용신과 희신이, 진가 사주는 가용신과 희신이 각각 지지에 있어야 하며, 이차적으로 음양의 차이가 1.10 이하여야만 진정한 상격이라 할 수 있다.

예를 들어보자.

사주팔자 (A)	壬 子	戊 申	丙 午	壬 辰

음양비율   음기:2.4   양기:1.9   중성:0.5

길   신   지지=子,申   천간= 壬,壬

사주팔자 (B)	庚 子	丁 丑	庚 午	己 酉

음양비율   음기:3.4   양기:1.2   중성:0.2

길   신   지지= 丑,午   천간= 己

사주팔자 (C)	丁 丑	庚 辰	庚 寅	辛 亥

음양비율   음기:2.4   양기:2.1   중성:0.3

길   신   지지= 丑,辰   천간= 庚,辛

21세기 新 개념의 역학!

A 사주는 지지에 용신과 희신인 申과 子가 있고, 음양의 차이가 0.5밖에 없으므로 진정한 상격에 속한다. 더구나 천간에 길신인 壬이 두 개씩 있어 상격에서도 중격에 속하여 상의 중격이 되었다.

B 사주는 지지에 용신과 희신인 丑과 午가 다 있지만, 음양의 차이가 2.2가 나므로 진정한 상격에 되지 못하고, C 사주는 음양의 차이가 0.3밖에 나지 않았고 지지에 두 개의 길신이 있지만, 용신과 희신이 같이 있지 못하고 용신인 辰과 丑 같은 오행만 있으므로 진정한 상격이라 할 수 없다.

여기서 알 수 있는 것은 병신 사주는 격국의 크기를 정할 때, 상격에서 출발하지 못한다는 점이다. 그것은 지지에 두 개의 길신이 있어도 한 가지의 오행으로만 이루어지기 때문이다.

그리고 길신인 두 가지의 오행이 지지에 다 있다고 하더라도 반드시 음양의 차이가 1.10 이하라야만 상격에서 출발하지, 1.11 이상이면 상격에서 출발할 수 없다.

하격

천간		@	@ @	@ @ @
지지				
크기	하의 중격		하의 상격	

중격을 설명할 차례지만 진정한 상격에 들지 못하는 사주나 진정한 하격에 들지 못하는 사주들이 전부 중격에 포함되므로 얼마되지

않는 하격부터 설명하는 것이 타당하다고 본다.

지지에는 길신이 없고 천간에만 있는 것이 대표적인 하격인데, 이 역시 4가지로 20%을 차지하고 있다. 그러나 상격과 마찬가지로 실제로는 5%미만이므로 진정한 하격은 그리 많지가 않다.

길신이 천간에만 있으면서도 음양의 차이가 1.10 이하면 진정한 하격이 못되고, 음양의 차이가 1.11이 넘었지만 지지의 강한 기운을 천간의 길신과는 다른 오행이 지지에서 빼내거나 억제한다면 이 역시 진정한 하격이 못된다.

단 지지에서 빼내거나 억제하는 오행이 오로지 지지에만 있어야 가능하지, 천간에도 같은 오행이 있다면 위의 조건은 형성이 안되어 하격에 속한다.

예를 들자.

사주팔자 (A)	己 未	癸 亥	乙 亥	己 亥
음양비율	음기:3.2	양기:1.2	중성:0.4	
길 신	천간= 乙			

사주팔자	甲	甲	癸	甲
(B)	戌	午	酉	午

음양비율   음기:2.1   양기:2.4   중성:0.3

길 신   천간= 甲,癸,甲

사주팔자	癸	丙	壬	乙
(C)	巳	辰	午	巳

음양비율   음기:0.4   양기:3.9   중성:0.5

길 신   천간= 乙,壬,癸

사주팔자	己	戊	庚	戊
(D)	未	辰	申	申

음양비율   음기:2.4   양기:1.3   중성:1.1

길 신   無

A 사주는 길신이 천간에 乙 하나뿐이고, 음양의 차이도 2.0이 나므로 진정한 하격이 된다. 그런데 지지의 강한 오행인 수성의 기운을 지지에서 未라는 토성이 천간의 길신과는 달리 억제하고 있지만, 문제

는 천간에도 己라는 같은 오행이 있으므로 달리 빼내거나 억제하는 경우에 해당하지 않아 A 사주는 진정한 하격이 된다.

　B의 사주는 천간에만 길신이 있어 하격에 속하는 것 같지만, 음양의 차이가 0.3밖에 나지 않으므로 진정한 하격이 되지 못한다.

　C 사주도 천간에만 길신이 있고, 음양의 차이도 3.5가 나므로 진정한 하격에 속할 것 같지만, 지지의 강한 화성의 기운을 지지에서 辰이라는 토성이 빼내고 있고, 천간에 辰과 같은 토성이 없으므로 천간의 길신괴는 달리 지지의 강한 오행을 빼니기나 억제히는 조건에 해당하는 사주이므로 진정한 하격이라 할 수 없다.

　D의 사주는 길신이 전혀 없는 무격의 사주이다. 그렇다면 당연히 하격에 해당하는 것이지만, 음양의 차이가 1.10 이므로 진정한 하격으로 인정할 수 없다. 무격의 사주라도 음양의 차이가 1.11이 넘어야만 하격으로 인정하기 때문이다.

중격

천간		@	@@	@@@
지지	@	@	@ `	@
크기	중의 하격	중의 중격		중의 상격

천간		@	@@	@@@
지지	@@@	@@@	@@@	@@@
크기	중의 상격	중의 중격		중의 하격

21세기 新 개념의 역학!

천간		@	@ @	@ @ @
지지	@ @ @ @	@ @ @ @	@ @ @ @	@ @ @ @
크기	중의 상격	중의 중격		중의 하격

중격은 기본적으로는 12개로 전체의 60%에 불과하지만, 상격에 들지 못하는 사주와 하격에 들지 못하는 사주 등을 다 포함하면 90%에 가깝다고 할 수 있다. 도표와 같은 길신이 있을 경우와 진정한 상격이 못되는 사주 그리고 진정한 하격에 들지 못하는 사주도 중격에 해당하기 때문이다.

중격은 음양의 차이나 그 어떤 예외가 있을 수 없다. 다만 상격의 사주이면서도 진정한 상격이 되지 못했던 사주들은 처음 출발점을 중의 상격으로 할지 또는 중의 중격에서 출발할지 알아야 하며, 진정한 하격이 안된 사주들도 크기의 출발점을 중의 중격으로 할지 또는 중의 하격에서 나갈지 그것만 밝히면 된다.

먼저 상격이면서도 진정한 상격이 못되었던 경우는 지지에 길신이 두 개 있으면서도 같은 오행인 경우인데, 이럴 때는 음양의 차이를 보고 크기의 출발점을 정한다. 음양의 차이가 2.0 까지는 처음 출발점을 중의 상격으로 하고, 2.01이 넘으면 중의 중격에서 시작한다.

그리고 서로 다른 길신이 지지에 두 개 있으면서 음양의 차이가 1.11이 넘어 상격이 안된 사주는 무조건 중의 상격에서 출발하는 것을 기본으로 한다.

하격의 경우는 천간에 각기 다른 두 개의 길신이 있으면서 음양의 차이가 1.10이 넘지 않으면 격국의 크기 출발점을 중의 중격에서 나가고, 천간에 길신이 두 개나 세 개가 있더라도 같은 오행만 있고 음양의 차이가 1.10이 넘지 않으면 중의 하격에서 출발한다.

또 음양의 차이가 1.11이상이지만 천간의 길신과는 다른 오행이 지지에서 지지의 강한 오행을 빼내거나 억제할 때는 중의 하격에서 출발한다. 그리고 길신이 없는 무격의 사주라도 음양의 차이가 1.10이 넘지 않으면 중의 하격에서 출발하는 것이 원칙으로 한다.

예를 보자.

사주팔자 (A)	庚	丁	庚	己
	子	丑	午	酉

음양비율   음기:3.4   양기:1.2   중성:0.2

길 신   지지= 丑,午 천간= 己

사주팔자 (B)	丁	庚	庚	辛
	丑	辰	寅	亥

음양비율   음기:2.4   양기:2.1   중성:0.3

길 신   지지= 丑,辰 천간= 庚,辛

사주팔자 (C)	壬 戌	癸 未	丙 申	辛 亥

음양비율 음기:3.3   양기:1.2   중성:0.3

길 신 지지= 未,戌 천간= 丙

사주팔자 (D)	甲 戌	甲 午	癸 酉	甲 午

음양비율 음기:2.1   양기:2.4   중성:0.3

길 신 천간= 甲,癸,甲

사주팔자 (E)	癸 巳	丙 辰	壬 午	乙 巳

음양비율 음기:0.4   양기:3.9   중성:0.5

길 신 천간= 乙,壬,癸

A의 경우 용신과 희신이 다 지지에 있이도 음양의 차이가 2.2로 1.10을 넘었으므로 진정한 상격이 못되었다. 이럴 때는 격국 크기의 출발점을 중의 상격부터 하며, B의 사주는 지지에 두 개의 길신이 있지만 같은 오행이라서 이미 상격은 아니지만, 음양의 차이가 0.3밖에 나지 않아 격국 크기의 한계점인 2.0이하이므로 중으 상격에서 출발한다.

C 사주 역시 지지에 길신이 두 개지만 같은 오행이라서 상격은 안되고, 다만 음양의 차이가 2.1로 격국 크기의 한계점인 2.0을 넘었으므로 중의 중격에서 시작한다. D 사주는 천간에만 길신이 있는 경우이다. 그렇지만 용신과 희신이 천간에 다 있고 음양의 차이가 0.3밖에 나지 않으므로 하격에 속하지 못하고 중의 중격부터 시작한다.

E의 사주도 길신이 천간에만 있고 음양의 차이도 3.5가 되므로 하격의 사주임이 틀림이 없을 것 같은데, 지지의 강한 기운인 화성을 천간의 길신과는 다른 오행인 辰 토성이 지지에서 은근히 빼내고 있으므로 격국 크기가 상승해 중의 하격이 된다.

마지막으로 F의 사주는 길신이 없는 경우이다. 이렇게 되면 하격에 속하는 운명이 되겠지만, 음양의 차이가 1.10으로 격국 크기의 한계 수치인 1.11를 넘지 않았으므로 하격에 속하지 못하고 중의 하격으로 상승되었다.

格局(격국) 크기의 調節方法(조절방법)

지금까지는 격국 크기의 출발점을 알았다. 출발점이라는 말에서 알 수 있듯이 격국의 크기를 정하는데 있어 시작을 의미한 것이지 완전히 정해져 버린 것은 아니라는 것이다. 그렇다. 기본 출발선을 어느 정도에서 해야 하는가를 정한 것뿐이지, 어느 정도의 크기라고 단정 짓지는 않았었다.

중격에서 출발한 사주가 상승하여 상격이 될 수 있으며, 하강하여 하격까지도 내려갈 수도 있다. 물론 하격이 상승하여 중격까지도 되고, 상격이 하강하여 중격까지 떨어질 수 있다. 그러나 애초의 기본 구도인 격국의 크기에서 하격에 속한 사주가 아무리 상승한다고 해도 상격이 될 수 없으며, 상격에 속한 사주는 아무리 하강한다고 해도 하격까지는 떨어지지 않는다.

격국 크기의 조절방법은 합충생극의 순서로 살핀다. 사주상에서 합(육합만 인정, 삼합은 불인정)이 있나 없나를 살피되, 길신끼리 합했는가, 흉신끼리 합했는가, 길신과 흉신이 합했는가에 따라 격국 크기가 다르며, 그 다음으로 충을 보아 결정하고, 그것이 끝나면 사주의 구성이 길신을 생하고 있는가, 그렇지 않은가를 보고, 맨 마지막으로 길신을 극하는가에 따라 크기가 결정되어진다.

이런 방식에 의해 출발했던 격국의 크기에서 상승하거나 하강하여 마지막으로 격국의 크기가 정해지는데, 합충생극의 순서에 의해 크기가 내려가고 올라가는 모양이 수도 없이 많아 직접 예를 가지고 설명하겠다. 그 전에 몇 가지 대원칙을 말하겠다.

* 지지구조에 걸린 사주나 음기, 양기의 사주는 합충만 보고 생극은 보지 않는다.
* 두개가 하나를 억제하는 지지구조에서 상생의 구조라면 끝에서 세 단계가 올라가고, 억제구조라면 끝에서 두 단계만 올라간다.
* 지지가 두 오행으로 나누어 싸우는 지지구조라면 중의 중격에서 출발하나, 지지에 길신이 없는 사주라면 기본적인 격국의 크기에 준하여 크기를 정한다.
* 토성이 낀 지지구조는 끝에서 한 단계만 상승한다. 물론 합충만 보고 생극은 보지 않는다.
* 음기와 양기의 사주는 중의 중격으로 정하지만, 지지에 길신이 없다면 기본적인 격국의 크기에 준하여 격국을 정한다.

그리고 격국의 크기는 지금까지 배운 9종류(상격 3개, 중격 3개, 하격 3개)가 아니고 27종류나 된다. 그래야만 다양한 인간의 삶을 각각의 현실에 맞게 조합할 수 있다고 보았다. 그러나 27종류로도 우리의 삶을 다 표현하기에는 부족함을 느끼고 있지만 세부적으로 더 나누었다가는 이론하고 현실하고 큰 차이가 생겨 27종류에서 그쳤다.

격국의 크기를 27종류로 상격 9 개, 중격 9개, 하격 9개로 말이다. 즉 중의 상격이라고 하면 거기에 머무는 것이 아니라 중상격에도 또 상 · 중 · 하가 있어 중상의 하격인지, 중상의 상격인지를 정해야 한다.

아래의 도표는 중격 하나만 소개한 것이지만 이런 방식으로 상격도, 하격도 세밀하게 나누므로 설명에 집중하기 바란다.

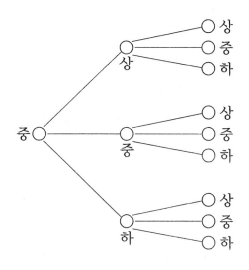

사주팔자	庚	丁	庚	己
	子	丑	午	酉

음양비율　음기:3.4　양기:1.2　중성:0.2

길　신　지지= 丑,午 천간= 己

이 사주는 앞서 설명한 사주로 상격이었지만 음양의 차이로 중의 상격부터 출발한다고 했다. 그리고 대원칙에 걸린 사주도 아니므로 합충생극의 순서에 의해 격국의 크기가 내려가거나 올라간다.

먼저 크기의 출발점은 중상격이지만 맨 끝부분에서 상승 또는 하강하므로 크기의 출발점을 세 단계까지 내려와 있어야 한다. 그래서 이 사주의 크기는 중상의 중격이라고 보고, 합충생극을 적용한다.

먼저 흉신인 子가 길신인 丑을 합했다. 이는 子가 흉신이지만 길신인 丑과는 아주 친하여 다툼을 하기보다는 사이좋게 지낸다는 것을 의미한다. 이렇게 되면 일간(나)에게는 마이너스로 작용한다.

왜냐하면 일간의 입장에서는 길신인 丑이 누구와도 친하게 지내지 말고 자신이 맡은 임무에 충실하기만 바라고 있는데, 흉신인 子가 와서 자꾸만 친하다고 불러내니 丑으로서는 자신의 능력 중에서 일간에게 50%와 흉신인 子에게 50%을 나누어준다는 것이다.

따라서 격국의 크기에서 한 단계 떨어지는 것은 틀림이 없으므로 중상중격에서 중상하격으로 내려왔다. 그 다음으로는 충을 보는데, 역시 흉신인 子가 길신인 午를 충하고 있다. 충 한다는 것은 이기고 지는 것을 떠나 죽기 살기식으로 서로 싸운다는 것이다.

일간의 입장에서는 길신인 午가 흉신인 子와 싸우지 말고 자신의 능력을 100% 발휘해주기를 간절히 바라고 있지만, 子하고 午는 원수와 같아 시간만 나면 싸움을 하려고 한다. 이렇게 되면 길신인 午는 子하고의 싸움에 50%의 힘을 할애해야 하므로 일간에게는 자신의 능력의 반밖에 주지 못한 결과이므로 격국의 크기가 내려간다.

그래서 중상하격에서 중중상격으로 내려왔고, 그 다음으로 생을 보자. 지지 생의 흐름이 어느 곳으로 모이는가를 살피는 것이다. 이 사주에서는 생의 시작이 午(火) 생 丑(土) 생 酉(金) 생 子(水) 이런 식으로 생이 되는데, 가만히 보면 길신(午, 丑)들을 도와주지 못하고 오히려 酉하고 子에게 빼앗기는 결과만 나왔다.

그것도 두 번씩이나 빼앗기므로(토생금, 금생수) 격국의 크기가 두 번이나 내려가 중중상격에서 중중하격으로 되었고, 이제는 극을 보자. 극을 볼 때는 길신이 극하는 것을 보는 것이 아니라 흉신이 길신을 극하는가를 보는 것으로 이 사주는 子 흉신이 午 길신을 수극화 하므로 길신의 힘이 줄어드니 이 역시 격국의 크기에 영향을 미쳐 중중하격에서 중하상격이 되었다.

여기까지는 지지의 조화를 본 것이며 다음으로는 천간의 조화를 보아야 하는데, 천간의 조화에 의해서 격국의 크기가 상승하고 하강하는 경우는 그리 흔치 않다. 그것은 천간의 힘이 지지의 5분의 1밖에 안되기 때문에 큰 영향력을 미치지 않기 때문이다. 그러나 천간에만 길신이 있는 사주에서는 천간의 조화가 격국의 크기에 큰 영향력을 미칠 수 있음을 간과해서는 안된다.

여기서는 한신인 2개의 庚이 길신인 己의 기운을 빼내므로 이로울 것이 없지만, 그것으로 격국의 크기를 한 단계 내려주기에는 어딘가 부족하므로 제외한다. 그래서 이 사주 격국의 크기는 최종적으로 중하상격이 되었다. 처음 출발은 중상중격에서 했지만 결과적으로 중하상격까지 내려온 것이라 과히 기쁘다고는 할 수 없다.

사주팔자	甲	甲	癸	甲
	戌	午	酉	午

음양비율 음기:2.1   양기:2.4   중성:0.3

길   신 천간= 甲, 癸, 甲 .

이 사주는 천간에만 길신이 있는 경우라서 음양의 차이와 천간에 용, 희신이 다 있는가 없는가를 살펴 격국의 크기 출발점을 정한다. 원래는 하상중격이지만 음양의 차이가 0.3밖에 나지 않으므로 상승의 요인이 있고, 천간에 길신이 다 있는 관계로 또 상승해 이 사주 격국의 출발점은 중중중격까지 올라왔다.

다음으로 합충생극을 보아야 한다. 그런데 지지에 합과 충이 없으므로 생극을 보아야 하는데, 이 사주는 대원칙에 걸리는 사주(뒤에 나옴)라서 생극을 보지 않는다. 그리고 대원칙에 속하는 사주가 되어 끝에서 세 단계나 뛰어 중중중격에서 중상중격까지 상승한 상태로 크기는 정해졌다.

길신이 천간에만 있으므로 그냥 보기에는 하격 같았는데, 음양의 차이와 천간의 길신 그리고 특수한 지지구조와 합충이 없는 관계로 중상중격까지 상승한 사주가 되었다. 이렇게 하격인데도 중상격까지 상승할 수 있음을 간과해서는 안된다.

사주팔자	丁	庚	庚	辛
	丑	辰	寅	亥

음양비율　음기:2.4　양기:2.1　중성:0.3

길　신　지지=丑, 辰 천간=庚, 辛

　이 사주에서는 길신이 지지에 두 개, 천간에 두 개로 언뜻 보기에는 상격 같지만 지지에 있는 두 개의 길신이 같은 오행으로 용, 희신의 오행이 다 존재하지 않는 상황이라서 상격은 되지 못했다.

　그렇다면 음양의 차이로 중상격인지, 중중격인지가 결정되는데 음기가 양기보다 0.3이 많지만 격국 크기의 한계 수치인 2.0이하이므로 처음 출발점을 중상중격으로 한다. 그런 다음 합충생극을 보는데 흉신과 한신인 寅과 亥가 합했다. 이는 서로 친하다는 것으로 일간의 입장에서는 아니 좋을 수가 없다.

　왜냐하면 흉신인 寅의 임무(길신을 억제하는 것)가 있었는데 한신인 亥와 친하게 지내는 바람에 능력의 반 정도밖에 발휘하지 못하기 때문이다. 그래서 이런 합이라면 격국의 크기를 정할 때 상승의 요인이 되므로 한 단계 상승하여 중상상격이 되었다.

　그 다음으로 충을 보아야 하는데 사주상에 없어 생으로 넘어간다. 亥(水)가 寅(木)을 생하지만 길신인 辰과 丑의 기운을 빼내가는 것이 아니므로 크기와는 관련이 없는 생이었다. 마지막으로 극을 보자. 흉신인 寅(木)이 길신인 辰과 丑(土)을 극하고 있다. 이렇게 되면 격국의 크기가 한 단계 떨어져 중상중격이 된다.

그런데 흉신인 寅(木)을 도와주는 한신 亥(水)가 있어 길신을 억제하는 힘이 두 배가 되므로 다시 한 단계 떨어져 중상하격이 되었다. 그리고 천간을 보니 길신인 庚과 辛(金)을 억제하는 丁(火)이 있지만 지지보다 그 비율이나 힘이 약해 크기를 정함에 영향을 못 미치므로 결론적으로 이 사주의 격국 크기는 중상하격으로 마무리가 된다.

사주팔자	壬	壬	己	乙
	寅	午	丑	未
음양비율	음기:1.4	양기:3.2	중성:0.2	
길 신	지지=寅 천간=乙, 壬			

이 사주는 길신이 지지에 하나, 천간에 두 개가 있어 중격에 해당하므로 음양의 차이를 볼 필요도 없이 중중중격에서 출발한다. 크기를 정함에 순서는 합충생극이라 했으니 합을 먼저 보자.

午와 未가 합하고 있는데 午는 한신, 未는 흉신이므로 일간에게 도움을 주는 합이라 격국의 크기를 정함에 있어 상승의 요인이 되어 중중상격이 되었다. 그 다음으로 충을 보는데 흉신들인 丑과 未가 서로 다투고 있으므로 이 역시 상승하여 중상하격까지 오른다.

그리고 생과 극을 보는데, 생의 흐름이 길신인 寅(木)의 기운을 한

신인 午(火)가 받고 다시 한신인 午(火)는 흉신인 丑과 未(土)에게 넘겨
주는 모양이므로 크기가 줄어든다고 보아야 한다.

길신의 기운을 빼낼 때마다 한단계씩 크기가 떨어지는데 寅에서
午로 갈 때 한단계, 기운을 받은 午가 자신에게 머물지 않고 다시 丑
과 未에게 생을 해줄 때 또 한단계 떨어져 현재 중중중격까지 왔다.

여기서 알아두어야 할 점은 흉신인 丑과 未 중에서 어느 하나가 금
성이라면 목생화, 화생토, 토생금으로 크기가 한단계 더 떨어짐을 알
수 있다. 왜냐하면 금성도 흉신이기 때문이다. 그런데 토성만 두개나
있어 한단계까지는 떨어지지 않아도 어느 정도 감소의 요인은 있다고
본다.(한단계의 반 정도)

이럴 때 천간의 조화를 보고 그 반을 처리하는데, 이 사주는 흉신인
己가 길신인 壬을 억제하고 있는 바람에 감소의 요인이 생겨 지지의
그것과 합쳐 한 단계가 내려간다고 인정하고 격국의 크기를 살피면
중중하격으로 결정이 된다.

사주팔자	壬	己	庚	辛
	申	巳	寅	丑

음양비율 음기:2.6 양기:2.2 중성:0

길 신 지지=申 천간=庚, 辛, 壬

길신이 지지에 하나, 천간에 세 개면 중상중격으로 격국의 출발점

을 잡고 합충생극을 적용해보자. 먼저 합을 보면 흉신인 巳가 길신인 申을 합하므로 한 단계 떨어져 중상하격이 되고, 한신인 寅과 길신인 申이 충하므로 또 한 단계 떨어져 중중상격이 되었다.

그 다음으로 생을 보는데, 생의 출발은 한신인 寅(木)에서부터 시작하여 흉신인 巳(火)로 이어지고 巳(火)는 다시 흉신인 丑(土)을 생하지만, 생의 마지막은 길신인 申(金)에 모이므로 상승의 요인이 된다. 寅에서 巳로 한 단계, 巳에서 丑으로 한 단계, 丑에서 申으로 한 단계 상승하여 생으로만 세 단계가 올라가 중상상격이 되었다.

그리고 극을 보아야 하는데, 길신을 극하는 오행인 巳(火)가 있지만 丑(土)에게 생을 하는 바람에 길신인 申(金)을 극하지 않아 격국 크기의 감소요인이 사라져버렸다. 결국 이 사주의 격국 크기는 중상상격이 되어 상격과 버금가는 크기를 지녔음을 알 수 있다.

사주팔자	丙 戌	乙 巳	乙 未	辛 丑
음양비율	음기:1.7	양기:2.6	중성:0.5	
길 신	지지=丑, 未, 巳, 戌 천간=丙			

지지가 전부 길신이다. 이럴 경우 중격부터 시작하는데, 천간에 길신이 하나 있는 바람에 중중중격이 되었다. 합충생극을 적용해보자. 항상 지지의 조화를 먼저 보는 것을 원칙으로 하는데, 합은 없고 충은

있다. 길신들인 丑과 未가 싸우고 있다. 이 싸움으로 한 단계 떨어져 중중하격이 되었다.

그 다음으로 생을 보거나 극을 보아야 하는데, 지지 전부가 길신이므로 생과 극을 볼 필요가 없다. 왜냐하면 길신끼리는 생하고 있지만, 격국의 크기를 정하는데 전혀 영향을 못 미치기 때문이며, 극은 존재하지도 않기 때문이다.

따라서 지지는 끝났고, 천간의 조화를 살피자. 길신인 丙을 한신인 辛이 합하는 바람에 크기가 떨어져야 하는데, 흉신인 乙이 길신인 丙을 생하는 바람에 떨어지는 요인을 없애버렸다. 결국은 격국의 크기는 중중하격으로 끝난다.

사주팔자	甲	壬	癸	甲
	辰	戌	酉	辰
음양비율	음기:2.1	양기:1	중성:1.7	
길 신	천간=甲, 癸, 甲			

천간에만 길신이 있어 하격으로 이해하기 쉽다. 그러나 음양의 차이가 1.10으로 1.11을 넘지 않았으므로 이미 하격이 아니고, 더구나 천간에 용, 희신이 다 있어 또한 상승의 요인이 있어 격국의 출발점은 중중중격이 된다.

그 다음으로 합충생극을 보는데, 흉신끼리의 합이 辰과 酉 그것도

두 번씩이나, 충도 辰과 戌 그것도 두 번씩이나 연이어 있어 상승의
요인으로 작용하여 모두 네 단계를 올리면 중상상격이 된다.

사주팔자	庚	戊	庚	庚
	申	辰	辰	戌

음양비율 음기:1.9   양기:1.54 중성:1.36

길 신   無

이 사주는 길신이 없는 무격의 운명이다. 이럴 때에도 음양의 차이
를 본다고 했다. 음기가 양기보다 0.36밖에 많지 않으므로 하격의 한
계 수치인 1.11을 넘지 않아서 격국의 출발점은 중하중격이 되었다.
그리고 합충생극을 보아야 하는데, 사주에 길신이 없는 관계로 생
극은 볼 필요가 없으며 합충만 보면 된다. 합은 찾아보아도 없고 흉신
들인 辰과 戌이 서로 충하고 있고, 그것도 두 번씩이나 하므로 격국의
크기 상승요인으로 작용해 중중하격까지 올라간다. 이렇게 길신이 사
주에 없어도 격국의 크기는 올라갈 수 있다.

사주팔자	丙	丁	乙	丙
	午	丑	未	辰

음양비율   음기:1   양기:3.3   중성:0.5

길　신　　지지=午, 丑, 未, 辰　천간=丙, 丙

　이 사주는 천간의 乙만 빼놓고 전부가 길신이다. 그로 인해 중중중격에서 출발한다. 합충생극을 보는데, 길신들인 午와 未가 합하고, 丑과 未가 충하여 이미 하강의 요인으로 작용하여 중하상격이 되었다.

　지지의 생극은 볼 필요가 없는 것은 전부가 길신이기 때문이다. 그리고 천간의 흉신인 乙이 길신인 丙을 생하지만 영향력이 너무 미미하므로 적용하지 않으니 이 사주 격국의 크기는 중하상격이 되는 것으로 끝을 맺는다.

사주팔자	癸	癸	丙	甲
	亥	亥	子	午

음양비율   음기:3.4   양기:1.4   중성:0

길　신　　지지=午　천간=甲, 丙

길신이 지지에 하나와 천간에 두 개이니 중중중격에 해당하는 사주이다. 합충생극을 보아야 하는데, 합은 없으니 충으로 넘어간다. 흉신인 子가 길신인 午와 충을 하고 있으므로 격국 크기의 하락요인으로 작용하여 중중하격이 된다.

그 다음으로 보는 것은 생인데, 지지가 수성과 화성으로만 이루어져 생하는 모습이 없어 극으로 바로 넘어간다. 흉신들은 수성들이 길신인 화성을 극하는데, 그것도 하나의 수성이 아닌 셋이서 말이다.

한번 극할 때마다 한 단계가 낮아지는 것이 맞으나, 이번의 경우처럼 같은 오행에게 계속해서 극을 당하면 그렇지는 않다. 만약 두 번의 극을 당하면 한 단계하고 반 정도가 내려가고, 위와 같이 세 번의 극을 당하면 두 단계가 내려간다. 길신을 생해주는 경우도 이와 같은 방식으로 처리한다.

중중하격에서 두 단계가 내려가므로 중하중격이 되었고, 천간의 조화는 흉신인 癸가 길신인 甲을 생해주지만, 너무 미미하여 격국의 크기하고는 큰 관련이 없어 이 사주 격국의 크기는 중하중격에 해당한다.

例外的(예외적)인 公式(공식)의 四柱(사주)

　필자가 녹현방정식을 창안했을 때는 모든 사주가 예외 없이 신약하면 일간을 생해주는 오행으로, 신강하면 일간의 기운을 **빼내가는** 오행으로 구제오행을 잡고, 음양의 차이가 나면 차이가 나는 것에 따라 구제오행을 잡으면 되는 것으로 알고 있었다.

　그런데 위와 같은 보편 타당한 공식에 의해서 풀어지지 않는 사주가 있었다. 물론 많지는 않지만 간간이 있었으므로 그 원인이 무엇인지 파악하지 않으면 안되었고, 특별한 하나의 오행에만 적용된 것인지, 아니면 다른 오행도 예외적인 공식이 적용되는지 연구하지 않으면 안되었다.

　연구 결과, 예외적인 공식이라고 명명할 수가 없는 이론임을 알았다. 그것은 태초의 우주 때부터 존재했던 수많은 진리 중에 하나였기 때문이다. 그렇지만 그러한 기운을 지니고 태어난 사람은 지구상에 거의 흔치 않으므로 지구에서는 예외적인 공식의 사주라 불려도 그리 이상하지 않을 것이라 생각했다.

　예외적인 공식의 사주는 세 가지 오행의 경우(금성일간, 화성일간, 수성일간)가 있는데, 그 중에서도 간혹 발견할 수 있는 것은 금성일간이며, 화성일간이나 수성일간의 경우는 아마 평생에 한번 만나볼까 할 정도로 적다.

　그러한 예외적인 공식이 생기게 된 이유는 지지의 토성(丑과 未) 때문이라는 것을 알았다. 100% 양기인 未와 수성이 구제오행으로 나올 때, 100% 음기인 丑과 목성이 구제오행으로 나올 때가 그것이다.

  그리고 토성과 목성의 일간에게 예외적인 공식이 나타나지 않는 것은 녹현방정식에서 음양의 차이로 구제오행을 선택할 때, 토성이 구제오행에 속하지 않으며, 금성일간처럼 특별한 경우도 발생하지 않기 때문이다.

[金 日柱(금 일주)의 境遇(경우)]

조건 : 庚, 辛 금 일간만 된다.
    寅, 卯, 巳, 午, 未 월생만 해당한다.
    반드시 신약해야만 한다.
    戊, 己, 辰, 戌, 丑 토성은 없고 未 토성만 있다.
    (未 토성은 개수에 상관없이)
    壬, 癸, 亥, 子 수성 중 어느 것이든 사주상에 있어야 한다.
    녹현방정식에서 화성에 의해 금성이 피해보고 있을 때,
    구제오행으로는 토성과 수성이 나온다.
    이럴 때 금 일간이 신약해도 未 토성으로 구제오행을
    선택하지 않고, 오히려 수성을 구제오행으로 선택해
    화성을 억제하고 피해 오행인 금성을 구한다.

  위와 같은 조건은 기존의 공식과는 너무나 다른 경우이다. 신약한 상태에서 구제오행을 선택할 때는 반드시 일간의 기운을 생해주는 오행에게 부탁했던 것이 지금까지의 공식이었지만, 금 일간이면서 위와 같은 조건에 걸린 사주에서는 그와 같은 방식을 택하지 않는다.

그것은 구제오행인 토성 중에 오로지 未라는 100% 양기의 토성만 있었다는데 문제가 있기 때문이다. 화성에 의해 공격을 받고 있는 금성이고, 금 일간이 신약해도 화성의 기운을 가득 담은 未 토성에게 구원의 손길을 내밀 수는 없다.

왜냐하면 未 토성은 겉만 토성이지 안으로는 뜨거운 기운을 담고 있는 화성과 같으므로 그것을 구제오행으로 선택한다는 것은 더 강한 공격을 자초하는 꼴이지 진정으로 구제하는 것이 아니기 때문이다.

그래서 금 일간이 신약해 힘이 없을지라도 화성의 기운을 강하게 억제해주는 수성에게 피해보고 있는 금성을 구하라고 했으며, 금 일간 자신도 도움을 받는 것이다. 그리고 이러한 예외적인 금 일간의 사주는 필자의 경험에 비추면 일년에 몇 명씩은 발견한다.

사주팔자 (여)	시	일	월	년
	癸	辛	癸	乙
	巳	未	未	巳

대 운	辛	庚	己	戊	丁	丙	乙	甲
	卯	寅	丑	子	亥	戌	酉	申
	78	68	58	48	38	28	18	08

오행비율   火星:3.54 土星:0.66 水星:0.40
          木星:0.20 金星:0.00

음양비율   음기:0.4   양기:4.4   중성:0

일주강약   0.66 (身弱)

오신육친   용 신 : 木星   財星 (가용신)
          희 신 : 水星   食傷
          기 신 : 金星   比劫 (신용신)
          구 신 : 土星   印星
          한 신 : 火星   官星

격   국   財星保食傷格

체   질   官星(C)

종합판단

　일명 예외적인 공식이 있음을 인지시켜준 사주로 아마 필자로서는
평생 잊을 수 없는 사주라고 할 수 있다. 이 사람의 운명을 감정할 때
는 녹현역이 100% 완성된 시점이 아니고 이것저것 실험하면서 발견
하고 수정하고 있을 때였다.

　우선은 왜 예외적인 공식인가를 살펴보기 전에 그런 조건을 갖추
었는지를 알아보자. 금 일간, 신약, 未 월 태생, 癸 수성이 존재, 未 토
성만 존재. 여기까지는 완벽하고 공식에서 화성에 의해 금성이 피해

보는 장면만 나오면 100% 조건에 들어맞는다.

자, 공식에 들어가자. 가장 강한 것이 화성으로 금성이 피해를 본다. 금성을 구하기 위한 오행으로는 토성과 수성이 필요하다. 일간의 강약에 따라 구제오행을 선택하면 되는데, 여기선 신약이므로 일간을 도와주는 토성에게 금성을 구하라고 하는 것이 순리이다.

그런데 이 사주에서는 토성에게 부탁하지 않고 신약임에도 수성에게 화성의 강함을 막아 금성을 구하고 일간까지도 도와달라고 부탁을 했다. 왜 이런 일들이 일어나는가? 그것은 바로 未라는 토성밖에 없었으므로 일간은 그런 생각을 하게 되었다.

현재 뜨거운 기운에 의해 써늘한 기운이 피해보고 있는데, 겉으로는 토성이라지만 속으로는 뜨거운 기운을 지니고 있는 토성이라서 금일간이나 피해보고 있는 금성을 도와주기는커녕 오히려 더욱 뜨겁게 만들어 안 좋은 상황으로 몰고 가므로 일간은 생각하지 않을 수 없다.

자신의 기운을 빼내가는 한이 있더라도 뜨거운 기운을 확실하게 잡을 수만 있다면 그 방법을 선택하지 일간이 약하다고 해도 전혀 도움도 안 되는 것을 받아들이지는 않기 때문이다. 만약 구제오행 중에 수성이 없었다면 그것은 선택의 여지도 없이 토성에게 의지하지 않을 수 없지만 말이다.

하지만 지금은 癸 수성이라는 구제오행이 우뚝 나와 있으므로 일간으로서는 더 나은 선택을 하기 위해서 신약해도 수성에게 화성의 공격을 막으라고 한 것이다. 따라서 일차방정식 때 구제오행은 수성이며, 토성이 수성의 활동을 방해하므로 이차 구제오행을 찾는다.

이차 구제오행으로는 금성과 목성인데, 신약하여 금성에게 부탁하고 싶었지만 사주상에 나타나 있지 않아 어쩔 수 없이 목성에게 토성을 억제하고 수성을 구하라고 한다. 그리고 목성을 억제하는 금성이 없으므로 공식은 여기서 끝난다.

그렇다면 격국은 재성보식상격에 진용신인 비겁이며, 심성체질은 관성체질로 등급은 C급으로 무척 강한 편이고, 격국의 크기는 출발은 하격이었지만 천간에 길신이 다 있으므로 이미 중하중격이 되었고, 지지의 강한 기운을 천간과는 달리 도성이 빼내므로 끝에서 세 단계 올라가 중중중격으로, 그리고 합충생극이 전혀 없으므로 격국의 크기는 중중중격으로 끝난다.

그리고 운의 흐름은 어릴 때 맞이했던 금성의 시기가 1등이며, 현재 맞이하고 있는 수성의 시기는 2등의 운으로 큰 굴곡이 없는 상황임을 알 수가 있다.

필자는 이 사람을 만난 것이 일본유학생활을 마치고 결혼하고 한참 지난 후인 98년 12월경이었다. 대학 졸업 후 일본유학생활을 너무 오래 하는 바람에 정신적으로 문제가 생겼으며, 당시 사랑한 사람과도 결말이 안 좋은 상태라서 심적으로도 불안한 상태였다고 한다.

그때 이 사람의 친한 친구의 소개로 이 사람의 어머니가 필자를 찾아와 상담을 했다. 유학생활을 끝내고 빨리 결혼시키는 것이 가장 낫다고 어머니에게 강력하게 말했고, 그렇지 않아도 대학 때 처음 미팅에서 만난 남자친구가 어떻게 딸의 소식을 알고 결혼하고자 기다리고 있었다고 했다.

어머니 급하게 일본으로 가서 딸을 데리고 왔고 그 해에 결혼까지 시켜 지금까지 행복하게 살고 있다. 결혼 초 임신이 안되어 마음 고생할 때 필자를 찾아와 만났고, 그 뒤 임신하여 99년 말쯤인가 예쁜 딸을 얻었다.

가용신이 재성이라서 그런지 시부모를 잘 만나 많은 재산도 물려받았고, 시부모와도 사이가 좋아 항상 같이 골프장에도 나간다고 했다. 만약 예외적인 공식이 통하지 않았다면 금성의 시기가 2등에서 수성의 시기는 5등으로 급강하하므로 아마 관성체질의 성향을 강하게 발휘하면서 무엇인가 강하게 묶인 행복하지 못한 삶을 살고 있다고 보아야 한다.

사주팔자 (남)	시	일	월	년
	癸	庚	甲	辛
	未	寅	午	亥

대 운	丙	丁	戊	己	庚	辛	壬	癸
	戌	亥	子	丑	寅	卯	辰	巳
	79	69	59	49	39	29	19	09

오행비율	火星:1.90 木星:1.20 水星:1.20 土星:0.30 金星:0.20

음양비율	음기:1.4 양기:3.4 중성:0

일주강약	0.50 (身弱)

오신육친
용 신 : 金星　比劫
희 신 : 水星　食傷
기 신 : 火星　官星
구 신 : 土星　印星
한 신 : 木星　財星

격　　국　比劫生食傷格

체　　질　官星(A)

종합판단

이 친구는 집이 강원도인데, 2002년 초 당시 필자의 책을 보다가 자신의 운명이 왜 그런가 궁금해서 먼 길도 마다하지 않고 달려와 상담을 했었으므로 몇 년이 흘러도 쉽게 잊혀지지 않았다.

먼저 예외적인 공식이 적용되는지 금 일간의 조건을 살펴보자. 금 일간, 신약, 午 월 태생, 토성은 있되, 未 토성 있음, 수성도 있음, 그리고 공식에서 화성의 공격이 나오면 예외적인 공식과 100% 일치한다.

가장 강한 오행이 화성으로 금성이 피해본다. 구제오행으로는 토성과 수성이 나온다. 신약이지만 토성이 未 토성밖에 없으므로 선택하지 않고 수성을 선택하여 화성의 공격에서 벗어난다.

여기서 바로 예외적인 공식이 적용된다. 아무리 신약해도 뜨거운 기운의 공격을 피하기 위해서 뜨거운 기운을 지닌 未 토성에게 의지하지 않고 일간의 기운이 빠져나가는 한이 있더라도 차가운 기운에게 의지해 금성을 구한다.

신약한 일간이 진가 사주도 아닌데 인성(토성)보다는 식상(수성)에게 구제오행을 선택하는 것은 일반적인 공식이 아닌데도 이 사주에서는 사용하는 것이다. 그리고 토성이 수성의 자유로운 활동을 방해하므로 이차 구제오행을 찾아야 한다.

이차 구제오행으로는 금성과 목성이 나오는데, 신약이므로 금성에게 토성의 공격을 막아 수성을 구하고 약한 일간의 기운을 도와주라는 뜻에서 선택해 격국은 비겁생식상격이 되었다.

심성체질은 관성체질로 등급은 A급이며 격국의 크기는 중중의 중격에서 출발했으나 지지의 길신인 亥가 한신인 寅과 합하고 흉신들에게 기운을 빼앗기고 마지막엔 토극수로 극을 받아 네 단계나 떨어져 중하의 하격이 되었다. 천간의 구조도 길신의 기운이 한신에게 빼앗겨 크기에서 떨어지지만 미미하므로 더 이상의 하락은 없다고 본다.

운의 흐름은 초반 화성의 시기는 4등에 있다가 곧바로 시작하는 목성의 시기는 3등으로 조금 올랐고, 43세부터 시작하는 수성의 시기는 2등으로 올라가는 흐름이다. 그런데 4등(화성)이나 3등(목성)의 시기는 이 친구에게 힘든 시기만 이어지는데, 그것은 지지의 길신인 亥에게 아무런 도움도 안되고 오히려 흉신들만 도와주는 운으로 작용했기 때문이다.

이 친구는 대학 졸업 후, 할 일이 없어 동네의 일들을 도와주다가 친척의 도움으로 건축회사에 다니게 되었다. 친척의 밑에서 몇 년간 열심히 일을 배우면서 근무하다가 2000년 초 현장근무를 하게 되면서 친척의 밑에서 벗어나 홀로 근무하게 되었다고 한다.

그러다가 2001년 자재를 잘못 관리하는 바람에 회사에 큰 손해를 주었고, 그 여파로 나오게 되었는데, 고위직에 있는 친척의 구원손길도 통하지 않았다고 한다. 그것을 계기로 자신의 길지도 않은 인생을 되돌아보니까 어느 것 하나 뜻대로 된 적이 없었다고.

고등학교 갈 때와 대학 갈 때도 누구 못지않게 공부하였고, 학교에서는 범생이라고 소문이 나서 자신이 가고자 했던 대학이나 과를 무사히 들어갈 줄 알았는데, 뜻밖에 장애물이 나타나 어긋났다고.

또한 대학 졸업 전부터 모 회사에 취직은 될 것으로 알고 있었는데 갑자기 경제가 어려워지면서 직원을 안 뽑는 바람에 그 길도 물 건너가 버렸다고. 그래서 왜 결과가 그리 안 좋은지 궁금해 하다가 역학책을 보게 되었단다.

필자는 이 친구에게 이런 말을 해주었다. '초반의 흐름이 좋고 후반이 안 좋은 인생과 초반은 힘들지만 후반이 좋은 인생이 있다면 너는 어느 것을 택하겠는가? 라고 했더니 한참 생각 끝에 그래도 후반이 좋아야 유종의 미를 거둘 수 있는 것이 아니라고 했다.

운이 4등에서 3등으로, 3등에서 2등으로 한 단계씩 오르지만 수성의 운이 시작되는 49세가 아니고, 그 전의 대운인 庚寅 대운부터 즉 39세부터 급격하게 운이 바뀐다고. 그때부터 삶이 끝나는 날까지 지금과는 180도 다른 삶이 이어질 것이라고 했다.

그리고 직업은 국가기관에 근무하면서 동네를 살피는 것이 맞을 것이므로 공무원시험을 준비하라고 했으며 아마 2004년부터 힘들지 않게 삶이 펼쳐지니 조금만 마음 고생하자고 하면서 상담을 끝냈다.
이 책이 출판되었을 때에는 어딘가에 취직해 열심히 다니고 있으리라
본다.

사주팔자 (여)	시	일	월	년
	甲	辛	辛	甲
	午	亥	未	寅

대 운	癸	甲	乙	丙	丁	戊	己	庚
	亥	子	丑	寅	卯	辰	巳	午
	71	61	51	41	31	21	11	01

오행비율   火星:1.84 木星:1.40   水星:1.00
          土星:0.36 金星:0.20

음양비율   음기:1.2   양기:3.6   중성:0

일주강약   0.56 (身弱)

오신육친   용 신 : 金星   比劫
          희 신 : 水星   食傷
          기 신 : 火星   官星
          구 신 : 土星   印星
          한 신 : 木星   財星

격   국   比劫生食傷格

체   질   官星(A)

종합판단

시누이의 소개로 필자를 찾아왔던 사람으로 시어머니의 모진 학대를 시누이와 시아버지의 도움으로 견디고 지금은 자유를 찾아 멀리 날아갈 날만을 남편과 함께 친정에서 기다리고 있는 사람이다.

예외적인 조건에 합당한 사주인지 먼저 살피자. 금 일간, 신약, 未월 태생, 亥 수성 있음, 未 토성만 있고 다른 토성들은 없음, 여기까지는 완벽한 조건이니 방정식에 대입하자.

가장 강한 오행은 화성으로 금성이 피해보고 있다. 구제오행으로는 토성과 수성이 나오는데, 신약이므로 토성에게 부탁하고 싶었지만, 未 토성만 있어 辛 일간은 亥 수성에게 화성의 기운을 꺾어 금성을 구하라고 부탁한다.

이는 未 토성밖에 없으므로 화성의 뜨거운 공격을 제어하기는커녕 오히려 공격의 무게만 더해주는 역할만 할 뿐이니 일간으로서는 아무리 신약해도 반갑지가 않다. 그래서 차가운 기운을 지닌 수성에게 부탁하는 것이 훨씬 나은 선택이 되는 것이다.

여기서 예외적인 공식임을 확인할 수 있으니 이 사주는 100% 금일간의 예외적인 공식에 들어가는 사주이다. 그런데 수성의 자유로운 활동을 토성이 방해하므로 또 한번의 구제오행을 찾아야 한다. 이차 구제오행으로는 금성과 목성인데, 신약이라서 금성에게 수성을 구하라고 하면서 공식은 끝난다.

이 사주의 격국은 비겁생식상격이 되고 심성체질은 관성체질이며 격국 크기의 출발점은 중중의 중격이다. 그런데 흉신인 午와 未가 합하여 상승하여 중중상격이 되었으나, 한신 寅이 길신 亥를 합하는 바람에 한 단계 떨어져 다시 중중중격이 되었다.

다음으로 생과 극을 보는데, 길신인 亥에서부터 시작하여 亥生寅, 寅生午, 午生未로 세 번이나 생해주므로 세 단계가 떨어져 중하중격이 된다. 마지막으로 극을 보는데, 흉신인 未가 길신인 亥를 극하므로 한 단계 떨어져 최종적으로 격국의 크기는 중하하격이 되었다.

운의 흐름을 살펴보면 초반 맞이한 화성의 시기는 4등에 있었다가 현재는 목성의 시기로 3등으로 올라왔다. 51세가 되는 수성의 시기가 되면 2등으로 점점 상승하지만, 사주 지지의 구성이 흉신으로 모든 기운이 모아지므로 상승된다고 하더라도 마음 편하게 살 수만은 없는 운명이 되었다.

그래서 그랬을까. 아들보다도 딸을 더 위하는 곳으로 시집을 가는 바람에 요즘 젊은 새댁과는 달리 시대에서 시부모 모시고 살면서도 시어머니의 잔소리와 참견으로 인해 스트레스를 받았다고 한다.

큰살림하고 아이들 키우고 시부모 시중에다 남편의 눈치까지 보면서 살다가 시어머니가 결혼한 딸의 자식까지 데리고 와 맡기는 바람에 더욱 힘이 들었지만, 가장 견디기 힘든 것은 시어머니가 자기의 자식과 딸의 자식을 비교하면서 딸의 자식이 더 잘 생기고 똑똑하다는 말이었다고.

그래서 시아버지와 시누이가 시어머니 몰래 이 사람을 데리고 나와 외식도 시켜주고 친정으로 보내 쉬게도 했고, 쇼핑도 시켜주었으며 항상 보살펴주었다고 한다. 그 덕분에 억센 시집살이를 끝내고 미국이민을 갈 때까지 친정 집에서 남편과 자식이랑 같이 살면서 학원에 다니고 있다.

이민을 가도 쉬운 삶은 아니라는 것은 알고 있지만 이 사람으로서는 선택의 여지가 없다고 한다. 왜냐하면 이민을 가야만 시어머니가 자신의 살림에 간섭할 수 없고 또한 같이 살 수 있는 길이 막히기 때문이라고.

[火 日柱(화 일주)의 境遇(경우)]

조건 : 丙, 丁 일간.

신강.

음양차이는 1.10 이하.

토성은 오로지 未 토성만 존재.

토성과 수성 중 토성이 수치가 높음.

방정식에서 화성이 금성을 억제할 때.

구제오행으로는 토성과 수성이 나온다.

이럴 때 화 일간은 음양차이가 없으므로 수치가 높은 토성을 선택해야 하나, 수치가 약한 수성을 선택해 화성을 억제하고 금성을 구한다.

위와 같은 조건은 녹현역의 입문편에서 주장한 것과는 상이한 이론이다. 앞서는 음양의 차이로 구제오행을 선택할 경우, 음양의 차이가 1.10 이하라면 두 가지의 구제오행 중 수치가 강한 오행을 선택하고, 1.11 이상의 차이라면 사주상에 부족한 기운을 채워주는 오행을 구제오행으로 선택한다고 했다.

그러나 위와 같은 공식이라면 당연히 수치가 강한 토성에게 금성을 구하라고 하는 것이 맞지만, 위와 같은 조건에 걸리면 일반적인 공식과는 반대로 구제오행을 선택하므로 예외적인 공식의 사주라 부른다.

앞서 설명한 금 일간의 경우와도 같은데, 구제오행으로 수성과 토성이 나오고 수치도 토성이 수성보다 더 강해 피해보고 있는 금성을 효과적으로 구제할 수 있으나, 토성이 오로지 未만 있어 화 일간은 고민에 빠지지 않으면 안되었다.

강력한 양기인 화성의 공격을 받고 있는 금성인데, 100% 양기인 未 토성에게 화 일간이 구원의 손길을 내밀겠는가, 아니면 수치는 약하지만 음기인 수성에게 금성을 구하라고 하는 것이 낫겠는가?

이러한 경우는 상식적으로 생각하더라도 토성보다 힘은 약하지만 금성을 구함에 있어 효과적으로 구할 수 있어 당연히 수성을 구제오행으로 선택하는 것이 순리인 것이다.

예외적인 공식에 걸리는 운명을 발견하지 못해 임의대로 사주를 뽑아서 그동안 설명을 했었는데, 작년인가 절친한 친구의 처남 사주를 보다가 화 일간의 예외적인 공식이 통하는 사주임을 발견했고, 예전의 자료에서 하나 더 발견하여 세 가지의 경우의 사주를 다 소개하고자 한다.

사주팔자	시	일	월	년
(임의로 만든 사주.	丁	丙	丁	壬
남)	酉	午	未	申

대 운	乙	甲	癸	壬	辛	庚	己	戊
	卯	寅	丑	子	亥	戌	酉	申
	73	63	53	43	33	23	13	03

오행비율　　火星:2.24　金星:2.00　土星:0.36

　　　　　　　水星:0.20　木星:0.00

음양비율　　음기:2.2　　양기:2.6　　중성:0

일주강약　　2.24 (身强)

오신육친　　용 신 : 金星　　財星

　　　　　　　희 신 : 水星　　官星

　　　　　　　기 신 : 火星　　比劫

　　　　　　　구 신 : 土星　　食傷

　　　　　　　한 신 : 木星　　印星

격　　국　　財星生官星格

체　　질　　比劫/財星(D)

공식설명

우선 예외적인 공식이 통하는 사주인가를 살펴보자. 화 일간, 신강,

토성은 오로지 未만 존재, 수성도 있으나 토성보다 수치가 약함, 여기

까지는 완벽한 조건을 형성하였다. 이제는 공식에서 화성이 금성을 억제하는가만 살피면 된다.

사주에서 가장 강한 것이 화성으로 금성이 피해보고 있다. 구제오행으로 토성과 수성이 나오는데, 그 둘이 사주상에 다 있으며 신강약으로 구분하여 선택할 수 없는 경우라서 음양의 차이를 보아 구제오행을 선택해야 한다.

음양의 차이를 보니 양기가 음기보다 0.4가 더 많다. 따라서 차이가 1.10 이하로 사주상 부족한 기운을 채워주는 것이 아니라 구제오행 중 수치가 더 강한 오행을 선택해 효과적으로 피해보고 있는 오행을 구해야 한다.

그런 이치라면 당연히 수성(0.2)보다 토성(0.36)이 더 강하므로 강한 토성을 선택하면 금성을 억제하는 화성의 공격을 좀더 많이 막아낼 수 있다. 그런데 여기서는 강한 토성을 사용하지 않고 약한 수성을 선택해 화성의 공격을 막고 피해보고 있는 금성을 구하라고 일간은 명령을 내린 것이다.

그렇게 한 가장 큰 원인은 수성보다 토성이 수치가 강하지만 戊, 己, 辰, 戌, 丑이라는 토성은 없고, 오로지 양기 100%을 지닌 未라는 토성만 있어 화 일간으로서는 수치는 토성보다 약하지만 화성의 공격을 효과적으로 막아낼 수 있는 수성을 구제오행으로 선택했다.

이와 같은 이유로 화 일간의 예외적인 공식이라고 한다. 그리고 방정식은 여기서 끝나지 않고, 구제오행으로 나온 수성의 활동을 토성이 방해하므로 이차공식까지 대입해 나온 결과는 용신은 금성, 희신은 수성이 되었다.

사주팔자 (남)	시	일	월	년
	癸	丁	乙	丙
	卯	酉	未	申

대 운	癸	壬	辛	庚	己	戊	丁	丙
	卯	寅	丑	子	亥	戌	酉	申
	73	63	53	43	33	23	13	03

오행비율   金星:2.00   木星:1.20   火星:1.04
               土星:0.36   水星:0.20

음양비율   음기:2.2   양기:2.6   중성:0

일주강약   2.24 (身强)

오신육친   용 신 : 水星   官星
               희 신 : 金星   財星
               기 신 : 土星   食傷
               구 신 : 火星   比劫
               한 신 : 木星   印星

격 국   官星保財星格

체 질   財星(A)

종합판단

이 사람은 필자의 절친한 친구의 처남으로 현재는 검찰에 있으나 얼마 안 있으면 변호사 개업도 생각하고 있다고 한다.

이 사주가 예외적인 공식에 걸려 나온 격국대로의 삶을 살아가고 있는지 아닌지를 살펴보면 필자가 발견한 이론이 정말로 정확한 것인지 아니면 잘못된 이론인가를 알아낼 수 있을 것이다.

우선은 예외적인 공식에 걸리는 조건을 이루고 있는가를 보자. 화 일간, 신강, 토성은 未만 존재, 수성도 존재, 수성이 토성보다 수치가 약함. 여기까지는 조건이 완벽하다. 이제부터 공식에 대입해보자.

가장 강한 오행이 금성으로 목성이 피해보고 있다. 구제오행으로는 수성과 화성이나 신강하므로 수성에게 부탁한다. 그러나 지지의 토성이 수성의 자유로운 활동을 방해하므로 이차공식까지 대입한다.

이차 구제오행은 금성과 목성이지만 역시 신강하므로 금성에게 부탁한다. 년간의 丙 화성이 년지의 申 금성을 억제하므로 삼차방정식까지 대입한다. 삼차 구제오행은 토성과 수성이 나온다. 신강약으로 선택할 수 없는 식상과 관성이 구제오행으로 나왔으므로 사주 전체의 음양의 차이를 보아 선택한다.

양기가 2.6이며 음기가 2.2가 되어 차이는 음기보다 양기가 0.4가 더 많다. 이 수치는 음양의 차이가 없는 수치이므로 사주상에 부족한 기운을 지닌 오행에게 구제해달라고 부탁하지 않고 구제오행 중에 누가 더 힘이 센가에 따라 구제오행을 선택하는 것이다.

여기선 수성(0.2)보다 토성(0.36)이 힘이 더 강하므로 화 일간은 토성에게 금성을 구하라고 하는 것이 합리적이지만, 다른 토성은 없고 양기 100%인 未 토성밖에 없으므로 화 일간은 토성을 선택하지 않고 수치는 약하지만 금성을 효과적으로 구할 수 있는 수성에게 부탁을 한다.

따라서 이 사주의 공식은 일반적인 공식과는 다른 예외적인 공식의 사주라 하며, 과연 예외적인 공식으로 뽑은 격국이 맞는 것인지 살펴보자. 이 사주에서는 운의 흐름으로 판가름을 할 수 있어 그것으로 구분을 하겠다.

만약 일반적인 공식이 적용되었다면 금성이 용신에, 토성이 희신으로 격국은 재성보식상격이 되고, 운의 흐름은 초반 금성의 시기는 1등에 있다가 30대부터 다가온 수성의 시기는 4등으로 30대가 넘으면서 심성체질인 재성체질의 성향이 강하게 나타남을 알 수 있다.

그렇게 되면 조직에 머물기보다는 일찍이 개인적인 일에 전념할 것이고, 출세보다는 돈 버는 것에 더 관심을 지니고, 명분이나 체면보다는 실리와 재미를 빠지며, 책임이나 의무감보다는 순간의 즐거움이나 쾌락에 젖어 가정의 행복을 무시할 수 있는 삶을 살기도 한다.

그러나 이 사람의 현실은 그렇지가 않다. 위계질서가 가장 강한 검찰에 근무하고, 누구보다도 가정에 충실했으며, 감정적인 삶보다는 이성적인 삶의 방향으로 살고 있으며, 명예와 체면을 무겁게 생각하며, 현재까지 순탄하고 무난하게 자신의 뜻대로 삶을 살고 있는 것이다.

과연 어느 공식의 삶이 현실과 맞는 것인지 살펴보려면 대운의 흐름(순위)을 보아야 한다. 일반적인 공식의 운 흐름인 1등에서 4등으로 흐른 삶이며, 예외적인 공식의 운 흐름인 2등에서 1등으로 흐른 삶이다. 따라서 어느 운의 흐름으로 살고 있는지 말은 안해도 쉽게 알 수 있다.

사주팔자 (남)	시 丙 午	일 丁 未	월 庚 申	년 癸 酉				
대 운	壬 子 71	癸 丑 61	甲 寅 51	乙 卯 41	丙 辰 31	丁 巳 21	戊 午 11	己 未 01

오행비율   金星:2.40 火星:1.70 土星:0.50
          水星:0.20 木星:0.00

음양비율   음기:2.6   양기:2.2   중성:0

일주강약   1.70 (身强)

오신육친   용 신 : 水星 官星
          희 신 : 金星 財星
          기 신 : 土星 食傷
          구 신 : 火星 比劫
          한 신 : 木星 印星

격 국   官星保財星格

체 질   比劫/財星(D)

종합판단

이 분이 환갑이 되는 시기인 93년 늦은 봄에 인천에서 필자를 만나러 왔다고 친구분과 사무실을 찾아왔었다. 그 중에 한의업을 하신다는 분이 필자에 대한 애기를 주변에서 들었다고 하면서 당신의 사주를 내놓았다.

그리고는 신강 재강하니 거부(巨富)의 사주가 아니라고. 국내에 유명하다는 역학자들을 찾아 다니면서 사주를 내보이면 부자가 될 운명이라고 하던네 이제 나이가 환갑이 다되어 인제 부자가 되겠냐고. 괜히 역학자들의 말을 듣고 사업을 했다가 실패한 적이 한, 두 번이 아니라고 하면서 숨김없이 말씀을 해달라고 부탁했다.

필자는 이렇게 물었다. 그렇게 많은 역학자들이 용신을 무엇으로 보고 부자가 된다고 했는지. 그러자 월령이 가을이어서 아무래도 화성보다 금성이 더 강하므로 일간을 도와주는 운만 만나면 능히 금성을 주무를 수 있다고. 금성이 재물이므로 큰 돈을 주무른다고. 그렇게 말씀을 하셨다.

그것은 용신으로는 화성이나 일간을 도와주는 목성으로 본 것이 틀림이 없었다. 그렇다면 이 분은 60 평생을 화성의 운과 목성의 운으로 일간의 기운을 도와주니 역학자들의 말씀대로 큰 돈을 만지며 살아야 했다.

그런데 환갑이 되는 시점에 찾아와 허탈감의 표현인지는 모르지만 사주에 나오는 대로 모든 것을 다 말해 달라고 바라고 있으니 말이다. 솔직히 이 분도 개인적으로 한의를 공부해 당시에는 침의 전문가가 되었으며, 명리에도 어느 정도의 실력은 있는 분이었다.

녹현방정식을 대입하기 전에 화 일간의 예외공식에 걸리는지 조건을 따져보자. 신강, 未 토성만 있고 다른 토성들은 없음, 수성도 있음, 토성보다 수성이 수치가 약함, 음양의 차이가 나지 않음, 여기까지는 조건에 합당하며 방정식에서 화성이 금성을 억제하는가만 살피면 된다.

금성이 강해 목성이 피해, 구제오행으로는 수성과 화성, 신강하므로 수성에게 부탁, 그러나 수성의 자유로운 활동을 토성이 방해, 이차 구제오행으로는 금성과 목성, 신강하여 금성에게 부탁, 화성의 공격으로 자유롭게 활동하지 못함, 삼차 구제오행은 토성과 수성, 여기서 바로 조건에 걸리는 공식이 나왔다.

음양의 차이도 없으니 수치가 강한 토성에게 부탁하는 것이 순리지만, 토성은 뜨거운 기운을 지닌 未만 있어 실질적으로 피해보고 있는 금성을 구하기가 효과적이지 못하다. 그래서 일간은 未 토성을 버리고 공식과는 어긋나지만 수치가 약한 수성을 택해 금성을 구하라고 일간의 기운도 빼내라는 부탁을 한다.

방정식은 여기서 끝나고 용신은 수성으로 관성이며, 희신은 금성으로 재성이 되어 격국은 관성보재성격이 되었고, 운의 흐름을 보면 초반 맞이한 화성의 시기는 4등이었으며 중간에 맞이한 목성의 시기는 5등으로 한 단계 더 떨어짐을 알 수 있으며, 환갑이 지나면서부터 맞이하는 수성의 시기는 제일 좋은 1등의 시기로 흐름을 알 수 있다.

이 분은 어릴 때의 가정형편이 좋지 않아 독학으로 고등학교를 마치고 곧바로 해군사관학교에 입학하여 근무하다가 30대 중반 이후 승진이 뜻대로 안되어 제대하고, 운수업과 건축업 등 개인적인 일들을 많이 했다고 한다. 그때가 바로 역학자들의 조언을 받아들인 결과라고 했다.

왜냐하면 제대 후 공무원으로 일을 할 수도 있었는데 돈을 많이 벌 수 있다는 말에 그 길을 걷어차고 사업의 길로 접어들었기 때문이라고 한다. 그러나 개인적인 사업을, 그것도 이것 저것을, 20여년이 지나도록 했지만 성공은커녕 실패만 되풀이 해서 50대 중반부터 침술을 배웠다고 한다.

이대로 나가다가는 노후가 뻔하게 보이기 때문에 역학자들의 말을 듣지 않고 늦게나마 한의인 침술을 배워 몇 년이 지나 환갑을 맞이한 당시에는 인천에서 알아주는 침술사였다고 한다.

필자에게 찾아올 당시의 생활은 매우 안정적인 상황이었는데 많은 역학자들이 추론해 준대로 인생이 풀리지 않은 것이 이상해서 찾아왔다고. 이제서야 정확한 인생의 흐름을, 왜 그리 고생을 많이 했는지도, 기존의 이론이 얼마나 부정확한지도, 그리고 그 이론에 속아 20여 년을 허비한 것이 안타깝지만 이제라도 모든 것을 다 알게 되어 한편으로는 후련하다는 말씀을 남기고 사무실을 떠났다.

나이가 들어 침술을 배웠지만 그것을 활용하면서 생활이 나아지고 있다는 것은 61세부터 다가오는 수성의 시기가 좋은 운으로 작용하고 있었기 때문인데, 만약 예외적인 공식이 적용되지 않는 사주라면 수성의 시기는 가장 나쁜 5등의 운이라서 나이가 들수록 갈등만 하다가 세월만 보내는 운명이 되리라 본다.

그렇지만 이 분의 경우는 화 일간의 예외적인 공식이 통하는 사주가 되어 초, 중반은 심성체질인 비겁과 재성의 성향을 많이 받아 변화가 많았지만, 수성의 시기에 가까이 오는 甲寅 대운부터는 나름대로 마음을 정리해 침술로 생활의 기반을 닦고 있는 것이다.

나이가 들었지만 늦게나마 기존의 역학자들의 말을 듣지 않고 자신의 의지대로 삶을 살아가고 있다는 것에 진심으로 감사의 마음을 전하면 글을 마친다.

[水 日柱(수 일주)의 境遇(경우)]

조건 : 壬, 癸 일간.

　　신강.

　　음양차이는 1.10 이하.

　　토성은 오로지 丑 토성만 존재.

　　토성과 목성 중 토성이 수치가 높음.

　　방정식에서 수성이 화성을 억제할 때.

　　구제오행으로는 목성과 토성이 나온다.

　　이럴 때 수 일간은 음양차이가 없으므로 수치가 높은 토성을 선택해야 하나, 수치가 약한 목성을 선택해 수성을 억제하고 화성을 구한다.

앞서 설명한 화 일간의 경우와 마찬가지인 논리로 수 일간이 공식에서 수성이 화성을 억제할 때 구제오행으로 목성과 토성이 나오는데, 음양의 차이도 없다면 당연히 수치가 높은 토성에게 화성을 구하라고 하는 것이 순리지만, 丑이라는 토성만 있어 수 일간은 토성에게 부탁하지 않고 수치가 약한 목성에게 구제의 역할을 맡긴다는 이론이다.

책을 집필하고자 수 일간의 예외적인 공식에 걸리는 사주가 있나를 자료에서 찾아보니 수많은 자료에서 겨우 하나만을 발견했다. 그래서 필자가 임의대로 만든 사주와 같이 소개한다.

사주팔자 (임의로 만든 사주. 남)	시 乙 巳	일 壬 午	월 癸 亥	년 癸 丑

대 운	乙 卯 77	丙 辰 67	丁 巳 57	戊 午 47	己 未 37	庚 申 27	辛 酉 17	壬 戌 07

오행비율　水星:2.30　火星:2.00　土星:0.30
　　　　　　木星:0.20　金星:0.00

음양비율　음기:2.6　양기:2.2　중성:0

일주강약　2.30 (身强)

오신육친　　　용 신 : 木星　食傷
　　　　　　　　희 신 : 火星　財星
　　　　　　　　기 신 : 金星　印星
　　　　　　　　구 신 : 水星　比劫
　　　　　　　　한 신 : 土星　官星

격　　 국　　食傷生財星格

체　　 질　　比劫/財星(D)

종합판단

조건에 들어맞는지 그것부터 살펴보자. 일간의 기운이 2.3으로 신강, 음양의 차이는 0.4, 토성은 丑만 있음, 목성보다 토성이 수치가 높으므로 여기까지는 완벽한 조건이다. 공식에 들어가자. 가장 강한 오행은 수성으로 화성이 피해를 보고 있다. 화성을 구제하기 위한 오행으로는 목성과 토성으로 그 둘이 다 사주에 있다.

구제오행의 육친이 식상과 관성이므로 음양의 차이로 선택해야 한다. 음양의 차이는 0.4로 1.10 이하이므로 사주상에 부족한 기운을 채워주는 것이 아니라, 구제오행 중에서 누가 더 수치가 강한가에 의해 구제오행을 선택한다.

그렇다면 여기서는 당연히 토성이 된다. 그런데 수 일간은 수치가 약한 목성에게 화성을 구하라고 부탁을 하고 토성은 쳐다보지도 않았다.그 이유는 바로 丑이라는 차가운 기운을 지닌 토성밖에 없었기 때문이다.

    차가운 기운인 수성에게 피해보고 있는 화성이므로 수 일간은 고민에 빠지지 않을 수 없다. 그 이유는 토성이 수치는 강해 목성보다 일은 더 잘할 수 있지만, 차가운 기운을 지닌 토성밖에 없으므로 피해보고 있는 화성에게 진정으로 도움이 되는가를 고민하기 때문이다.

    그래서 일간이 선택한 것은 차가운 기운을 빼내어 피해보고 있는 화성을 효과적으로 구할 수 있는 포근하고 따뜻한 기운인 목성에게 도움을 청하게 되었다는 것이 일반적인 공식과는 다른 논리인 것이다.

사주팔자 (남)	시	일	월	년
	辛	壬	乙	癸
	丑	午	丑	巳

대 운	丁	戊	己	庚	辛	壬	癸	甲
	巳	午	未	申	酉	戌	亥	子
	77	67	57	47	37	27	17	07

오행비율   火星:2.00 水星:1.74 土星:0.66
                木星:0.20 金星:0.20

음양비율   음기:2.6   양기:2.2   중성:0

일주강약   1.94 (身强)

오신육친	용 신 :	火星	財星
	희 신 :	木星	食傷
	기 신 :	水星	比劫
	구 신 :	金星	印星
	한 신 :	土星	官星

격 국   財星保食傷格

체 질   比劫/財星(D)

종합판단

이 사람은 길 건너 감정평가사 사무실에서 평가사로 근무하는 분인데, 부업으로 주식에 손대어 많은 돈을 손해 봤으면서도 항상 미련이 남아 필자의 사무실을 자주 방문했던 사람으로 그 시기는 88년부터 92년까지로 기억하고 있다.

우선은 수 일간의 예외적인 공식이 통하는 사주인가 먼저 살피자. 수 일간으로 신강, 음양의 차이가 없음, 토성은 丑밖에 없음, 목성도 있음, 토성이 목성보다 수치가 높음, 여기까지는 완벽하다. 공식에서 수성이 화성을 억제하는 공식만 나오면 된다.

가장 강한 것이 화성으로 금성이 피해보고 있다. 구제오행으로는 토성과 수성인데 신강이라서 토성에게 부탁한다. 그러나 월간의 乙목성이 토성의 활동을 방해하므로 이차공식까지 대입한다.

목성이 토성을 억제할 때는 화성과 금성이 구제오행으로 역시 신강하므로 화성에게 부탁한다. 역시 년간의 癸 수성이 자유로운 화성의 활동을 방해하므로 삼차 구제오행이 필요한데, 여기서 예외적인 공식이랄 수 있는 조건이 100% 충당되면서 구제오행으로 목성과 토성이 나온다.

음양의 차이가 0.4밖에 나지 않으므로 구제오행 중에 수치가 높은 오행에게 화성을 구하라고 하는 것이 일반적인 공식의 수순인데, 수 일간은 그와는 정반대의 결정을 한다. 수치는 토성보다 약하지만 효과적으로 화성을 구할 수 있는 목성을 선택하기 때문이다.

이유는 토성이 丑밖에 없었기 때문이다. 차가운 기운인 수성이 뜨거운 기운인 화성을 공격하고 있는데, 차가운 기운을 듬뿍 담은 토성이 구한다고 하는 것을 수 일간으로서는 탐탁치 않기 때문에 수치는 토성보다 약하지만 따뜻하고 포근한 기운을 지닌 목성에게 화성을 구하라고 한 것이다.

여기서 공식이 끝나지 않고 또 한번의 공식이 더 나가는데, 그것은 시간의 辛이 월간의 乙을 방해하기 때문이다. 사차 구제오행으로 화성과 수성이 나오는데 신강이라서 화성에게 부탁하면서 대단원의 방정식은 끝난다.

화성은 용신으로 재성이며 희신은 목성으로 식상이라 격국은 재성보식상격이 되었고, 심성체질은 비겁과 재성체질로 두 가지의 체질이며, 운의 순위는 초반 수성의 시기는 5등이며, 중반에 맞이한 금성의 시기는 4등으로 조금 상승하였고, 앞으로 다가올 화성의 시기는 제일 좋은 1등의 운이다.

필자에게 많이 드나들었던 때는 30대 중반 이후로 辛酉 대운이 시작할 때쯤이라고 보면 된다. 그 시기는 4등의 시기로 솔직히 격국으로 가기보다는 체질인 비겁과 재성의 성향을 강하게 드러내놓고 사는 시기라고 할 수 있다.

그래서 그랬는지는 몰라도 대학 때 전공한 과와는 다른 감정평가사 공부하여 두 번은 실패하고, 세 번째 합격하여 당시 같은 자격증 가진 동료들과 동업으로 평가원을 차렸다는 것이다. 전국을 다니면서 감정을 하느라고 개인적인 시간은 그리 많지 않았지만, 일이 없을 때는 사무실에서 한없이 지루했다는 것이었다.

그리고 당시에 증권시장이 활활 불타 오를 때, 남들은 투자해서 벌었다고 하자 이 사람도 욕심이 생겨 작은 돈을 투자했다고 한다. 몇 번인가는 이득이 있자 부인 몰래 숨겨놓은 돈까지 투자했고, 그것으로도 부족하자 증권회사의 돈까지 빌려 투자하게 되었다고.

어느 순간 감정평가사의 일은 부업으로, 증권관련 일은 본업이 되는 상황까지 왔다고 한다. 더구나 많은 시간을 증권에 신경을 쓰다 보니 평소 약했던 간까지 병이 들어 얼굴이 검어졌으며, 평가사의 일도 남들만큼 하지 못해 91년인가 아주 힘든 상황까지 몰고 간 적이 있었다.

필자가 그렇게 증권에서 손을 떼라고 했지만 소 귀에 경읽기 식으로 듣고 어느 종목에 투자하면 이득이 나겠는가 오로지 그곳에만 관심이 가 있었다. 그러다가 92년인가 한, 두 번 왔다가 그 뒤로는 영 소식을 알 수가 없었다.

5등과 4등의 시기에는 심성체질인 비겁과 재성체질의 갈등으로 돈을 벌어야 한다고 하면서도 인간답게 살자는 마음도 들어 남들처럼 악착같이 돈만 모으지는 못하고, 남들과 비교해 자신이 못나보이면 남들처럼 되고 싶은 욕심이 앞서 예리한 판단력을 잃어버리고 하는 등 결국 손해 보는 방향으로 나갈 수밖에는 없는 것이다.

陰氣(음기)와 陽氣(양기)의 四柱(사주)

이제부터는 운의 순위가 바뀌는 이론이다. 그 중에서도 가장 간단한 논리가 바로 음기와 양기로 된 사주다. 도대체 무슨 근거로 공식에 의해 선출된 운의 순위를 적용하지 않고 음기와 양기의 이론에 입각해 운의 순위를 바꿔야만 하는 것인가?

사실 이 이론은 필자가 처음 발견한 것이 아니다. 고서에도 이런 이론은 있었으나 다양한 경험을 하지 못하여 체계적인 이론으로 발전시키지 못해서 후학들이 더 이상 연구할 값어치를 느끼지 못해 그 이론이 유명무실하게 되었다.

예를 들면 '목화식상격은 인성 즉 수성의 운에 빛나고, 금수식상격은 관성 즉 화성의 운을 만나야만 발한다.' 라는 이론이 있었다. 이것은 바로 무엇을 의미했던가 말이다. 바로 음기와 양기의 사주임을 말한 것이다.

즉 사주팔자가 금성과 수성으로만 된 음기의 사주와 목성과 화성으로만 된 양기의 사주일 때, 무조건적으로 반대의 기운을 만나야지 그렇지 않다면 성공할 수 없음을 이미 고서에 나타내고 있었다.

사주 전체가 오로지 음기나 양기로 이루어져야지 조금이라도 반대의 기운이 있다면 이미 이 이론은 적용되지 않는다. 그리고 중성의 기운이 있다고 해도 사주 전체가 음기면 음기사주로, 양기면 양기사주로 인정해 운의 순위를 다시 정한다.

따라서 순음의 사주면 양기의 운인 목성과 화성의 운을, 순양의 사주는 음기의 운인 금성과 수성의 운을 만나야만 뜻을 이룰 수 있다는 것이다. 사주상의 용, 희신이 무엇으로 나왔던지 그것과는 상관하지 않고 사주에 타고난 기운과는 반대의 기운을 만나야 타고난 목적을 이룰 수 있다.

왜 이러한 일들이 생기는 것일까? 그것을 알자면 음과 양의 이론이 우리의 어느 부분에 영향을 미치는지 알 필요가 있다. 앞에서 음양의 기운을 사고력이라고 했다. 생각한다는 것은 사람에게 무척 필요한 부분으로 그로 인하여 지구의 주인인 만물의 영장이 되었으니 말이다. 그래서 우주에는 없는 이론이 지구에 사람이 살기 시작하면서 존재하였다.

약육강식의 세계가 그것이다. 약한 자는 도태되고 강한 자는 살아남는 세계가 지구이다. 살아 남기 위해서는 영리해야 한다. 영리해야 한다는 것은 선과 악의 모든 점을 알아야 한다. 선과 악의 개념을 안다는 것은 사고의 융통성이다. 사고의 융통성은 바로 음양이다.

그래서 순음과 순양의 사주는 순수하고, 연약하고, 악착 같지 않고,

승부욕도 떨어지고, 융통성도 부족하고, 한 마디로 약한 존재라서 사주에 없는 기운을 만나지 않으면 대를 잇기도 어려워진다.

따라서 녹현방정식을 대입하여 나온 용, 희신이 무엇인지 그것과는 관계 없이 순음의 사주는 양기의 운을, 순양의 사주는 음기의 운을 만나 부족한 기운을 채워 험난한 세상에서 영리하게 버티며 후손을 남기는 일이 무엇보다 시급하다는 것이다. 그렇지 못하면 도태되기 때문이다.

이런 까닭에 운의 순위가 바뀌는 것이다. 순음의 사주는 100% 양기인 화성의 운이 1등, 50%가 양기인 목성의 운이 2등, 중성의 기운인 토성의 운이 3등, 50%가 음기인 금성의 운이 4등, 100% 음기인 수성의 운을 제일 싫어해 5등이 된다.

순양의 사주는 100% 음기인 수성의 운이 1등이고, 50%가 음기인 금성의 운이 2등을 차지하고, 중성의 기운을 지닌 토성의 운이 3등이 되며, 50%가 양기인 목성의 운이 4등이고, 100% 양기인 화성의 운을 제일 싫어해 5등을 차지한다.

음기와 양기의 사주에 속하면 진가사주가 되어 운의 순위가 어떻게 나오든, 아니면 지지구조에 걸려 운의 순위가 다르게 나오든 관계 없이 운의 순위를 정함에 있어 가장 높은 위치를 차지하고 있어 무조건적으로 음기와 양기의 사주에 걸린 운의 순위에 따른다.

사주팔자	시	일	월	년
(여)	己	辛	癸	戊
	丑	丑	亥	申

대 운	乙	丙	丁	戊	己	庚	辛	壬
	卯	辰	巳	午	未	申	酉	戌
	77	67	57	47	37	27	17	07

오행비율   水星:2.80 金星:1.00 土星:1.00
         木星:0.00 火星:0.00

음양비율   음기:4.4   양기:0   중성:0.4

일주강약   2.00 (身强)

오신육친   용 신 : 土星   印星 (가용신)
         희 신 : 火星   官星
         기 신 : 木星   財星 (진용신)
         구 신 : 水星   食傷
         한 신 : 金星   比劫

격   국   印星保官星格

체   질   印星/食傷(C)

종합판단

　사주를 구성하고 있는 오행들의 수치를 살펴 신강약을 판단한 뒤, 음기와 양기의 수치까지 뽑아 그 차이가 얼마인가를 안 다음, 녹현방정식에 들어가는 것이 순리다. 오행의 수치와 신강약 그리고 음양의 차이를 살피는 동안, 심성체질이 무엇인지 사고력은 어떠한지 등을 알 수 있다.

이 사주에서는 목성과 화성의 수치가 나타나지 않아 양기가 전혀 없음을 알 수 있다. 음기는 4.4이며 중성은 0.4로 100% 음기로 이루어진 사주임을 수치를 뽑으면서 알게 되었고, 이렇게 되면 격국이 무엇이 나오든 제일 좋은 운이 어느 오행의 운인지 알게 된다.

공식은 수성에 의해 화성이 피해보고 있어 목성과 토성이 구제오행으로 나온다. 신강이므로 재성인 목성을 사용하고 싶었으나 사주상에 나타나 있지 않아 어쩔 수 없이 인성인 토성에게 수성의 공격을 막고 화성을 구하라고 한다.

그래서 격국은 인성보관성격에 진용신은 재성이다. 진가사주는 대운과 세운의 순위가 다르다고 했다. 대운에서는 진용신 목성의 운이 1등, 희신인 화성의 운이 2등, 가용신인 토성의 운이 3등, 가용신인 토성과 친한 금성의 운이 4등, 하나 남은 수성의 운이 5등이 된다. 그러나 진용신인 목성의 운에서는 세운도 대운의 순위와 같게 흐르지만, 그 외의 운에서는 다르게 흐르므로 세운의 순위를 다시 뽑아야 한다.

세운의 순위는 가용신인 토성의 운이 1등, 희신인 화성의 운이 2등, 길신인 토성과 친한 금성의 운이 3등, 길신인 토성이 억제하는 수성의 운이 4등, 길신인 토성을 억제하는 목성의 운이 5등이 된다.

그러나 이 사주는 양기가 전혀 없는 음기의 사주이므로 위와 같이 뽑은 순위는 전혀 맞지 않는다. 이 사주는 세상에 태어남과 동시에 자신의 짝인 양기를 만나야 하는 것이 무엇보다 급선무라서 100% 양기인 화성의 운이 1등이 되고, 50%가 양기인 목성의 운이 2등이 된다.

100%가 음기인 수성의 운을 제일 싫어하여 5등이 되고, 50%가 음기인 금성의 운을 그 다음으로 싫어해 4등을, 그리고 하나 남은 중성의 운인 토성은 자연적으로 3등을 차지하는 것이 음기로만 이루어진 사주의 운 순위이다.

이 사람의 운 흐름을 보자. 음기로 된 사주가 아니었다면 초반 금성의 시기는 4등에서 중반의 화성의 시기는 2등으로, 나이가 들면 찾아오는 목성의 시기는 1등으로 되어 있어 나이가 들수록 점차적으로 나아지는 흐름임을 알 수 있다.

그러나 나아진다고 하더라도 실질적으로 이 사람의 삶에 있어 얼마나 나아질 것인가를 살펴보면 그리 기뻐할 것도 아니다. 운의 순위에서 토성이 차지한 순위를 제거하면 금성이 3등, 화성이 2등으로 큰 차이가 없어 삶의 변화에 그다지 큰 영향을 끼치지 않음을 알 수 있다.

하지만 음기의 사주로서 운의 순위로 보면(토성의 운은 제외) 금성이 3등, 화성이 1등이 되어 삶에 있어 급격한 변화가 있음을 알 수 있다. 이러한 흐름은 점진적으로 변화되는 것이 아니라 어느 날 갑자기 삶의 변화가 올 수도 있음을 우리는 알아야 한다.

과연 이 사람의 삶이 어떠했는지 살펴보자. 어릴 때 편하지 못한 집안 사정 때문에 행복한 가정생활의 맛을 느끼거나 보지도 못하고 자랐고, 오로지 학교와 집만 오가는 모범적인 학생시절을 보냈으며, 대학 때 처음 만난 남자랑 연애하다가 졸업 후 곧바로 결혼했다.

시부모를 모시면서도 남편과 아이의 뒷바라지가 전부인줄 알고 오로지 살림에만 전념했고, 그러다가 시간이 나면 남편의 사업장에 나가 일을 도와주는 것이 삶의 행복인줄만 알았으며, 시부모나 친정부모에게 그저 착한 며느리와 딸로서 인정 받으면 자신이 세상에 태어난 목표는 이룬 것으로 알고 살았다.

이미 庚申 대운에 접어든 96년(丙子)과 97년(丁丑)까지도 이 사람은 그러한 삶이 자신의 행복인양 알고 살았다. 그런데 庚申 대운이지만 양기인 세운 98년(戊寅)부터는 시댁에서 독립하였고, 자신의 삶을 가꾸고 싶은 충동에 남편의 사업장에도 나가지 않았다.

점점 남편과 자식의 뒷바라지가 인생의 전부가 아니라는 생각이 들면서 2001년(辛巳)이 되자, 자신의 삶을 가꾸고 싶은 마음이 강하게 들었다. 평소 예술분야에 관심이 있었으므로 당시 유행에서 앞서가던 패션문신을 배웠고, 인생이 무엇인지도 궁금해 하다가 결국 필자의 제자가 되어 활발하게 활동하고 있다.

문제는 사람이 갑자기 변하면 본인보다도 주변의 가족들이 받아들이며 적응하기가 힘들 텐데, 묘하게도 남편은 이 사람이 원하는 것을 막지 않고 오히려 적극적으로 배우도록 밀어주었단다.

이러한 삶의 급격한 변화는 운이 3등에서 2등으로 완만하게 흐를 때 발생하는 것이 아니라, 3등에서 1등으로 급격하게 변화될 때 발생하는 것으로 진가사주에 걸린 운의 순위가 아닌 음기의 사주에 걸린 운의 순위로 살펴보아야만 현실과 근접된 추론이 가능함을 알 수 있다.

사주팔자 (남)	시	일	월	년
	丁	壬	戊	乙
	未	寅	寅	卯

대 운	庚	辛	壬	癸	甲	乙	丙	丁
	午	未	申	酉	戌	亥	子	丑
	77	67	57	47	37	27	17	07

오행비율 木星:3.40 火星:0.70 土星:0.70
　　　　　水星:0.00 金星:0.00

음양비율 음기:0　　양기:4.6　중성:0.2

일주강약 0.00 (身弱)

오신육친 용 신 : 火星　財星 (가용신)
　　　　　희 신 : 土星　官星
　　　　　기 신 : 水星　比劫
　　　　　구 신 : 木星　食傷
　　　　　한 신 : 金星　印星 (진용신)

격 국 財星生官星格

체 질 食傷(C)

종합판단

　오행의 수치와 신강약 그리고 음양의 수치를 뽑아보니 사주 전체가 양기로 구성되어 있음을 알 수 있다. 일간은 수성으로 음기이지만 일간은 음기나 양기에 속하지 않으므로 음기는 전혀 없다.

공식에 들어가기에 앞서 알 수 있는 것은 운의 순위와 심성체질이다. 양기밖에 없으므로 100% 음기인 수성의 운이 1등, 50%가 음기인 금성의 운은 2등, 100% 양기인 화성의 운은 5등, 50%가 양기인 목성의 운이 4등, 그리고 중성인 토성의 운은 3등이 된다.

이러한 순위는 격국이 무엇으로 나오든, 지지구조에 걸려 운의 순위가 바뀌든 간에 변하지 않는다. 그리고 심성체질은 식상체질로 등급은 C급임을 알 수 있다. 그리고 공식에 들어가보자.

목성이 강해 토성이 피해본다. 구제오행으로는 화성과 금성이다. 일간이 신약이므로 금성에게 부탁하고 싶지만, 사주상에 없어 어쩔 수 없이 화성에게 토성을 구하라고 부탁한다. 그래서 격국은 재성생관성격에 진용신은 인성이 되었다.

진가사주에서는 대운과 세운의 순위가 다르다고 했지만 이 사주에서는 대운만 살펴보는 것으로 하자. 진용신인 금성의 운이 1등, 희신인 토성의 운이 2등, 가용신인 화성의 운이 3등, 지지의 길신인 토성이 억제하는 수성의 운이 4등, 마지막 남은 목성의 운은 5등이 된다.

이것을 바탕으로 대운의 흐름을 보면 태어나 36년간 맞이하는 수성의 시기는 4등이 되고, 그 이후 다가오는 금성의 시기는 1등이 되다가 먼 훗날 오는 화성의 시기는 3등으로 끝남을 알 수 있다.

이런 흐름이라면 태어나서 현재까지는 아주 힘든 상황에 처해 있다가 37세부터 되는 금성의 시기부터는 지금과는 완전히 다른, 정말 부러울 것이 하나도 없을 정도의 삶이 되어야 한다.

그런데 이 친구의 현재 삶은 진가사주의 운 순위와는 다르게 전개되고 있다. 태어나 지금까지 크게 힘들었다고 하는 것은 없었고, 또래보다는 한발 빠르게 인터넷 사업을 하여 몇 년간 번 돈이 수 십억원에 이르렀고, 현재도 더 큰 돈을 벌기 위해 국내는 물론 해외로까지 진출하고 있다.

젊은 나이에 성공한 케이스라고 주위에서는 바라보므로 총각인 이 친구를 자신의 배필로 만들고자 잘 나가는 많은 여성들이 줄을 지어 서 있다. 필자에게 찾아와 항상 하는 말이 어떻게 하면 많은 여성들을 아무 탈없이 소유할 수 있겠는가 하는 것이었다.

그렇다면 진가사주로 뽑은 운 순위로는 현실과 맞지 않고 양기로만 이루어진 사주의 운 순위로 대운의 흐름을 살펴보는 것이 현실적으로 맞다고 할 수 있다. 살펴보면 초반 수성의 시기는 1등이고, 뒤를 이어 다가오는 금성의 시기는 2등, 훗날 다가올 화성의 시기는 5등으로 삶이 마무리됨을 알 수 있다.

그래서 현재 이 친구가 나름대로 잘 나가고 있음도 우리는 인정할 수밖에 없는 것이다. 필자가 만나보면 항상 진취적이고 도전적이고 돈은 언제든지 벌 수 있다는 자신감에 차 있어 술 한잔을 마셔도 기분이 좋았다.

사주팔자	시	일	월	년
(남)	庚	丁	戊	庚
	戌	酉	子	子

대 운	丙	乙	甲	癸	壬	辛	庚	己
	申	未	午	巳	辰	卯	寅	丑
	71	61	51	41	31	21	11	01

오행비율   水星:2.20 金星:1.90 土星:0.70
          木星:0.00 火星:0.00

음양비율   음기:4.1   양기:0   중성:0.7

일주강약   0.00 (身弱)

오신육친   용 신 : 土星   食傷 (가용신)
          희 신 : 火星   比劫
          기 신 : 木星   印星 (진용신)
          구 신 : 水星   官星
          한 신 : 金星   財星

격   국   食傷保比劫格

체   질   財星/官星(D)

종합판단

이 사람은 2003년 여름 더위가 극심할 때 찾아와 필자의 마음을
안타깝게 만들고 떠난 장본인이다. 그것은 세속적인 체질의 장을 공

부할 때 배운 그대로의 인생을 이 사람이 살고 있기 때문이다.

오행과 신강약 그리고 음양의 수치를 뽑아보니 사주 전체가 온통 음기로 이루어져 양기가 전혀 없는 것과 심성체질은 재성과 관성체질로 두 가지의 체질로 이루어졌음을 알 수 있었다. 이렇게 되면 운의 순위는 자연적으로 알게 된다.

100% 양기인 화성의 시기는 1등, 50%가 양기인 목성의 시기는 2등, 100% 음기인 수성의 시기는 5등, 50%가 음기인 금성의 시기는 4등, 중성인 토성의 시기는 3등으로 이루어짐을 공식에 들어가지 않아도 알 수 있다.

공식에 대입해보자. 가장 강한 것이 수성으로 화성이 피해보고 있으며, 구제오행으로는 목성과 토성이 나온다. 일간은 신약이라서 목성에게 부탁하고 싶지만, 사주상에 나타나 있지 않으므로 어쩔 수 없이 토성에게 수성의 공격을 막아달라고 한다.

그래서 격국은 식상보비겁격이며 진용신은 인성이다. 진가사주에 따른 운 순위는 진용신인 목성의 시기가 1등의 운, 희신인 화성의 시기가 2등의 운, 가용신인 토성의 시기가 3등의 운, 길신인 가용신과 친한 금성의 시기가 4등의 운, 나머지 수성의 시기가 5등의 운이 된다.

진가사주로 뽑은 운 순위와 음기로만 이루어진 사주로 뽑은 운 순위가 대운에서는 대동소이하지만, 세운에서는 많은 차이가 생긴다. 왜냐하면 세운에서는 목성의 시기가 가장 나쁜 운이 되기 때문이다.

아무튼 대운의 흐름을 보면 어릴 때 한번 다가온 수성의 시기는 5

등이며, 11세부터 목성의 시기를 맞이하므로 2등(진가사주로는 1등)이었다가, 현재 맞이하고 있는 화성의 시기는 1등의 운(진가사주로는 2등)이다. 어떻게 보든지 간에 1등과 2등의 운을 평생 만나고 있는 셈이다.

이 사람이 왜 특이한가를 살펴보자. 대운은 변함이 없는 흐름이므로 살펴보기가 난해하니 세운의 흐름을 가지고 논해보자. 목성과 화성의 시기는 좋은 시기이고, 금성과 수성의 시기는 좋지 않은 시기다. 문제는 좋은 시기를 만났을 때의 이 사람 삶과 그렇지 않는 시기에 만났을 때의 이 사람 삶이다.

심성체질은 재성과 관성, 격국은 식상보비겁격에 진용신 인성. 무엇을 의미하고 있는지 알 것이다. 현실적인 체질이 바로 재성과 관성인데, 이 사람이 그것이 격국(추구하는 삶)이 아니고 심성체질(끌려가는 삶)에 있다는 점이다.

그래서 그랬을까? 1985년(乙丑)에 결혼하여 꾸준히 직장생활을 하다가 91년(辛未)에 독립해 97년(丁丑)까지 많은 돈을 벌었으나, 98년(戊寅)부터 많은 세금이 부과되기 시작하여 그것을 해결하자 또 다른 세금이 나와 결국은 집까지 팔아 세금을 냈다고.

그럼에도 불구하고 또 세금이 부과되길래 이제는 더 이상 참을 수 없다며 법정소송까지 이어져 끝내는 승소했음에도 불구하고 현재도 1억 5천만원이라는 세금 때문에 법정소송 중이라고 한다. 지난 몇 년간 세금 때문에 일도 못하고 많은 시간을 낭비해 물질적으로 큰 손해를 입었다고 한다.

이 사람은 쉬면서도 직원들의 월급이랑 임대와 관리비 그리고 소송비와 세금 등 이루 헤아릴 수 없을 만큼 큰 돈이 나갔다고 한다. 그러나 올해부터는 본인 자신도 쉬지 않고 일을 하겠다고 작심했다고 하는데 그것은 바로 세운이 나빠지기 때문에 그런 결심을 한 것이다.

지나온 것을 되돌아가면 85년은 乙丑년으로 2등의 운인 목성의 세운(86년=丙寅)을 앞두고 있는 시기에 결혼하여 그처럼 좋은 시기(86년~91년, 목성과 화성의 시기)를 직장에 열심히 다니면서 충실히 근무하다가 하필 좋지 않은 시기(92년~97년, 금성과 수성의 시기)에 독립을 하였다.

그처럼 좋지 않은 시기에는 격국보다는 심성체질의 성향이 강하게 나오므로 재성과 관성체질의 영향을 받아 사회에 열심히 적응하면서 바쁘게 일하며 돈을 열심히 벌고 나름대로 명예도 갖추고 착실하게 살아왔다고 할 수 있다.

그렇지만 그것은 체질의 영향이므로 본인 자신은 느끼지 못할지 몰라도 남의 눈에는 무엇인가 집착하는 듯한 모습의 삶을 보여주었다고 볼 수 있다. 즉 옳지 않은 사고로 살아왔음을 뜻하므로 돈은 벌었어도 격국이 원하는 삶은 아니었던 것이다.

그러다가 다시 세운이 좋아지는 시기(98년~2003년, 목성과 화성의 시기)가 다가오자 이상하게도 세금사건에 휘말리면서 그동안 모았던 돈을 한꺼번에 날리고, 결국에는 집까지 팔아 재산이란 재산은 다 날리고 말았다. 더구나 일도 하지 못한 체 사건에만 매달려 한가하게 지내면서 그렇게 좋은 시기를 다 보내고 말았다.

어찌 보면 인생에서 가장 안좋은 시기라고 할 수 있지만, 결과는 격국이 원했던 삶을 살았다고 할 수 있다. 식상보비겹격에 진용신 인성은 말 그대로 운이 좋지 않았던 때에 열심히 일하며 돈을 모았지만, 이제는 열심히 일하지도, 바쁘지도, 돈도 모으지도 않는 그런 방식의 삶을 살라고 한 것이다.

그러한 삶을 이루기 위해선 무엇인가 터져 돈이 나가야 하는데, 이 사람에게는 세금사건(세금은 재성, 소송은 관성이 영향)이 터진 것뿐이다. 사건에 휘말려 본인 자신은 힘은 들었지만 주위에서는 그런 삶이 인간다운 삶이었다고 여겼을지도 모른다. 치우치지 않고 올바른 판단으로 하나하나 대응하면서 살아왔기 때문이다.

필자를 찾아온 2003년은 서서히 좋은 시기는 가고 다시 안좋은 시기(04년~09년, 금성과 수성의 시기)가 오는 시점이었다. 그리고 하는 말이 이제는 다시 돈을 벌기 위해서 일을 하기 시작했다고.

이 말의 의미는 다시 심성체질인 재성과 관성체질의 성향을 강하게 나타나기 시작했음을 의미하는 것으로 돈을 벌 수 있을지 모르지만, 격국이 의미하는 삶과는 거리가 있는 삶의 모습을 보일 수 있기 때문에 필자의 마음이 안타까웠다고 앞서 말했던 것이다.

사주팔자 (여)	시	일	월	년
	壬	甲	戊	庚
	申	戌	子	戌

대 운	庚	辛	壬	癸	甲	乙	丙	丁
	辰	巳	午	未	申	酉	戌	亥
	74	64	54	44	34	24	14	04

오행비율 金星:2.20 水星:1.40 土星:1.20
　　　　　　 木星:0.00 火星:0.00

음양비율 음기:3.6 양기:0 중성:1.2

일주강약 1.40 (身强)

오신육친 용 신 : 金星　官星
　　　　　　 희 신 : 水星　印星
　　　　　　 기 신 : 火星　食傷
　　　　　　 구 신 : 土星　財星
　　　　　　 한 신 : 木星　比劫

격　　국 官星生印星格

체　　질 官星(B)

종합상담

　오행의 수치와 신강약 그리고 음양의 비율을 뽑아보면 양기가 하
나도 없음을 알 수 있고, 금성의 수치가 1.6을 넘어 심성체질이 무엇

인지를 알게 된다.

공식에 들어가보자. 가장 강한 것이 금성으로 목성이 피해를 보게 된다. 목성을 구하기 위한 오행으로는 수성과 화성이지만 화성은 사주에 없으므로 수성에게 목성을 구하라고 부탁한다.

그러나 토성이 수성의 활동을 방해하므로 이차 구제오행을 찾아야 한다. 그것은 금성과 목성이 그것인데 신강하므로 금성에게 수성을 구하고 일간의 기운도 빼내가라고 부탁하면서 공식은 끝난다. 따라서 격국은 관성생인성격이 되어 운의 순위는 용신인 금성의 운이 1등이며, 희신인 수성의 운이 2등이 된다.

나머지 운의 순위는 지지의 길신을 보고 잡는데, 길신을 생하는 토성의 운이 3등이 되고, 3등을 차지한 오행이 지지에 있으므로 그것을 생하는 화성의 운이 4등이며, 나머지 하나 남은 목성의 운이 5등을 차지한다.

이러한 순위를 대운에 대입하면 초반 잠시 다가왔던 丁亥 대운인 수성의 시기는 2등이 되고, 곧 다가온 丙戌 대운인 금성의 시기는 1등으로 아직까지도 그 흐름에 살고 있다고 보아야 하며, 그 후 다가오는 癸未 대운인 화성의 시기부터는 4등으로 급격하게 하강하는 흐름으로 끝나고 있다.

그렇다면 어릴 적부터 지금 이 순간까지 이 사람은 큰 고통 없이 원하는 대로 무난한 삶을 살았다고 할 수 있는데, 현실은 그렇지가 않았다. 자신의 이상형을 만나 결혼한 것이 아니라 도피 겸 택한 것이 결혼이었고, 그러다 보니 결혼생활이 원만치 않았었다.

8년이란 긴 시간을 남편과 함께 살면서 항상 남편에게서 벗어나려고 애를 썼으며, 학생시절 승마선수로 이름을 날리고 싶었지만 그 역시 불발에 그치는 등, 과거의 모든 기억들이 이 사람에게는 결코 행복하지 못한 기억들만 남겨주었다.

운의 흐름이 2-1등으로 흐른다면 위와 같은 일들이 일어날 수 있는가. 그렇지는 않고 운의 순위가 바뀌었기 때문이다. 사주가 음기로만 이루어졌으므로 100% 양기인 화성의 시기가 1등이 되고, 50%가 양기인 목성의 시기가 2등이 된다. 중성인 토성의 운이 3등, 50%가 음기인 금성의 시기가 4등, 100%가 음기인 수성의 시기가 5등이 되었다.

그 순위를 대입하면 어릴 적 왔던 수성의 시기인 丁亥 대운인 2등이 아니라 가장 싫은 5등이 운이 되고, 이어 다가온 금성의 시기인 丙戌 대운은 1등이 아니라 4등으로 흘러 아직까지도 그 흐름에 있으며, 훗날 올 화성의 시기인 癸未 대운부터는 4등이 아니고 제일 좋은 1등의 운이 오는 것이다.

그래서 어릴 적의 꿈(승마선수)이 이루어지지 않았고, 원하지 않는 남자 만나 결혼까지 하게 되었고, 결혼생활도 엉망진창으로 살아왔음을 충분히 느낄 수 있다. 그러나 1등의 운이 곧 다가와 자신이 원하는 대로의 삶이 이루어질 것이다.

그리고 그 시기는 甲申 대운부터 1등으로 향하기 시작하므로 변화의 조짐이 보이기 시작해야 하는데 세운이 2001년(辛巳)부터 1등의 운으로 흐르기 시작하여 甲申 대운이 들어오기 몇 년 전부터 변화가 보였다.

　2001년 여름 그렇게 지긋지긋했던 결혼생활을 끝냄과 동시에 진정 사랑하는 남자를 만나 행복한 생활을 하고 있으며, 예전에는 느끼지 못했던 부모형제와의 정도 새롭게 느끼며, 남편을 위해 알뜰하게 살림을 해야 한다는 의무감도 느끼며 살고 있다.

사주팔자	시	일	월	년
(남)	甲	辛	乙	丙
	午	卯	未	午

대 운	癸	壬	辛	庚	己	戊	丁	丙
	卯	寅	丑	子	亥	戌	酉	申
	73	63	53	43	33	23	13	03

오행비율　　火星:3.04　木星:1.40　土星:0.36
　　　　　　金星:0.00　水星:0.00

음양비율　　음기:0　　　양기:4.8　　중성:0

일주강약　　0.36 (身弱)

오신육친　　용 신 : 火星　　官星 (가용신)
　　　　　　희 신 : 土星　　印星
　　　　　　기 신 : 水星　　食傷
　　　　　　구 신 : 木星　　財星
　　　　　　한 신 : 金星　　比劫 (진용신)

```
┌─────────────────────────────┐
  격   국    官星生印星格

  체   질    官星(C)
└─────────────────────────────┘
```

종합판단

현재는 대기업의 중견간부로 잘 적응하면서 다니고 있지만, 마음속으로는 늘 신선이나 도인다운 삶을 꿈꾸고 있어 언제쯤이면 속세를 떠나 인간다운 자유를 누리며 살 수 있을까를 물으러 찾아온 친구이다.

그래서 필자는 이 친구에게 이렇게 물었다. '당신에게 지금 그런 기회가 왔다. 그러나 자식은 어리고 부인이 반대하고 있다. 어떻게 할 것인가? 라고 말이다. 그러자 이 친구 쉽게 말을 하지도 않고 한참 생각하다가 하는 말이 '아이들이 다 큰 다음에 가면 안되나요? 하고 되물었다.

왜 그런 말이 나오는지 사주를 풀어보자. 오행의 수치와 신강약 그리고 음양의 비율을 뽑아보니 음기가 하나도 없음을 알 수 있었으며 화성의 수치가 1.6이 넘어 관성체질이 있음을 알았다. 음기가 하나도 없다는 것은 이미 양기로만 이루어진 사주로서 운의 순위는 수성이 1등, 금성이 2등, 토성이 3등, 목성이 4등, 화성이 5등으로 정해짐을 안다.

가장 강한 오행은 화성으로 금성이 피해보고 있으며 구제오행으로는 토성과 수성이 나온다. 여기서 만약 수성이 나온다면 금 일간의 예외공식에 해당하는 사주나 수성이 없으므로 그렇지가 않고 일간은 토성에게 금성을 구하라고 부탁한다.

그러나 목성이 자유로운 토성의 활동을 방해하므로 이차 구제오행까지 찾아야 한다. 화성과 금성이 구제오행이지만 신약하여 금성에게 부탁하고 싶으나 사주상에 없어 어쩔 수 없이 화성에게 부탁하면서 공식은 끝난다.

격국은 관성생인성격이며 진용신은 비겁이고, 공식에 의한 운의 순위는 진용신인 금성의 운이 1등이며, 희신인 토성의 운이 2등, 가용신인 화성의 운이 3등, 길신을 생해주는 목성이 운이 4등, 하나 남은 수성의 운이 5등이 된다.

순위를 운에 대입하면 초반에 맞이하는 금성의 시기는 1등의 운이며, 그 다음으로 오는 수성의 시기는 5등으로 급격하게 하강하고, 훗날 다가오는 목성의 시기는 4등으로 마감하게 된다. 그렇다면 현재는 5등의 운에 있는 것인데, 그렇게 한가하게 신선이나 도인의 삶을 찾고 어떻게 하겠다는 질문 등은 하지 않으리라.

그런 질문을 하는 사람들은 대략적으로 최악의 경우에 몰렸을 때 마지못해 택하는 경우와 자신의 꿈이 현실적인 것에 있지 않으면서도 현실을 무시할 수는 없고, 그러면서 삶이 지루한 경우에 묻곤 한다.

이 친구의 경우는 최악의 경우에 빠진 것은 절대 아니다. 대기업의 간부로 열심히 연구하며 근무하고 자신의 위치에 어느 정도 만족감을 표시하기도 한다. 그런데 그런 질문을 한 것은 바로 후자의 경우에 해당하기 때문이다.

즉, 운의 순위가 바뀌었기 때문에 삶이 지루하다고 생각한 것이다. 초반에 다가온 금성의 시기는 공식에 의한 순위와 마찬가지로 2등이 되며, 그 다음으로 맞이하는 수성의 시기는 5등이 아니고 1등으로 오히려 상승하는 운의 흐름을 맞이하고 있다. 그러나 전의 운과 크게 달라지지 않았으므로 이 친구에게는 1등의 운이 마냥 좋다고는 할 수 없다.

따라서 어쩌면 지루하다는 느낌을 이 친구는 받을 것이고, 그래서 자신의 꿈이 마치 진용신인 비겁에 있는 줄로 착각하며 살고 있는 것이다. 공식에 의한 운은 급격하게 하락하여 큰 변화가 예상되었지만 현실은 그렇지가 않았다는 것은 양기로만 이루어진 사주라서 운의 순위가 달라졌음을 뜻하고 있었기 때문이다.

地支構造(지지구조)

지지구조라는 이 이론은 녹현역에서 가장 중요한 부분을 차지하고 있어 필자의 가르침을 받은 소수의 제자만이 알고 있었으며, 이 책에 그 내용을 완전히 공개할 것인가를 두고 고민할 정도로 아꼈던 이론이다.

3~40%의 운명은 공식에 의해 나온 운의 순위대로 추론을 하면 현실과는 전혀 맞지 않는 해석이 되어 많은 역학자들이 내심으로는 의심하곤 했다. 음기와 양기의 사주도 운의 순위가 바뀌지만 그것보다 더 많은 사주들이 지지구조에 걸려 운의 순위가 바뀌는 것을 필자 이외에는 그 누구도 몰랐으며, 왜 그런가조차도 찾으려고 하지 않았다.

그런데 그렇게 운의 순위가 바뀌는 것은 머리말에도 설명했듯이 지구의 판구조론 법칙에 의해 이루어진 것이다. 지구의 판구조론의 법칙이 사람에게까지 영향을 미친다는 것이 처음에는 황당하기만 했지만 지금은 당연히 그럴 수밖에 없다고 인정하지 않을 수가 없었다.

생각해보자. 우주 속에 태양계, 태양계 안에 지구, 지구 속에 사람, 이런 결과라서 예부터 사람은 우주와 같다고 하지 않았던가. 틀림없이 우주의 기운이 우리의 몸에 흐르고 있는 것은 사실이다.

그러나 우주는 너무 넓어 그 기운만 우리가 받아 태어나고 실질적인 우리의 삶에 영향력을 직접적으로 주고 있는 것은 큰 우주가 아니라 작은 지구다. 따라서 지구의 작은 변화도 우리에게는 엄청난 충격으로 다가올 수 있다.

지진, 화산폭발, 해일, 허리케인, 태풍 등 이루 헤아릴 수 없을 만큼 지구는 시시각각 변하고 움직이고 있다. 이 중에서 우리에게 가장 큰 피해를 주는 것은 바로 지진이다. 지진이란 지구의 판구조론에 의해 생기는 판의 움직임으로 인하여 지표면에 변화가 오는 것인데, 지표면 위에 살고 있는 우리에게 큰 영향력을 줄 수밖에 없는 상황이다.

보이지 않는 영향력을 우리에게 주고 있다는 것을 필자는 사주에서 발견해 그 사실을 이 세상에 처음으로 공개하는 것이다. 지구의 판구조론에 의해 지표면이 움직이는데, 우리에게 영향을 주는 종류가 세 가지로 나타나고 있다.

하나는 지지의 흐름에 따라서 우리의 삶을 맡기는 것이고, 하나는 우리 자신이 살 길을 찾아가는 것이며, 마지막 하나는 깔끔하지는 못하지만 그래도 지지의 흐름에 우리의 삶을 맡길 수밖에는 없는 것이 그것이다.

머리말을 다시 한번 읽어주기 바란다.

1) 두 개의 지지가 하나의 지지를 억제할 때

첫 번째로 소개하는 지지구조다. 이러한 지지구조가 현 사회에서는 가장 잘나고 멋진 지지구조다. 현 사회는 경쟁이 치열한 사회라서 남을 이기지 못하면 자신이 도태된다. 이런 사회에 살아 남고 성공하려면 이런 지지구조에 걸려 태어나야만 한다.

이 지지구조에는 두 가지 종류가 있는데 하나는 상생하는 구조, 다른 하나는 억제하는 구조가 그것이다. 상생하는 것과 억제하는 것으로 나누는데, 상생하는 구조가 억제하는 구조보다 조금은 사회에 적응을 잘한다고 생각하면 된다.

아래에 모형을 만들어 설명을 하고, 다음으로 필자가 상담한 실제의 사주를 가지고 설명하겠다.

[金星(금성)이 木星(목성)을]

금성이 사주 지지에서 두 개를 차지하여 목성을 억제하고 있을 때, 화성이 금성을 억제하고 목성을 구하는 경우이다.

시	일	월	년
水	木	水	土
木	金	火	金

234
21세기 新 개념의 역학!

우선 방정식을 대입하여 용, 희신을 뽑아보자. 금성이 2.0로 가장 강하여 목성이 피해를 보고 있다. 목성을 구하기 위한 오행으로는 화성과 수성인데 일간(1.4)이 신약이 아니므로 화성에게 부탁을 한다.(일차공식의 끝)

그러나 천간의 수성이 또 화성의 자유로운 활동을 방해하니 이차방정식까지 나가야 한다. 이차 구제오행은 토성과 목성이나 역시 신강이라 토성에게 부탁한다.(이차공식의 끝)

그러나 시지의 목성이 토성이 활동하고자 했을 때, 가만히 보고만 있을 리가 없으므로 삼차방정식까지 대입해야 하다. 목성이 토성을 억제할 때 금성과 화성이 구제의 오행. 그러나 그들이 식상과 관성이기에 신강과 신약으로 가릴 수 없어 사주 전체의 음양의 차이를 보아 선택하는 것이다.

여기서는 음(2.4)과 양(2.2)의 차이가 크지 않으므로 둘 중에서 수치가 강한 오행에게 토성을 구하라고 한다. 그 결과 화성보다 금성이 더 강하므로 일간은 금성에게 토성을 구하라고 부탁한다.(삼차공식의 끝)

그러나 이 역시 화성이 방해를 하고 나서니 사차방정식까지 나아간다. 사차 구제오행은 수성과 토성이 나오는데 일간은 신강이라서 토성에게 최종적으로 부탁하여 용신은 토성이고 희신은 금성이 된다.(사차공식의 끝)

따라서 방정식을 대입한 결과 좋은 대운의 순서는 토성의 운이 제

일 좋으며 금성의 운이 두 번째로 좋고 세 번째로 좋은 운은 수성이
되고 네 번째를 차지하는 운은 목성이며 마지막으로 안 좋은 운은 화
성이 된다.

그러나 앞서 말한 대로 지지를 보면 금성이 두 지지를 차지하며 한
지지인 목성을 억제하고 억제 당하고 있는 목성을 한 지지인 화성이
구제하고 있는 상황인지라 팽팽한 관계를 유지하고 있는 셈이다. 따
라서 그 틀을 깨뜨리기에는 어딘가 불안한 모습을 보인다고 할 수 있
다.

가만히 사주의 지지를 들어다 보아도 팽팽한 관계인지라 어디를
밟아도 무너지지 않을 것임을 느낄 수 있다. 강한 금성이 목성을 극하
고 있지만 화성이 목성의 편을 들어 강력한 금성과 대치하고 있는 형
국이니 말이다.

그런데 여기서 강력한 금성을 도와주는 운을 만난다면 팽팽한 관
계는 갑자기 무너지는 듯한 느낌이 들 것이다. 그렇다면 지지에서 구
제하고 있는 오행의 운이나 억제 당하고 있는 오행의 운을 만나야만
팽팽한 관계는 계속 이어지리라 본다.

그러기에 방정식에 의해 나온 용, 희신은 토성과 금성이지만 이 사
주에서 길한 운은 화성이며 그 다음으로는 목성이 차지하고 가장 나
쁜 운은 금성의 운이며 금성을 도와주는 토성의 운은 그 다음으로 나
쁘다고 할 수 있으며 나머지 하나 남은 수성의 운은 저절로 중간 정도
의 운이 되는 것이다.

사주팔자 (남)	시	일	월	년
	丙	丁	壬	己
	午	卯	申	酉

대 운	甲	乙	丙	丁	戊	己	庚	辛
	子	丑	寅	卯	辰	巳	午	未
	74	64	54	44	34	24	14	04

오행비율 金星:2.20 火星:1.20 木星:1.00
土星:0.20 水星:0.20

음양비율 음기:2.4 양기:2.2 중성:0.2

일주강약 2.20 (身强)

오신육친 용 신 : 金星   財星
희 신 : 土星   食傷
기 신 : 火星   比劫
구 신 : 木星   印星
한 신 : 水星   官星

격 국 財星保食傷格

체 질 財星(A)

종합 판단

방정식에 의해 나온 격국은 재성보식상격으로 금성과 토성이 길신임에는 틀림이 없다. 그에 따르면 금성의 운이 제일 좋아야 하고 토성의 운이 두 번째로 좋아야 하며 세 번째로는 길신과 친한 수성의 운이 차지하고 목성의 운이 네 번째를 화성의 운이 가장 나쁜 것으로 나온다.

그렇게 본다면 초반 대운인 화성의 운은 제일 나쁘며 중반 이후 목성의 운도 좋다고 볼 수는 전혀 없다. 그런데 이 친구의 실제의 삶은 그렇지 않았는데 문제가 있다.

그러기에 이 친구의 형이 역학자이면서도 동생의 운명을 예측할 수 없었기에 필자를 찾아왔었고 끝내는 필자의 제자가 되었다. 형의 말에 의하면 많은 역학자들이 동생의 사주만 보고 난 후와 현실의 삶을 듣고 난 후의 말이 다르다는 것이었는데 굳이 변명하자면 신강일까 신약일까로만 의견이 분분했지 왜 그런가를 전혀 알아내지 못했다고 한다.

형이 보기에도 동생의 성격이나 행동은 재성과 식상으로 나타난다는 것이었으니 방정식에 오류가 있었다는 것은 아니나 동생의 사주에서 지지가 특수한 구조로 이루어졌기에 운의 순위가 달라지는 것을 몰랐기 때문이었다.

방정식대로의 운을 보면 아주 나쁜 운을 맞이하고 있다고 앞서 말한바 있다. 그러나 실제의 삶에서는 동생이 너무 잘 나가고 있는 것이 아닌가? 어려운 환경에서 태어나기는 마찬가지인데 동생은 어린 나이에 나이트클럽을 몇 개씩이나 운영하고 있다니 말이다.

그리고 더욱 극명하게 알아볼 수 있는 것은 세운인데 癸酉년(93년)이면 금성의 시기. 이 시기면 용신의 운인데 이상하게도 법을 위반하여 한달간 감옥살이를 했으며 벌금도 많이 냈으며(측근의 말에 의하면 한달이라는 기간도 신기하다고 할 정도라니 얼마나 큰 죄인지는 모르겠다.) 丙子년(96년)에는 나이트클럽 하나를 문 닫았다고 한다.

왜 길신의 운인데 그런 일들이 벌어지고 말았는가? 바로 지지가 특수한 구조로 이루어졌기 때문이다. 즉 금성이 두 지지를 차지하고 목성을 억제하는데 화성이 구제하고 있는 형상이기에 절대로 그 틀을 깨지 말아야 했었다.

그런데 지지의 구조를 이루고 있는 卯 목성을 酉년에 금성이 충하였기에 문제가 발생했으며 子년 역시 지지에서 구제의 역할을 하는 午 화성을 충하기에 손해를 보았다고 할 수 있다.

단지 집안이 흔들릴 만큼 충격이 오지 않았음은 대운의 흐름이 좋았기에 그 흐름의 상태에서 세운이 나빴다는 것이라 사소하게 스치듯이 지나간 것이라 생각하면 된다.

그렇다면 흉신의 운일지라도 지지에서 특수한 구조의 핵심을 이루고 있는 화성과 목성의 대운이 가장 좋은 것이며 용, 희신의 운일지라도 지지에서 그 틀을 깨는 운이라면 가장 나쁘다고 할 수 있음을 이 사주에서 확연히 느낄 수 있는 것이다.

이렇게 사주의 지지가 특수하게 짜여져 있다면 어떠한 오행이 용, 희신으로 나올지라도 지지의 구조에 거슬리는 오행의 운을 만나서는 불행하기 짝이 없는 것이다.

위의 사주에서는 강한 금성을 화성이 억제하려는 구조였으므로 무엇인가는 강인한 느낌을 받을 수 있으나 아래와 같이 억제하지 않고 상생하려는 구조라면 그런 강인한 느낌을 받지 않을 것이다.

금성이 지지에서 두 지지를 차지하여 목성을 억제하고 있을 때 수성이 금성을 설기해서 목성을 구하는 경우이다.

시	일	월	년
火	木	土	水
水	金	金	木

여기서도 금성(2.2)이 강하여 목성(1)이 피해보고 있는데 구제오행으로는 화성과 수성이다. 신강이므로 화성에게 금성을 억제하고 목성을 구하라고 일간은 부탁한다.(일차공식의 끝)

하지만 수성이 화성의 활동을 방해하니 또 한 번의 공식을 대입해야 한다. 수성의 억제를 막기위한 오행으로는 목성과 토성인데 신강이므로 여기서도 토성에게 일간은 부탁한다.(이차공식의 끝)

그러나 이 역시 목성이 방해를 하므로 삼차방정식까지 나아가야 한다. 삼차 구제오행은 금성과 화성. 그런데 그들은 식상과 관성이므로 사주 전체의 음양의 차이를 따져보아 찾아야 한다.

여기서는 양기(1.2)가 음기(3.4)보다 훨씬 부족하므로 양기인 화성에게 목성을 막아 토성을 구하고 일간의 기운도 빼가라며 삼차 구제오행으로 잡는다.(삼차공식의 끝)

이로서 공식은 끝나고 공식대로라면 용신인 화성의 운이 제일 좋으며 희신인 토성의 운이 두 번째로 좋고 나머지는 지지의 길신을 보고 정해야 하나 지지에 길신이 없으니 천간의 길신들을 보면서 순위를 정해야 된다.

화성이나 토성을 생하는 목성의 운이 세 번째를 차지하고 그 목성을 생하는 수성의 운이 네 번째를 차지하며 금성의 운이 제일 나쁜 것이 되는 것이다.

그러나 위에 말 한대로 지지의 구조가 금성이 목성을 억제하고 있는 것을 수성이 잘 막고 있으므로 운에서는 그 흐름을 깨는 것은 바람직하지 않다는 것이다.

사주의 약 84%을 차지하고 있는 지지가 아주 강한 구조로 틀을 갖추고 있기에 그 틀을 깨면 안정이 깨지기 때문이다.

그래서 지지에서 안정적인 역할을 하고 있는 수성의 운이 제일로 좋은 것으로 변하며 피해를 당하고 있는 목성의 운이 두 번째로 좋고 억제의 역할을 하는 금성의 운은 제일 안 좋은 것이다.

그리고 금성을 생하는 토성의 운은 당연히 그 다음으로 나쁜 것이니 네 번째를 차지할 것이고 나머지 하나 남은 화성의 운이 세 번째를 차지하게 된다.

앞서 설명한 구조와 지금의 구조를 비교하면 상당히 다른 느낌을 받을 것이다. 즉 억제하고 있는 구조보다는 지금처럼 상생하고 있는 구조가 조금은 부드러운 느낌을 준다는 것이다. 그래서 격국의 크기를 정할 때도 억제하는 구조보다는 상생하는 구조가 더 높은 점수를 받아 복과 덕이 커진다는 것을 알 수 있다.

사주팔자	시	일	월	년
(남)	乙	戊	丁	丙
	卯	子	酉	申

대 운	乙	甲	癸	壬	辛	庚	己	戊
	巳	辰	卯	寅	丑	子	亥	戌
	77	67	57	47	37	27	17	07

오행비율   金星:2.20 木星:1.20 水星:1.00
　　　　　　火星:0.40 土星:0.00

음양비율   음기:3.2 양기:1.6 중성:0

일주강약   0.40 (身弱)

오신육친   용 신 : 木星   官星 (가용신)
　　　　　　희 신 : 火星   印星
　　　　　　기 신 : 金星   食傷
　　　　　　구 신 : 水星   財星
　　　　　　한 신 : 土星   比劫 (진용신)

격　　국   官星生印星格

체　　질   食傷(A)

종합 판단

　　이 사주는 관성생인성격에 진용신이 비겁. 따라서 운의 순위를 정
할 때 진용신인 토성의 운이 1등을 차지하고 희신인 화성의 운이 2등

이며 가용신인 목성의 운이 3등이고 지지의 길신인 목성을 생하는 수성의 운이 4등이며 마지막 남은 금성의 운이 5등을 차지한다.

그렇다면 대운의 흐름은 5등에서 출발하여 4등으로 가다가 나중에는 3등으로 가는 큰 기복이 없는 운세이다. 더구나 격국이 관성생인 성격이라 과감하게 자신의 사업을 하기에는 어딘가 어울리지 않음을 느낄 수 있다.

그런데 이 친구는 출판사와 벤처기업을 운영하고 있으며 다른 벤처기업에 투자까지 하고 있다. 이 친구는 98년인가 필자가 역학서적을 출판하려 할 때 만났던 사람으로 나름대로 성공했다고 자부하고 있었다.

따라서 공식대로의 운대로라면 그렇게 비약적인 발전은 하지 못할 것이라 여겨지나 지지가 특수한 상태로 이루어졌기에 운의 순위가 달라졌고 좋은 운의 흐름을 탔기에 짧은 시간에 가능한 일이었다고 할 수 있다.

사주를 보자. 두 지지를 차지하고 있는 금성이 하나의 지지인 목성을 억제하고 있을 때 하나의 지지인 子 수성이 지지의 卯 목성을 구하고 있는 것이 아닌가? 그렇다면 그 흐름을 깨기보다는 그 흐름에 순응하는 것이 일간은 피해를 보지 않는 유일한 방법이라는 거다.

그래서 목성을 구제하고 있는 수성의 운이 제일 좋은 것이 되며 피해보고 있는 목성의 운이 두 번째로 좋으며 가장 나쁜 운은 지지에서 강력하게 억제하고 있는 금성의 운이며 그 금성을 돕고 있는 토성의 운이 네 번째이며 나머지 하나 남은 화성의 운이 세 번째를 차지하고 있는 것이다.

그래서 이 사람은 초반 戊戌대운만 5등으로 흐르다가 졸지에 제일 좋은 수성의 운을 만나면서 자신의 소망을 하나 둘씩 이루어가고 있었던 것임을 알 수 있다.

따라서 특수한 지지구조라는 것이 우리에게 미치는 영향이 얼마나 큰 것임을 이 친구의 운명을 보면서 다시 한번 느낄 수 있었으니 공식대로 나온 운만을 가지고 전체의 흐름을 보아서는 커다란 우를 범할 수 있음을 다시 한번 확인할 수 있었다.

水星(수성)이 火星(화성)을

수성이 두 지지를 차지하여 화성을 억제하고 있을 때 토성이 구제의 오행으로 나오는 경우이다.

시	일	월	년
金	火	木	火
水	水	土	火

일간을 도와주는 수치(목성+화성)의 합은 1.4로 신강이다. 그리고 음양의 차이가 1.10 이하라고 생각하고 방정식에 들어가자.

수성의 수치가 2.0으로 가장 강하여 화성이 피해를 보니 구제의 오행은 목성과 토성이다. 일간이 신강이므로 토성에게 화성을 구하라고 부탁을 한다.(일차공식의 끝)

그러나 월간의 목성이 바로 밑의 토성을 방해하므로 또 한번의 방정식을 대입해야 한다. 이차 구제오행으로 금성과 화성이나 신강이므로 금성에게 부탁한다.(이차공식의 끝)

그런데 화성의 공격에 금성은 일간에게 구원을 요청하기에 또 한번의 공식을 대입한다. 화성이 금성을 억제할 때 구제오행은 수성과 토성이지만 음양의 차이가 없기 때문에 수치가 강한 수성에게 부탁하는 것이 효과적일 것이다.(삼차공식의 끝)

그러나 월지의 토성이 가만이 있겠는가? 당연히 수성의 활동을 방해하고자 할 것이다. 그렇기에 사차방정식까지 대입하지 않을 수 없다. 사차 구제오행은 목성과 금성이나 신강이기에 당연히 금성에게 수성을 구하라고 하면서 공식은 끝난다.(사차공식의 끝)

공식대로라면 마지막 구제오행인 금성의 운이 제일 좋을 것이며 구제를 받은 수성의 운이 두 번째로 좋으며 지지의 길신인 수성과 친한 목성의 운이 세 번째로 좋고 나머지 화성과 토성은 지지의 길신인 수성과 상극관계지만 수성이 억제 당하는 것보다는 억제하는 화성의 운이 네 번째이며 수성을 억제하는 토성의 운이 제일 나쁘다.

그러나 이 사주 역시 지지가 특수하게 걸린 구조라는 것을 잊어서는 안 된다. 특수한 구조라면 그 흐름을 깨서는 좋아질 수 없기에 말이다.

수성이 두 지지를 차지하여 한 지지인 화성을 억제하고 있을 때 다른 지지에서 그것을 강력하게 막아주고 있는 토성이 있는 관계로 팽팽한 맛을 느낄 수 있는 사주이다.

그렇다면 공식에서 가장 안 좋은 토성의 운이 오히려 제일 좋은 운으로 변하며 지지에서 수성에게 억제 당하고 있는 화성의 운이 두 번째로 좋아진다. 그리고 가장 나쁜 운은 지지에서 강력하게 억제하고 있는 수성의 운이며 그 오행을 생하는 금성의 운이 그 다음으로 나쁘며 하나 남은 목성의 운은 자연히 세 번째를 차지하게 된다.

이렇듯 지지가 특수하게 구성되어 있다면 용, 희신과 관계없이 지지에서 구제하고 피해보고 있는 오행의 운으로 흘러야만 나빠지지 않고 자신의 소망을 이룰 수 있다는 것을 잊지 말자.

단, 하나 더 알아두어야 할 것이 있다. 수성이 화성을 억제하고 있고 토성이 구제하고 있는 지지구조에 적용되는 경우인데 토성에는 辰 戌 丑 未가 있으며 이 중에서 가장 좋은 구조를 따진다면 당연히 화성과 가까운 未 토성이 좋은 것이며 그 다음으로는 중성이지만 양기인 辰 토성이 좋으며 세 번째로는 음기지만 중성인 戌 토성이 좋다.

그리고 丑은 토성이지만 기운(차가움)이 수성과 같다고 화성을 구하지 않겠지라고 생각하면 안 된다. 우리가 피해를 보고 있는 화성의 입장이 되어보자. 코너에 몰려 심하게 얻어맞고 있는 모양을 하고 있는 화성이다.

그러한 화성이 물, 불을 가리겠는가? 丑도 엄연히 토성이기에 화성은 구조의 손길을 내민다. 그 丑이라는 토성이 수성과 친할지라도 말이다. 따라서 구조에 걸리는 것은 틀림이 없지만 질적인 면에서 다른 토성들이 수성을 억제하는 것보다는 사주의 크기에서 떨어짐은 어쩔 수 없는 것이다.

<table>
<tr><td>사주팔자
(남)</td><td colspan="2">시
甲
午</td><td colspan="2">일
丙
戌</td><td colspan="2">월
甲
子</td><td colspan="2">년
戊
子</td></tr>
</table>

대 운	壬	辛	庚	己	戊	丁	丙	乙
	申	未	午	巳	辰	卯	寅	丑
	73	63	53	43	33	23	13	03

오행비율   水星:2.20 火星:1.00 土星:0.70
　　　　　　金星:0.50 木星:0.40

음양비율   음기:2.7   양기:1.4   중성:0.7

일주강약   1.40 (身强)

오신육친   용 신 : 火星   比劫 (가용신)
　　　　　　희 신 : 土星   食傷
　　　　　　기 신 : 水星   官星
　　　　　　구 신 : 木星   印星
　　　　　　한 신 : 金星   財星 (진용신)

격   국   比劫生食傷格

체   질   官星(A)

종합 판단

이 사주는 진, 가용신이 나오는 사주로서 진용신이 금성이기에 당연히 금성의 운이 제일 좋은 것으로 나와야 하며, 그 다음으로는 희신인 토성의 운이 두 번째로 좋고 세 번째로 좋은 운은 가용신인 화성의 운이 차지하게 된다.

그런 흐름으로 운을 비교해보면 이 분이 활동할 수 있을 때까지는 아무리 좋아도 3등의 운에서 끝나고 만다. 그렇다면 필자에게 온 시기가 10여년 전이었으니 40대 중반이었다.

그 당시 이 분은 모 신문사에 논설위원으로 활동하고 있으면서 정치에 입문하고자 한참 애쓰고 있었던 것으로 필자는 기억한다. 공식대로 4등의 운에서 3등의 운으로 넘어가는 시점에 그러한 위치에 오르는 것은 쉽지가 않을 것이다.

그런데 이 사주 역시 지지가 양분되어 있으면서도 어떠한 틀을 이루고 있었기에 운의 순위는 공식과 관계없이 달라지고 있다. 즉 지지에서 수성이 두 지지를 차지하여 한 지지를 차지하고 있는 화성을 강력하게 억제하는 있는 형상인데 한 지지에서 戌이라는 토성이 강력한 수성을 막고 있으므로 그 흐름을 깨지 말라는 거다.

그러기에 공식의 운과는 상관없이 지지에서 구제의 역할을 하는 토성의 운이 제일 좋은 것이 되고 피해를 보고 있는 화성의 운이 두 번째로 좋은 것이며 가장 힘이 강한 수성의 운이 제일 나쁜 것으로 되어 있다.

그리고 수성을 돕는 금성의 운이 네 번째로 나쁘며 하나 남은 목성의 운이 세 번째를 차지한다.

그렇기에 이 분은 戊辰 대운이 3등에서 2등으로 올라가는 시기라서 두각을 내다가 己巳 대운이 시작되자 자신의 야망을 드러내기 시작한 것이었고 그 시기가 묘하게도 김영삼 문민정부가 들어서고 얼마 안 있다가 자신이 장관 자리에 오를 수 있을까 고민한 적이 있었기 때문에 필자는 이 분을 아직도 기억하고 있다.

아마 지금은 연락이 두절되어 현재 무엇을 하는지는 모르지만 현재의 대운이 가장 좋은 시기에 있으므로 나름대로 열심히 맡은 바 책임 아래 일을 잘하고 있으리라 믿는다.

여기서 우리가 주목할 점은 지지에서 화성을 구하는 토성이 있지만 戌이라는 토성은 금성의 기운을 지녔기에 화성의 기운을 지녔던 未 토성보다는 격의 크기에서 조금 떨어진다는 말이 된다.

만약 戌이 아니고 未라는 토성이라면 현재보다 더 나은 삶과 좋은 자리를 차지하여 아주 쉽게 이 분의 소망이 성취될 수 있지 않았을까(?)라는 아쉬움이 남는다.

아마 지금도 이 분은 무엇인가는 더 높은 곳을 향하여 계속해서 노력하고 있는 것만은 틀림이 없을 것이다. 소식은 알 수 없지만 진정 잘되시기를 진정 바란다.

이렇듯 지지구조에 걸렸다 하더라도 어느 것이 더 좋고 덜함이 있음을 알아야 한다. 무조건적으로 지지구조에 걸리면 좋다는 고정관념은 털어버리기 바라며 실제의 감정에 들어가서는 아주 세심하고 주의 깊게 살펴서 같은 구조라 할지라도 어느 구조가 더 좋은가 덜한가를 면밀하게 파악하여 추론에 들어가야만 실수가 적어진다는 것이다.

수성이 두 지지를 차지하여 화성을 억제하고 있을 때 목성이 구제의 오행으로 나오는 경우이다.

시	일	월	년
火	木	土	水
火	水	木	水

수성이 강하여 화성이 피해. 구제오행으로는 목성과 토성. 신강이므로 토성으로 구제를 시킨다.(일차공식의 끝)

그러나 지지의 목성이 토성의 활동을 방해하니 이차공식까지 대입해야 한다. 목성이 토성을 방해할 때 구제오행은 화성과 금성. 어느 것을 사용해도 신강약으로는 구별할 수 없으나 이 사주에서는 금성이 없으므로 화성에게 토성을 구하라고 한다.(이차공식의 끝)

공식은 여기서 끝이 나니 용신은 화성이고 희신은 토성이 되므로 제일로 좋은 운은 화성이 되고 두 번째로 좋은 운은 토성의 운이 된다. 나머지 세 번째, 네 번째, 그리고 다섯 번째는 사주 원국의 길신을 보고 결정하면 된다.

길신이 화성과 토성이 되지만 지지에 있는 길신은 화성밖에 없으므로 화성을 생하는 운은 목성이 세 번째로 좋으며 그 목성을 생하는 운인 수성의 운이 네 번째를 차지하고 하나 남은 금성의 운이 맨 꼴찌이다.

그러나 이 사주 역시 지지가 특수한 구조를 이루고 있기에 공식에 의해 정해진 운의 순위대로 했다가는 현실과 동떨어진 해석을 해 오류를 범할 수 있다. 따라서 지지가 특수하다면 어느 구조로 이루어졌는가를 먼저 살펴보자.

두 지지를 차지한 강력한 수성이 화성을 억제하고 있을 때 하나의 지지에 있는 목성이 화성을 구제하고 있는 상황이다. 그렇다면 공식에 의해서 나온 그 어떠한 것이 있더라도 지지에서 균형을 맞추고 있는 상태를 깨뜨려서는 안 된다.

안정을 해치지 않은 범위 안에서 대운을 만나는 것이 필요하므로 구제의 역할을 하는 목성의 운이 제일로 좋고 피해를 당하고 있는 화성의 운이 두 번째로 좋으며 억제하고 있는 수성의 운이 제일로 나쁘며 수성을 생하는 금성의 운이 그 다음으로 나쁘고 나머지 남은 토성의 운이 세 번째를 차지한다는 것이다.

사주팔자 (여)	시 戊 午	일 戊 寅	월 甲 子	년 癸 亥

대 운	壬 申	辛 未	庚 午	己 巳	戊 辰	丁 卯	丙 寅	乙 丑
	77	67	57	47	37	27	17	07

오행비율 水星:2.40 木星:1.20 火星:1.00
土星:0.20 金星:0.00

음양비율	음기:2.4	양기:2.2	중성:0.2

일주강약　1.20 (身弱)

오신육친　용 신 : 火星 印星
　　　　　희 신 : 土星 比劫
　　　　　기 신 : 水星 財星
　　　　　구 신 : 木星 官星
　　　　　한 신 : 金星 食傷

격　　　국　印星生比劫格

체　　　질　財星(B)

종합 판단

이 아이는 필자가 중학교 때부터 관찰하고 있었던 사주였다. 지금은 아이라고 하면 안될 나이가 되었지만 말이다. 금년(2001년)에 대입을 앞두고 있으니 참으로 세월도 빠르다는 생각이 든다.

특히 부모들이 이 학생에게 신경을 쓰는 이유는 언니가 일찍 하늘나라로 갔기에 부모들은 하나 남은 딸에게 더욱 더 신경을 썼던 것 같다. 아빠보다는 엄마의 고민은 더했는데 혹시나 언니를 잃은 충격으로 이 아이가 빗나가지는 않을까에서부터 학교에서 혹시 왕따를 당하지 않을까 등 엄청 고민만 하면서 오늘날까지 왔다.

필자가 항상 하는 말은 "절대로 왕따도 안 당하고 이상한 짓을 할 아이도 아니다."라고 엄마에게 누누이 설명했지만 부모의 마음은 그렇지가 않은가 보다. 늘 아이 때문에 밤잠을 설친다고 하니 말이다.

그래도 그런 내 말은 자신을 달래주려는 위로의 차원의 말이라고 생각했는지 올 때마다 딸의 앞날을 걱정하고 한숨을 쉬는 것이다. 오죽하면 98년 초에 직접 딸을 데리고 왔으니까 말이다.

필자와 이 아이는 허심탄회하게 얘기를 주고 받았고 부모에게 못할 말을 다 털어놓았으며 미래의 계획은 이렇다는 것에서부터 현재의 답답한 마음까지 솔직하게 필자에게 하는 것이었다.

얘기를 다 듣고 훗날 네가 그러한 계획을 가지고 있다면 지금 어떻게 해야 하는지 그리고 현재의 몸무게보다 살은 좀 **빼야** 하고 싶은 것을 다 할 수 있지 않은가 그리고 지금은 학생신분이니까 무엇을 해야만 하는가 등 엄마에게 못할 말도 아이에게는 다 했다. 그리고 약속까지 했었다. 필자와

어느 덧 2001년 올해가 고등학교 3학년. 엄마가 와서 하는 말이 딸이 이상해졌다는 거다. 책을 가까이 안 하던 딸이 밤늦도록 공부도 하고 점심을 굶는지는 모르지만 점심 값을 한푼 두푼 모아서 다시 엄마에게 준다는 것이며 점수가 잘 안 나왔다며 소리없이 제 방에서 울기에 들어가 보았더니 책상이고 방바닥이고 온통 눈물바다를 이루고 있었다고 한다.

그럼 이 아이의 사주를 살펴보자. 공식대로라면 화성이 1등의 운이고 토성이 2등의 운이며 지지에 길신이 화성이기에 화성을 생하는 목성이 3등이며 3등의 오행이 지지에 있기에 그것을 생하는 수성의 운

이 4등을 차지하고 나머지 금성의 운이 5등이다.

　그렇다면 乙丑대운까지는 4등에서 丙寅대운 이후 3등이 되니 그리 큰 차이점을 발견할 수가 없어 밋밋한 흐름을 탈 수밖에는 없는 것이나 이 학생이 이렇게 자신을 재발견하고 무엇인가 부모에게 도움을 주려고 하는 모습은 커다란 어떠한 계기가 있지 않으면 안 된다고 필자는 보았다.

　그것은 지지가 특수한 구조로 이루어졌기에 운의 순위가 바뀌었기 때문이다. 지지에서 화성을 구하는 목성의 운이 제일 좋으며 구제를 받고 있는 화성의 운이 두 번째로 좋고 강력하게 억제하고 있는 수성의 운이 제일로 나쁘며 수성을 생하는 금성의 운이 그 다음으로 나쁘며 나머지 남은 토성의 운은 자연히 세 번째로 좋은 운이 된다.

　그러므로 이 학생의 운은 5등에서 급격하게 1등으로 올라서기에 중학교 때 방황하던 모습에서 갑자기 벗어나 자신이 무엇을 해야만 하는지 그리고 부모에게 효도해야 하고 자신의 목표가 무엇인지 등을 찾았기에 스스로 공부하고자 그렇게 애를 쓰고 있는 것이라 필자는 본다.

　물론 세운의 영향도 무시할 수는 없지만 대운의 영향이 80%을 차지하고 있기에 이렇게 크게 변하고 있다고 볼 수 있다. 따라서 올해 대학은 무난히 갈 수 있으리라 보는데 엄마는 염려가 되는데 자꾸만 물어본다. 어느 대학이면 무난히 갈 수 있겠느냐고 말이다.

[火星(화성)이 金星(금성)을]

이번에는 화성이 두 지지를 차지하여 금성을 억제하고 있을 때 토성이 구제의 오행으로 나오는 경우이다.

	시	일	월	년
	木	木	土	水
	火	金	火	土

먼저 공식에 대입해보자. 화성이 강하여 금성이 피해를 보고 있으므로 구제의 오행으로는 수성과 토성이 필요하다. 일간이 신약이라서 토성보다는 수성에게 금성을 보호하라고 부탁했다.(일차공식의 끝)

그러나 토성이 수성의 활동을 방해하려고 하니 또 한 번의 공식을 대입해야 한다. 수성을 구제하기 위해서 금성과 목성이 있어야 하며 일간이 신약이기에 목성에게 수성을 구하라고 명령을 내린다.(이차공식의 끝)

이 역시 금성이 방해하니 삼차공식까지 대입한다. 금성이 목성을 억제할 때 수성과 화성이 필요한데 신약이라서 당연히 수성에게 일을 맡기면서 공식은 끝난다.(삼차공식의 끝)

따라서 용신은 수성이고 희신은 목성인지라 제일로 좋은 운은 수성의 운이며 두 번째로 좋은 운은 목성의 운이라 하며 길신을 생하거나 친한 오행이 그 다음을 차지하나 이 사주는 지지에 길신이 없으므로 천간을 보고 잡을 수밖에는 없다.

화성과 금성과 토성 중에서 길신(수성과 목성)을 생하는 운은 금성의 운이니 세 번째로 좋으며 그 금성을 생하는 토성의 운이 네 번째로 좋은 것이다.(금성이 사주에 있기에) 그러면 나머지 하나 화성의 운이 제일 나쁜 것이 되고 만다.

여기까지가 공식에 의한 운의 순서지만 지지가 어떠한 틀을 이루고 있기에 용, 희신의 대운보다 그 흐름을 깨지 않는 운 쪽으로 흘러야 좋아진다는 거다.

따라서 현재 지지에서 화성의 공격을 받고 있는 금성을 구제하고 있는 토성의 운이 제일 좋으며 피해를 보고 있는 금성의 운이 두 번째로 좋고 지지에서 막강한 힘을 발휘하고 있는 화성의 운이 제일 싫다. 그리고 화성을 도와주는 목성의 운이 그 다음으로 나쁘며 나머지 하나 남은 수성의 운은 세 번째를 차지하게 된다.

여기서 이러한 의문이 생기는 것이 있다. 토성에는 辰 戌 丑 未가 있는데 그 중에서 화성과 친한 토성 즉 未만 있다면 과연 피해를 보고 있는 금성이 그에게 구원의 손길을 뻗칠 것인가?

만약 구원의 손길을 뻗친다면 특수한 구조에 걸리는 것이고 화성과 친하기에 구원의 손길을 뻗치지 않는다면 일반적인 공식에 따라 운의 순위를 나열해야 한다.

이러한 말도 있지 않은가? 사람이 위험에 빠지면 지푸라기라도 잡으며 자신이 살기 위해서는 적과의 동침도 한다고 말이다. 그렇다. 위험에 빠진 금성은 未라는 토성이 화성과 가까운 토성인지 아닌지를 파악할 시간도 없으며 여유도 없다.

그저 未도 토성이니까 날(금성) 구할 수 있겠지라는 생각뿐이다. 따라서 구제하는 토성이 未라고 해도 특수한 지지구조에 걸린다고 본다. 그렇다면 가장 금성에게 좋은 토성은 누구일까?

당연히 가장 차가운 기운을 지닌 토성 즉 丑이며 그 다음으로는 같은 기운을 지닌 戌 토성이며 辰이나 未는 금성과 친하지는 않지만 굳이 구분한다면 화성의 기운을 지닌 未보다는 목성의 기운을 지닌 辰 토성이 조금은 낫다고 볼 수 있다.

나이도 많지는 않지만 너무나 기가 막힌 삶을 산 운명의 소유자를 예를 들어 설명하겠다. 어쩜 그럴 수가 있을까(?)라고 의혹이나 의심에 찬 시각으로 바라볼 수도 있으나 실제의 삶이니 만큼 보태지도 빼지도 않고 다 털어놓겠다.

사주팔자 (여)	시 辛 未	일 甲 申	월 癸 巳	년 丙 午

대 운	乙 酉 76	丙 戌 66	丁 亥 56	戊 子 46	己 丑 36	庚 寅 26	辛 卯 16	壬 辰 06

오행비율   火星:3.10 金星:1.20 土星:0.30
          水星:0.20 木星:0.00

음양비율   음기:1.4   양기:3.4   중성:0

일주강약   0.20 (身弱)

오신육친   용 신 : 金星   官星 (가용신)
          희 신 : 水星   印星
          기 신 : 火星   食傷
          구 신 : 土星   財星
          한 신 : 木星   比劫 (진용신)

격   국   官星生印星格

체   질   食傷(B)

종합 판단

이 여성은 39세가 될 때까지 한번도 자신의 뜻대로 살아온 적이 없는 사람이다. 어찌 보면 한 맺힌 삶과 타인에 의해 반평생을 살아온 사연 많은 운명의 주인공이다. 어째서 그렇게 힘든 삶의 연속이었을까?

공식대로라면 진, 가용신이 나오는 운명으로서 진용신인 목성의 운이 제일 좋으며 희신인 수성의 운이 그 다음으로 좋고 가용신은 금성의 운이 세 번째로 좋다.

만약 공식대로의 운이 맞다면 태어나서 庚寅대운인 35세까지는 제일 좋은 운을 만났으며 지금도 두 번째로 좋은 운을 만나고 있으므로 한이 많으니 타인에 의한 생을 살았다는 등의 파란만장한 생을 살 리는 없다는 것이다.

그러나 어쩐 일로 그렇게 힘든 삶을 살아야만 했을까? 그 해답은 바로 지지구조에서 찾을 수 있는 것이다. 년지와 월지의 화성이 일지의 申 금성을 강력하게 억제하기에 무엇보다 지지에서 피해를 보고 있는 금성을 구하려는데 일간은 혈안이 되어 있다.

그 구제의 역학을 바로 시지의 未라는 토성이 하고 있기에 공식에 의해 나온 길신(목성과 수성)들의 운으로 흘러서는 안되고 지지의 특수한 구조에 맞게 운이 흘러야만 행복해진다는 결론이다.

따라서 지지에서 구제의 역할을 하고 있는 토성의 운이 제일 좋은 것이며 그 다음으로는 구제를 받고 있는 금성의 운이 두 번째로 좋다. 세 번째로 좋은 운은 화성을 억제할 수 있는 수성의 운이며 네 번째로는 강한 화성을 도와주고 있는 목성의 운이며 제일로 나쁜 운은 지지에서 억제하고 있는 화성의 운인 것이다.

그러기에 이 여인의 대운을 다시 살펴보면 태어나서 庚寅대운까지가 4등의 운으로 흐르다가 己丑대운 이후 3등의 운으로 흐르고 있음을 알 수가 있다. 즉 어릴 때부터 힘든 길을 걸어왔음을 느낄 수 있다.

그래서 그런지 이 여인은 고등학교를 졸업한 뒤 바로 다음 해인 20살(85년)에 남자에게 납치 당하여 시골로 끌려갔다고 한다. 도망 나오려고 애를 썼으나 끝내는 불발에 그치고 결국에는 아이 둘을 낳으며 살았다고 한다.

아이 둘을 낳았으니 남편이 마음이 놓였는지 시골에서 서울로 이사하였으나 남편의 돈벌이가 시원치 않자 친정집에서 돈을 끌어다가 다방을 했다고 한다. 그러나 경험이 없는 탓에 투자한 돈의 전부를 날리고 끝내는 남편과 이혼을 하고 말았던 것이었다.(95년)

이혼하여 혼자 살다가 다시 본인의 마음과 관계없이 아이 둘이 있는 남자와 같이 살게 되었고 딸까지 낳았으나 얼마 안되어 그 남편마저 사망하게 되있고, 홀로 아이들 셋을 키우려고 애쓰다 결국에는 아이들 엄마에게 둘을 넘겨주고 지금까지 딸만 데리고 닥치는 대로 일을 하면서 살고 있는 운명이다.

만약 이 여인의 사주가 특수한 지지구조가 아니라면 이런 고생을 하겠는가? 길신들의 운인데 말이다. 그러나 지지구조에 걸린 사주이기에 길신들의 운과는 관계없이 구조에 걸린 운으로 보아야 한다는 것을 실제의 삶에서 직접 느낄 수 있는 것이다.

그래서 한도 많고 죽고 싶을 만큼 어려운 삶을 살고 있으나 현실이 그러한 것을 어찌하겠는가? 많지 않은 나이이며 자신의 의지대로 살 수 있는 21세기인데도 마치 한 많은 어머니의 삶을 보는 것 같아 안타깝기만 하다.

만약 지지구조에 걸렸다 하더라도 未라는 토성이 아니고 丑이나 戌이라는 토성이 있어 지지구조에 걸렸다면 위와 같은 최악의 삶과는 다른 차원의 삶을 살 수 있지 않았을까(?)라는 아쉬움이 남는 운명이다.

화성이 두 지지를 차지하여 금성을 억제하고 있을 때 수성이 구제의 오행으로 나오는 경우이다.

```
시   일   월   년
水   木   土   水
金   水   火   火
```

화성이 강해 금성이 피해를 보고 있는 사주이다. 금성을 구제하기 위한 오행은 수성과 토성인데 일간이 신강이므로 토성에게 부탁을 한다.(일차공식의 끝).

그리고 토성을 극하는 목성이 없으므로 공식은 끝이 나니 용신은 토성이고 희신은 금성이다. 그러면 공식에 의한 제일 좋은 운은 용신인 토성의 운이 되며 두 번째로는 희신인 금성의 운이 차지하며 세 번째로는 길신(금성)을 생하거나 친한 오행인데 여기서는 수성의 운이 차지하며 네 번째로는 길신이 극하는 목성의 운이며 마지막으로 나쁜 운은 길신을 억제하는 화성의 운이다.

그러나 지지는 화성이 두 지지를 차지하여 금성을 억누르고 있는데 수성이 한 지지를 차지하여 화성의 공격을 막아내고 있으므로 안정된 틀을 이루고 있다. 그 틀을 깨지 않는 대운을 만나야지 공식에 의한 운으로 등위를 매겨서는 절대로 맞지가 않는다.

그래서 지지에서 구제의 역할을 하는 수성의 운이 제일 좋은 것이며 피해를 당하고 있는 금성의 운이 두 번째로 좋고 토성의 운이 세 번째로 좋다.

가장 강력하게 억제하는 화성의 운이 가장 나쁜 것이며 그 오행을 생하는 목성의 운이 그 다음으로 나쁘다.

이렇듯 지지에서 안정을 이루고 있으면 여타 오행의 일간들도 위와 같이 용, 희신과는 다르게 혹은 같을 수도 있지만 지지의 안정을 해치지 않는 쪽으로 흘러야만 좋아질 수 있다는 거다.

그렇지 않고 오로지 용, 희신의 운만 좋다고 고집한다면 이는 참으로 어리석고 안타까운 일인 것은 말할 것도 없지만 한 사람의 운명을 망쳐 놓을 수도 있다는 점이 더 무서운 것이다.

아래의 예를 보자.

사주팔자 (여)	시	일	월	년
	壬	庚	丁	戊
	午	子	巳	申

대 운	己	庚	辛	壬	癸	甲	乙	丙
	酉	戌	亥	子	丑	寅	卯	辰
	78	68	58	48	38	28	18	08

오행비율　火星:2.40　水星:1.20　金星:1.00
　　　　　土星:0.20　木星:0.00

음양비율　음기:2.2　양기:2.4　중성:0.2

일주강약　1.20 (身弱)

오신육친	용 신 :	土星	印星
	희 신 :	金星	比劫
	기 신 :	木星	財星
	구 신 :	火星	官星
	한 신 :	水星	食傷
격 국	印星生比劫格		
체 질	官星(B)		

종합 판단

먼저 녹현방정식에 대입한 길신이 무엇이며 운의 순위가 어떠한가를 알아보자. 용신은 토성으로 인성이며 희신은 금성으로 비겁이 되어 격국은 인성생비겁격이 되었으며, 공식에 의한 운 순위는 용신인 토성의 운이 1등, 희신인 금성의 운이 2등, 지지의 길신과 친한 수성의 운이 3등, 목성의 운이 4등, 화성의 운이 5등이 되었다.

공식에 의한 운의 순위대로 대운을 대입하면 초반 다가온 목성의 시기는 4등이었다가 앞으로 다가올 수성의 3등이며, 그 후에 다가올 금성의 시기는 2등으로 점차적으로 상승하고 있음을 알 수 있다.

이런 흐름이라면 지금까지의 주변 여건이나 가정적인 변화가 크지 않으며 예전이나 지금이나 마음의 변화도 크지 않으며 그저 묵묵히 자신이 맡은 것에 대해서 열심히 임하고 있을 것이라 생각할 수 있다.

그런데 지지가 특수하게 짜여지는 바람에 공식에 의한 운의 순위대로의 삶과 현실적으로 살고 있는 삶과는 거리가 있다는 것이다. 두 지지가 화성이 되어 한 지지인 금성을 억제하는데 한 지지에서 강력한 화성을 억제하고 금성을 구하고 있는 모습이라서 운의 순위가 바뀌게 된다.

1등인 토성의 운이 3등이 되고, 3등인 수성의 운이 1등으로 변해 대운의 흐름이 4등(목성의 시기)의 운에 살다가 갑자기 제일 좋은 1등(수성의 시기)의 운을 만나는 상황으로 바뀌었다. 이런 흐름이라면 4등의 시기에서 살던 모습과 앞으로 다가올 1등의 시기에서 살던 모습이 확연히 다를 것이라 추측할 수 있다.

이 사람이 2003년 가을에 필자를 찾았는데 상담한 이유는 남편과의 의견충돌 때문이라고 했다. 전문적인 일을 하는 바람에 결혼도 남들보다 조금 늦은 나이인 30대 초반에 했으며, 결혼 후에도 계속해서 활동을 했는데 결혼 초기에는 늦게까지 일을 하고 돌아와도 남편이 이해하는 모습을 보여주었는데 언제부터인지 화를 내기 시작했다고.

그러는 바람에 남편과 자주 의견충돌을 했고, 작년부터인가 남편의 운이 하락하면서 경제적인 능력까지 떨어져 하루가 다르게 남편에 대한 애정이 식는 것을 느꼈다고.

더구나 이 사람의 심성체질이 관성체질이라서 남편이 하는 일이 올바르고 똑바르며 남들 보기에도 명분이 서고 책임을 맡으면 무슨 일이 있더라도 책임을 지는 그런 남편의 모습을 바랬는데, 결혼할 때의 남편 직업과는 다른 부동산 쪽의 일을 하면서 게으르고 나태해지고 술에 취해 들어오는 날도 많고 수입도 일정치 않아 계획성 있는 살림을 할 수 없게 되었다고 한다.

그런 모습이 싫은데다가 이 사람의 운이 급격하게 변하는 것도 작용해 남편에 대한 마음이 예전의 애틋한 것에서부터 이제는 마주 앉아 대화하는 것도 싫고, 대화한다고 해도 충돌만 일어나고 가장으로서의 믿음까지 가지 않아 평생을 의지할 수 없다고 했다.

그런 모습을 보이지 않아도 대운의 흐름이 4등에서 1등으로 갑자기 변한다는 것은 예전의 마음은 사라지고 무엇인가는 더 큰 기대를 걸고 살고 싶은 다시 말하면 지금보다 더 나은 삶을 바라는 마음으로 바뀜을 뜻하고 있는데 말이다.

여기서 느낄 수 있는 것은 대운의 흐름이 공식대로의 순위였더라면 이 사람의 삶이 이렇게 갑자기 변하지는 않겠지만, 특수한 지지구조에 걸린 덕분에 대운의 순위가 4등에서 1등으로 확 바뀌기 때문에 변화가 오지 않을 수 없다는 점이다.

모르긴 몰라도 2004년을 맞이한 지금 대운도 변하고 세운도 변하여 예전의 생활을 접고 다른 차원의 생활을 하면서 살고 있으리라 추측해본다.

[土星(토성)이 水星(수성)을]

토성이 두 지지를 차지하여 수성을 억제하고 있을 때 목성이 구제의 오행으로 나오는 경우이다.

```
시  일  월  년
水  木  土  金
木  水  土  土
```

　토성이 가장 강하다고 보고 공식에 들어가보자. 토성이 강하면 수성이 피해를 본다. 구제오행으로는 목성과 금성인데 신강이므로 금성에게 부탁을 한다.(일차공식의 끝)

　금성을 극하는 화성이 없으니 공식은 일차로 끝나고 용신은 금성이고 희신은 수성이므로 금성의 운이 제일로 좋고 수성의 운이 두 번째로 좋다. 그리고 나머지 오행 중에서 지지의 길신인 수성을 생하는 오행은 없으니 친한 오행의 운으로 세 번째로 잡으니 목성의 운이 세 번째가 된다.

　그리고 길신을 억제하는 토성의 운은 가장 나쁜 운이 되며 자연히 하나 남은 화성의 운은 당연히 네 번째를 차지한다.

　그러나 지지에서 토성들이 수성을 억제할 때 목성이 구제해주고 있는 구조라서 그 틀을 깨지않는 대운을 만나야 좋다고 볼 수 있다. 그렇다면 공식의 의해 나온 운의 순위와는 다르게 가야만 된다.

　따라서 지지에서 구제의 역할을 하고 있는 목성의 운이 제일 좋으며 피해를 받고있는 수성의 운이 두 번째로 좋고 가장 나쁜 운은 억제하고 있는 토성의 운이 차지하며 그 토성을 생하는 화성의 운이 네 번째가 되고 하나 남은 금성의 운이 세 번째로 좋은 것이다.

여기서 한 가지 알아두어야 할 점은 토성이 수성을 억제하는 구조에서 지지의 토성들은 辰 戌 丑 未이다. 그리고 토성들이 수성을 강력하게 억제해야만 피해를 보고 있는 수성이 다급하여 구원의 손길을 뻗치는데 만약 수성과 친한 토성이 끼어있다고 하면 수성이 쉽사리 구원의 손길을 뻗치겠는가?

수성과 친한 토성은 바로 丑이다. 丑은 차가운 기운을 지닌 토성이기에 수성과 친한 丑이라는 토성이 끼어 수성을 억제하고 있다면 같은 기운인지라 지지구조라는 개념은 일시에 사라지고 일반적인 방정식에 의한 용, 희신의 운들로 순위를 정하는 거다.

그리고 또 하나 알아두어야 할 점은 토성(辰 戌 未)이 수성을 억제하고 있을 때 지지 구제의 오행으로 목성이 나오는 경우에 해당한다. 즉 토성이 두 지지를 차지하여 한 지지의 수성을 억제할 때 목성이 구제의 오행으로 나올 때 목성과 친한 辰이라는 토성이 끼어 있지 않아야 한다는 말이다.

만약 辰이라는 토성이 끼어 있다면 목성은 구제의 역할을 할 수 없다. 그것은 辰이라는 토성이 구제의 오행인 목성과 같은 기운을 지녔기에 강력하게 수성을 억제하지 않기 때문이다. 따라서 피해를 보고 있는 수성은 그렇게 다급해지지 않기에 목성에게 구원의 손길을 뻗치지 않기 때문이다.

그렇기에 특수한 지지구조가 아닌 일반적인 공식에 의한 운의 순위로 흘러감이 맞지 그것을 특수하다고 하여 운의 순위를 지지구조에 맞게 맞춘다면 이는 현실과 잘못된 추론을 할 수 있음을 명백하게 알리는 바이다.

그러기에 만약 辰이라는 토성이 끼어 수성을 억제할 때는 구제의 오행으로 반드시 금성이 나와야만 지지구조가 성립된다는 것을 확실하게 기억해주기 바란다.

그럼 토성이 억제하는 실제의 사주를 살펴보자.

사주팔자 (여)	시	일	월	년
	庚	丁	甲	癸
	子	未	寅	未

대 운	壬	辛	庚	己	戊	丁	丙	乙
	戌	酉	申	未	午	巳	辰	卯
	75	65	55	45	35	25	15	05

오행비율　木星:1.40　水星:1.20　火星:1.00
　　　　　土星:1.00　金星:0.20

음양비율　음기:1.4　양기:3.4　중성:0

일주강약　2.40 (身强)

오신육친　용 신 : 金星　財星
　　　　　희 신 : 土星　食傷
　　　　　기 신 : 火星　比劫
　　　　　구 신 : 木星　印星
　　　　　한 신 : 水星　官星

격 국	財星保食傷格
체 질	食傷(A)

검증 결과

먼저 공식에 의한 운 순위를 살펴보자. 용신이 금성이기에 금성의 운이 제일 좋고 희신이 토성이기에 토성의 운이 두 번째가 좋으며 지지에 길신(토성)이 있기에 그것을 생하는 화성의 운이 세 번째로 좋고 그것을 억제하는 목성의 운이 제일 나쁜 것이 되고 길신이 억제하는 수성의 운이 네 번째가 되었다.

이에 맞추어 운의 흐름을 보면 丙辰대운까지는 5등의 운에 있다가 丁巳대운이후 己未대운까지가 3등으로 올라가 상승세를 타고 있으며 이후 庚申대운부터는 2등의 운으로 되어 있다.

그렇다면 이 분은 어릴 때가 중반보다 안 좋았음을 알 수가 있는데 실제의 상황은 그렇지가 않았다는 것이다. 어릴 때는 많은 형제들 틈에서 그런대로 잘 살았다고 한다. 딸이지만 물려받은 유산도 있었다는 것이 그것을 증명하고 있기 때문이다.

그러나 지지가 토성이 수성을 억제하고 있는 상태로서 그것을 목성이 구제하고 있기에 대운의 흐름은 목성의 운이 제일 좋은 것이 되고 피해를 받고 있는 수성의 운이 두 번째로 좋아지며 억제하고 있는 토성은 용신이지만 가장 나쁜 운이 된다. 또한 그것을 생해주는 화성의 운이 네 번째가 되며 나머지 하나 남은 금성의 운이 세 번째로 좋아진다는 거다.

따라서 이 여인은 어릴 때는 너무 좋은 환경에서 대학까지 무난히 마치고 좋은 신랑(학교 선생) 만나 결혼했으며 아들 둘을 낳아 잘 키우다가 차차 운의 흐름이 네 번째의 운으로 흐르기 시작하고 아이들이 크자 생활전선에 뛰어들었다.

심성체질이 식상체질이라서 살림만 하고 있지 못하고 밖으로 나와 홈패션가게를 하게 되었는데 운영에 문제가 있자 투자한 돈을 찾기 위해서 부동산투기까지 하게 되었다.

그러나 대운의 흐름이 己未대운까지는 그리 좋은 상황이 이루어지지 않자 자신의 능력에 비해 덩치가 큰 건물을 마지막으로 잡았고 그러자 친척들의 돈까지 끌어 들어 친척들 전부 피를 말리는 상황까지 몰고 갔으면서도 끝까지 포기하지 않고 붙잡고 있는 바람에 무척 힘들어 하고 있다.

현재는 세 번째의 대운인 금성의 운으로 넘어가고 있기에 그렇게 속(관재)을 썩으면서도 건물을 잡고 있으나 매매가 안되어 빚 청산을 못하고 있지만 최악의 상황까지는 이루지 않으리라 본다.

따라서 이 운명은 특수한 지지구조에 걸렸음을 자신의 삶에서 명백하게 확인할 수 있었다. 만약 일반적인 공식의 운으로 본다면 초년보다 중년이 중년보다는 지금이 더 나아져야 하는데 실제의 삶에서는 그렇지 않았다.

오히려 아주 어릴 때가 더 좋았다고 하는 것은 목성의 운이 지지구조에서 강력하게 작용하고 있음을 알 수 있고 세운에서도 92년부터 99년까지는 큰 탈없이 건물을 관리할 수가 있었지만 2000년부터 서서히 압박을 받고 올해는 무척 힘든 시기를 보내고 있다.

앞으로 세운은 안 좋을지라도 대운이 80%의 영향을 미치고 세운은 20%의 영향밖에 미치지 못하므로 속은 썩을지라도 현재 지니고 있는 건물은 설령 날아갈지라도 자신이 투자한 돈은 건질 수 있지 않을까(?)라는 추론을 해본다.

그래도 어린 시절 같은 시기는 다시 오지 않으므로 노후가 그리 행복하다고는 할 수 없는 운명인 것이다.

토성이 두 지지를 차지하여 수성을 억제하고 있을 때 금성이 구제의 오행으로 나오는 경우이다.

$$
\begin{array}{cccc}
\text{시} & \text{일} & \text{월} & \text{년} \\
\text{火} & \text{木} & \text{水} & \text{水} \\
\text{金} & \text{土} & \text{水} & \text{土}
\end{array}
$$

공식에 대입해보자. 그리고 수성이 강하다고 하자. 수성이 강하여 화성이 피해를 본다. 화성을 구제하기 위한 오행은 목성과 토성이나 신강이므로 토성으로 구제오행을 잡았다.(일차공식의 끝)

그리고 토성을 억제하는 목성은 없으므로 공식은 끝났다. 그렇다면 용신인 토성의 운이 제일 좋은 것이며 그 다음으로는 희신인 화성의 운은 두 번째로 좋고 나머지는 지지의 길신(토성)과 친한 금성의 운이 세 번째를 차지하고 길신을 억제하는 목성보다는 길신이 억제하는 수성의 운이 네 번째를 차지하므로 자연히 목성의 운은 다섯 번째가 된다.

이런 식으로 보는 것이 일반적인 사주의 방식인데 지지가 특수하게 이루어져 버리면 그런 방식으로 운의 순위를 잡는 것은 아니라는 것이다.

따라서 대운의 순위가 바뀌어 버린다는 것으로 이를 나열해보면 지지에서 구제의 역할을 하고 있는 금성의 운이 제일 좋으며 피해를 보고 있는 수성의 운이 두 번째로 좋고 가장 나쁜 것은 지지에서 강력하게 억제하고 있는 토성의 운이며 그를 생하는 화성의 운이 네 번째로 좋으며 하나 남은 목성의 운이 세 번째로 좋은 운으로 변하는 것이다.

여기서도 주의해야 할 점은 수성과 친한 토성이 끼어있다고 하면 수성이 쉽사리 구원의 손길을 뻗치지 않을 것이기에 지지구조에 걸리지 않는다. 즉 丑이라는 토성이 끼어 수성을 억제할 때 丑은 토성이지만 차가운 기운을 지닌 토성이기에 수성과는 친하다.

따라서 丑이 끼어 있어 수성을 억제하면 절대로 특수한 지지구조라는 개념은 없어지고 공식에 의한 용, 희신의 운들로 순위를 정하는 거다.

그리고 또 하나 알아두어야 할 점은 토성이 수성을 억제하고 있을 때 한 지지에서 구제의 오행으로 금성이 나오는 경우다. 구제의 오행이 금성이 되면 戌이라는 토성은 사주 상에 나타나지 않고 未나 辰이

272

라는 토성들로 수성을 억제해야만 된다는 것이다.

이는 戌이라는 토성이 있어 수성을 억제하고 있고 구제의 오행으로 금성이 나온다면 戌 토성 속에 금성의 기운 즉 써늘한 기운이 많기에 금성과 친한 수성을 강력하게 억제할 수가 없기 때문이다.

강력하게 억제 당하고 있지 않는 수성이 금성에게 다급한 구원의 손길을 내밀지는 않기에 戌이 끼어 있다면 특수한 지지구조에 걸리는 상황이 아니라 일반적인 공식에 의한 운의 순위로 나아가야 한다. 그러나 이것 역시 금성이 구제의 오행으로 나오는 경우에 한해서인 것이다.

따라서 토성이 수성을 억제하고 있는 구조에서 금성이 구제의 오행으로 나오는 경우 특수한 지지구조에 걸리는 구조는 未와 辰, 未와 未, 辰과 辰이 있어 수성을 억제할 때 발생한다. 이 점 잊지 않기를 바란다.

사주팔자 (남)	시	일	월	년
	乙	庚	庚	庚
	酉	辰	辰	子

대 운								
	戊	丁	丙	乙	甲	癸	壬	辛
	子	亥	戌	酉	申	未	午	巳
	74	64	54	44	34	24	14	04

오행비율 木星:1.74 金星:1.40 水星:1.00
土星:0.66 火星:0.00

음양비율   음기:2.4   양기:1.74   중성:0.66

일주강약   2.06 (身强)

오신육친   용 신 : 金星   比劫 (가용신)
           희 신 : 土星   印星
           기 신 : 火星   官星 (진용신)
           구 신 : 木星   財星
           한 신 : 水星   食傷

격   국   比劫保印星格

체   질   財星/印星(C)

종합 판단

이 친구의 사주를 분석해보면 진, 가용신이 나오는 운명으로써 진 용신인 화성의 운이 제일 좋은 것으로 되어있고 그 다음으로는 희신 인 토성의 운이 좋은 것이며 세 번째로 좋은 운은 가용신인 금성의 운 이라고 누구나 알고 그렇게 판명하여 추론에 들어갈 것이다.

그래서 나이가 어릴 때가 현재보다 더 나은 운이라고 보고 지금은 과거보다 못하다는 해석을 하는 것이 보통의 상식이다. 그러나 그것 은 지지가 특수한 구조에 걸리지 않았을 때 분명히 그런 추론이 맞으 나 지금의 상황은 다르다.

왜냐하면 지지에서 토성들이 수성을 억제하고 그것을 금성이 구제하고 있기에 그 구조(틀)를 깨어서는 안되기 때문이다. 그래서 이 사람의 운은 앞서 말한 것과 많은 차이가 난다.

즉 지지에서 구제역할을 하고 있는 것이 금성이므로 금성의 운이 제일 좋은 것이며 지지에서 억제를 당하고 있는 수성의 운을 만나면 두 번째로 좋아지며 지지에서 억제하고 있는 토성의 운은 가장 나쁜 것이 되어버리며 그것을 생하는 화성의 운이 그 다음으로 나쁘며 하나 남은 목성의 운이 세 번째로 좋아지게 되는 것이다.

과연 어느 것이 현실과 맞아 떨어지는 것일까? 그것은 이 사람이 살아온 것을 알면 바로 찾아낼 수 있다.

이 친구는 어렸을 때 아주 엄한 집안에서 태어났다고 한다. 아버님이 일찍 돌아가시는 바람에 할아버지와 큰아버지 밑에서 같이 살았다고 했다. 강원도가 고향이라서 어머님은 그저 밭일이나 부엌의 일을 맡게 되었으며 어머님이면서도 자기의 곁에는 거의 오지를 못했고 조금 심하게 말하면 집안에 궂은 일은 전부 도맡아 하셨다고 한다.

더구나 할아버지가 유학자 출신이라서 남녀의 차이가 확연히 드러나는 그런 집안의 분위기였다고 한다. 그런 덕에 자신은 군대에 갈 때까지 항상 억눌린 상태에서 청소년기를 보냈으며 친구들과 어울려 영화 한번 가보지 못했으며 그 흔한 미팅도 못해보고 오로지 집안의 분위기와 학교에서의 모범적인 생활에 젖어서 지냈다고 했다.

남들이 보았을 때는 전형적인 착한 학생이었으나 자신이 그런 억눌린 상황이 무척 싫었다고 지금은 말하고 있었다. 그러다가 제대 후 그런 상황으로 되돌아가기 싫어 고향으로 가지 않고 서울에 거주하게 되었다고 한다.

그러면서 먹고 살기 위해서 자동차정비소, 액세서리 만드는 곳, 남대문 상가 쪽의 일 등 안 해본 것이 없을 만큼 다양한 경험을 했다는 것이다. 그러다가 어머님을 서울에 모셨고 몇 년간 연애한 아내와 결혼도 하였고 지금은 작으나마 자기의 카센터를 운영하는 오너가 되었다.

이 친구가 날 찾아온 것은 딸만 둘 낳았는데 어머님이 손주 타령을 하는 바람에 95년인가 부인하고 찾아와 상담을 의뢰했었다. 그 결과는 여기서 밝히지 않고 다만 운의 순위를 알아보는 장이기에 이 친구의 삶을 정확하게 있는 그대로 밝힌 것이다.

틀림없이 화성의 운이 제일 좋아야 하나 이 친구에게는 그렇지가 않았고 오히려 공식에서는 세 번째로 좋은 금성의 운에 자신이 고생은 하면서도 성공을 하여 고생하시던 어머님을 모셨고 결혼까지 하여 지금은 남부럽지 않을 만큼 살고 있으니 특수한 지지구조에 걸리면 운의 순위가 바뀜을 명백하게 증명하고 남음이 있다.

그러니 공식이 끝나 운의 순위를 정하기 전에 반드시 지지가 특수한 상황인가 아닌가를 먼저 파악하는 것이 얼마나 중요한가를 알 수 있다.

그리고 이번 장은 토성이 수성을 억제할 때 특수한 지지구조에 걸리지 않는 상황을 한 눈에 알아볼 수 있도록 했다. 가장 난해한 지지구조가 토성이 수성을 억제할 때이기에 말이다.

```
시   일   월   년
木   未   辰   水
```

辰이라는 토성이 끼어 수성을 억제하고 있고 그것을 목성이 구제하고 있는 모양이다. 당연히 목성은 토성을 억제하고 수성을 구하고 있는 모양이나 辰이 목성하고 같은 기운을 지니고 있는 토성이므로 강력하게 수성을 억제할 수가 없다. 따라서 목성이 구제하고 있다지만 이러한 구조는 조건에 걸리지 않는다.

```
시   일   월   년
金   戌   未   水
```

위의 모양은 토성이 지지에서 두 자리를 차지하고 있으면서 수성을 억제하고 있고 그 수성을 구제하기 위해서 금성이 있는 모양이다. 충분히 조건이 이루어질 것 같으나 戌이라는 토성이 금성의 기운을 지니고 있어 금성과 친하므로 수성을 강력하게 억제하는데 동조할 수가 없다.

따라서 이러한 구조를 지닌 사주는 일반적인 방식인 용, 희신이 좋은 쪽으로 대운이 가야만 좋아진다.

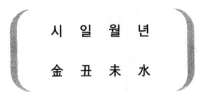

시 일 월 년

金 丑 未 水

　토성이 수성을 억제할 때 이렇게 丑이라는 토성이 끼어있다면 이
역시 수성을 강력하게 억제할 수가 없기에 특수한 지지구조에 걸린다
고 할 수가 없다. 구제의 오행이 금성이 되었던 목성이 되었던 그것은
아무런 의미가 없는 것이다. 왜냐하면 이미 구조에 걸리지 않았기에
수성은 구원을 청하지 않았기 때문이다.

木星(목성)이 土星(토성)을

　목성이 지지에서 두 개의 자리를 차지하여 한 지지의 토성을 억제
하고 있을 때 한 지지의 금성이 구제하고 있는 상황을 말한다.

시 일 월 년
火 水 水 火
木 木 土 金

　위와 같은 사주가 있다고 하고 공식에 대입해보자. 목성이 가장 강
하니 그로 인해 피해를 보고 있는 오행은 토성이다. 그 토성을 구제하
기 위한 오행으로는 화성과 금성인데 그 둘이 사주 안에 다 있다. 그
러나 일간이 약한지라 금성으로 구제한다.(일차공식의 끝)

그러나 화성이 금성의 활동을 방해하니 또 한 번의 공식을 대입할 수밖에 없는데 금성을 구제하기 위한 오행으로는 토성과 수성인데 신약이라 수성에게 부탁을 하게 된다.(이차공식의 끝)

월지를 차치하고 있는 토성이 수성의 활동을 방해하니 삼차공식까지 대입한다. 삼차 구제오행은 목성과 금성이나 신약한지라 금성에게 부탁하면서 공식은 끝난다.(삼차공식의 끝)

결국은 용신이 금성이라 금성의 운이 제일 좋은 것이며 희신인 수성의 운이 두 번째로 좋다. 지지의 길신 즉 금성을 생하는 토성의 운이 세 번째로 좋으며 토성을 생해주는 화성의 운이 네 번째를 차지하고 나머지 하나 남은 목성의 운이 제일 나쁜 것이 된다.

그런데 지지의 상황이 한 오행이 두 지지를 차지하여 한 지지의 오행을 억제하고 있는데 다른 한 지지에서 억제 당하고 있는 오행을 구하고 있는 오행이 있다.

그렇다면 사주의 용, 희신이 무엇으로 나오든 우선적으로 지지에서 특수한 구조를 이루고 있기에 그 흐름을 깨지 않는 방향으로 운이 흘러야만 좋다고 볼 수 있다.

따라서 이 사주에서는 목성 둘이 토성을 억제하고 있는 것을 금성이 막고 있으므로 금성의 운이 제일 좋으며 피해를 받고 있는 토성의 운이 두 번째로 좋다.

나머지 화성과 수성과 목성의 운이 남았는데 가장 나쁜 오행의 운이 무엇인지를 먼저 찾는 것이 훨씬 쉬운 방법이므로 한번 찾아보자.

지지에서 목성에 의해 토성이 피해를 보고 있는 상황이므로 당연히 목성의 운을 제일 꺼릴 것이며 그 목성을 생하는 수성의 운을 그 다음으로 싫어할 것이고 하나 남은 화성의 운이 세 번째를 차지하게 된다.

여기서도 한 가지 알아두어야 할 점은 피해를 보고 있는 토성이 辰이라면 지지구조에 걸리지 않는다. 그 이유는 목성이 토성을 억제할 때 그 토성이 辰이라면 같은 기운(따뜻한 기운)을 지녔기에 목성이 辰 토성을 강력하게 억제할 수 없기 때문이다.

그러기에 辰이 있어 목성의 억제를 당하고 있다면 특수한 지지구조에 걸리는 것으로 판단하지 말고 녹현방정식에 의해 나온 용, 희신의 순위대로 순위를 정해야 한다.

사주팔자 (남)	시	일	월	년
	丙	己	甲	己
	寅	卯	戌	酉

대 운	丙	丁	戊	己	庚	辛	壬	癸
	寅	卯	辰	巳	午	未	申	酉
	78	68	58	48	38	28	18	08

오행비율　木星:2.20　金星:1.84　土星:0.56
　　　　　火星:0.20　水星:0.00

음양비율　음기:1.84　양기:2.4　중성:0.56

일주강약	0.76 (身弱)	
오신육친	용 신 : 火星	印星
	희 신 : 土星	比劫
	기 신 : 水星	財星
	구 신 : 木星	官星
	한 신 : 金星	食傷
격 국	印星生比劫格	
체 질	食傷/官星(D)	

종합 판단

녹현방정식을 대입한 결과 용신은 화성이고 희신이 토성이 나오니 당연히 화성의 운이 제일 좋으며 두 번째로는 토성의 운이며 세 번째로는 길신(토성)과 친한 금성의 운이 차지하며 네 번째로는 길신이 극하는 수성의 운이며 다섯 번째로 길신을 극하는 목성의 운인 것이다.

그래서 대운의 흐름을 보면 3등인 금성의 운에서 출발하여 제일 좋은 1등의 운인 화성의 시기로 흐르기에 무척 발전되는 양상을 띠어야 한다. 그런데 전혀 그런 기미가 보이지 않고 오히려 후퇴하는 모습만 보인다는 것이 이 사람 어머님의 말씀인 것이다.

왜 그럴까(?) 이유는 간단하다. 바로 사주의 지지가 특수한 지지구조에 걸려 있기 때문이다. 즉 목성들이 토성을 억제하고 있는데 금성이 지지에서 토성을 구제하고 있기 때문이었다.

그러므로 지지의 틀을 깨지 않는 범위 안에서 바라본다면 금성의 운이 제일 좋은 것이 되고 피해를 당하고 있는 토성의 운이 두 번째로 좋고 화성의 운이 세 번째로 좋으며 목성을 도와주는 수성의 운이 네 번째를 차지하며 가장 강한 목성의 운이 마지막으로 안 좋다는 거다.

그런데 가장 좋은 운인 금성의 시기는 이미 다 지나갔고 현재는 세 번째의 운을 지나고 있었기에 오히려 어릴 때가 더 좋았다고 하며 주위의 기대도 한 몸에 받으며 칭찬도 자자했기에 부모님들도 이 아들에게 큰 기대를 걸게 되었다고 한다.

그러한 기대를 받았기에 현재의 처지를 더 어렵게 만들고 있는 것이 아닌가(?)라는 생각도 들지만ㄲ 현재는 행정고시를 목표로 공부도 하고 시험도 보지만 계속 실패하고 있으면서도 뿌리치지를 못하고 있는 것이 중요한 잣대인 것이다.

왜 용신인 화성의 운에 있는데도 실패만 거듭하고 있고 사회생활에 적응하지 못하고 행정고시 핑계만 대고 공부를 하고 있는가? 그것이 바로 지지구조라는 틀에 걸렸기에 용신의 운인데도 과거 금성의 운보다 쳐지기에 자신의 꿈은 큰데도 현실은 그렇지 않기에 어쩔 수 없이 매달리고 있다고 필자는 생각했다.

그래서 필자는 결혼도 하지말고 산에 들어보내라고 어머님에게 말했더니 어릴 때부터 절에만 가면 유달리 스님들하고 친하게 지냈고 절에 가는 것을 무척 좋아했었다고 한다.

그리고 지금도 간혹 결혼하지 않고 산으로 들어가 살고 싶다는 말을 간간이 어머니한테만 한다고 한다. 장손이지만 집안을 이끌어갈 능력도 없고 주위의 기대가 컸었기에 좋은 직장을 다녀야만 되는데 그것도 뜻대로 안되기에 할 수 없이 공부에 치중하고 있는 것이나 자신의 마음은 이것 저것 다 팽개치고 편안한 생활을 하고 싶었기에 스님이 되고 싶다는 말을 하는 것이다.

더구나 시험을 보면 다른 과목은 성적이 잘 나오나 유달리 영어에서만 기준보다 미달이 되어 계속 낙방한다고 한다. 왜 유독 영어에서만 실력이 달리는가? 연구해 볼 가치가 있다.

그것은 이 친구의 심성체질(훗날 배울 것임)이 관성과 식상체질이기 때문이다. 부연 설명을 한다면 완벽을 추구하려는 마음이 있기에 국어는 우리나라의 글이고 언어이기에 완벽할 수 있지만 영어는 외국어라서 외국 사람처럼 완벽하게 할 수 없다고 자신이 생각했기에 노력을 해도 안될 것이라는 미리 포기해버린 마음 때문이라고 필자는 본다.

아무튼 이 친구의 노후가 많이 걱정이 된다. 지금보다 더 안 좋은 운을 만나야 하기 때문이다. 그저 지켜볼 뿐이다.

이번에는 목성이 토성을 억제할 때의 구조인데 금성이 아니라 화성이 구제의 오행으로 나오는 경우이다.

시	일	월	년
水	木	土	水
木	木	火	土

역학, 더 이상의 학문은 없다 · 완결편

공식에 먼저 대입해 보자. 목성이 강하여 토성이 피해. 화성이나 금성으로 토성을 구해야 하나 화성밖에 없으므로 화성에게 일간은 부탁을 한다.(일차공식의 끝)

화성을 억제하는 수성은 천간에 있으나 지지에 있는 구제오행 화성의 바로 위에 없기에 공식은 여기서 끝이 나며 용신은 화성 희신은 토성이 된다. 따라서 공식의 의한 운의 순서는 화성의 운이 제일 좋으며 희신인 토성의 운이 두 번째로 좋고 지지의 길신(화성과 토성)을 생하는 목성의 운이 세 번째로 좋다.

나머지가 금성과 수성인데 길신과 금성이 친하고 수성은 서로 다투고 있지만 수성의 운이 오면 극보다는 생을 먼저 한다고 했으니 지지의 목성을 생하기에 길신들이 오히려 생을 받는 느낌이 들어 네 번째를 차지하게 되고 금성은 길신의 기운을 빼내가는 역할을 하므로 맨 마지막을 차지하는 것이다. 그러나 지지가 특수한 구조에 걸렸으므로 지지 안정을 위해서 일하고 있는 화성의 운이 제일 좋은 것이며 피해를 보고 있는 토성의 운이 두 번째로 좋다.

그리고 가장 싫어하는 운은 지지에서 강력하게 억제하는 목성의 운이며 목성을 생하는 수성의 운은 그 다음으로 싫으며 나머지 금성의 운이 세 번째로 좋은 것이 된다.

이 사주는 다행히 용신과 희신이 지지에서 안정을 이루고 있는 오행과 같으므로 혼돈은 없으나 그 이하는 많은 변화가 있음을 알 수 있다. 이렇듯 지지구조에 걸리면 일반적인 운과는 다른 방향으로 운이 바뀜을 알아야 한다.

여기서도 피해 보는 토성이 辰 토성이라면 지지구조에 걸리지 않기에 일반적인 공식에 의한 운의 순위를 정해야 한다는 점 잊지 말라.

사주팔자 (여)	시	일	월	년
	丙	甲	庚	壬
	寅	寅	戌	午

대 운

壬	癸	甲	乙	丙	丁	戊	己
寅	卯	辰	巳	午	未	申	酉
76	66	56	46	36	26	16	06

오행비율 木星:2.00 火星:1.20 金星:1.04
　　　　　土星:0.36 水星:0.20

음양비율 음기:1.24 양기:3.2 중성:0.36

일주강약 2.20 (身强)

오신육친 용 신 : 土星　財星
　　　　　희 신 : 金星　官星
　　　　　기 신 : 木星　比劫
　　　　　구 신 : 火星　食傷
　　　　　한 신 : 水星　印星

격　　국 財星生官星格

체　　질 比劫(A)

종합 판단

이 사주를 녹현방정식에 대입한 결과 토성이 용신이고 금성이 희신으로 나왔다. 그렇다면 당연히 토성의 운이 제일 좋을 것이며 금성의 운이 두 번째로 좋고 세 번째로는 지지의 길신(토성)을 생하는 화성의 운이다.

그리고 네 번째로 좋은 운은 화성을 생하는 목성의 운일 것이며 마지막으로 나쁜 것은 수성의 운이다.

그렇다면 이 사람의 대운을 살펴보면 초반 두 번째의 운에서 출발하여 중반 화성의 시기는 세 번째의 운으로 흘렀고 현재는 목성의 시기인 네 번째의 운에 있다는 것이다.

그렇다면 인생의 흐름은 아주 어릴 때가 좋았고 그 이후 나이가 들면서 한번도 좋아지지 못하고 계속해서 안 좋은 쪽으로 살아야 한다는 것을 우리는 한 눈에 알아볼 수 있다.

그러나 이 분의 실제의 삶은 그렇지 않았다. 자신이 태어날 때 집안 형편이 너무 어려워 나이가 들자마자 일본으로 시집을 갔다고 한다. 가장 큰 이유는 식구의 수를 줄이면서 나머지 가족들이라도 먹고 살라는 뜻에서 일찍 시집을 보냈다고 한다.

그래서 이 분은 결혼 후 남편이 하는 가내공업의 궂은 일들을 도맡아 하면서 틈틈이 돈이 모이면 친정집으로 남편 몰래 보냈으며 남편이 사망(96년)하기 전까지의 생활은 나름대로 행복했었다고 한다.

그러나 남편을 무척 사랑했었고 그렇기에 외로운 타국생활도 무난히 극복할 수 있었다고 하는데 남편이 사망하자마자 삶의 의욕이 떨어지기 시작했고 병명도 알 수 없는 병들에 걸려 계속 아프고 있으며 간간이 신끼까지 발동하여 잠을 이룰 수 없다고 한다.

필자에게 찾아온 시기는 98년 몸이 너무 아파 귀국하여 진찰도 받고 이곳 저곳을 찾아 다니면서 자신의 팔자가 왜 그런가를 알아보려는 과정에 친척의 소개에 찾아왔다는 것이었다.

남편이 죽자 재산이 이상하게도 나가기 시작했고 자식들도 외지로 떠나가는 바람에 무척 외로웠고 주위의 친지들도 연이어 사망했다는 것이다. 특히나 부모보다 마음적으로 더 의지했던 이모님(97년 사망)이 돌아가시는 바람에 더욱 더 삶의 회의를 느껴 생에 대한 애착심이 많이 사라졌다고 한다.

일반적인 공식에 의해 나온 운의 순위를 보고 삶을 추적해보면 초반보다는 중반이 더 힘든 삶을 살았다고 하여야 하나 본인의 말을 들어보면 중반이 초반보다 행복했다고 하는 것은 운의 순위가 달라졌음을 의미한다.

그것은 사주의 지지가 특수한 구조에 걸려 있었기 때문이다. 따라서 방정식에 의한 길신이 무엇이 되든 지지구조에 걸리면 그에 따른 운의 순위로 삶의 흐름을 파악해야 한다.

이 분의 지지를 살펴보면 일지와 시지의 寅 목성이 월지의 戌 토성을 강력하게 억제하고 있는데 년지의 午 화성이 절묘하게 戌 토성을 보호하고 있기 때문에 지지의 구조를 깨뜨리는 운을 만나서는 안 된다는 것이다.

그렇다면 지지에서 구조의 역할을 하는 화성의 운이 제일 좋으며 보호를 받고 있는 토성의 운이 두 번째로 좋고 강력하게 억제하고 있는 목성의 운이 가장 나쁘며 그 목성을 생하는 수성의 운이 그 다음으로 나쁘며 나머지 하나 남은 금성의 운이 세 번째를 차지하게 된다.

그에 따른 순위를 대운에 대입하면 초반 금성의 운은 세 번째이며 중반 화성의 운이 제일 좋은 것으로 나타나며 나머지 목성의 운이 가장 나쁘게 되어 있음을 명백하게 알 수 있다.

그로 인하여 이 분은 중반 대운이 가장 행복했고 갑자기 제일 나쁜 운으로 떨어지는 지금이야말로 삶에 있어 가장 힘든 시기임을 나타내고 있다.

地支(지지)가 두 五行(오행)으로 나누어 싸울 때

　앞 장에서의 설명은 두 지지를 차지한 같은 오행이 한 지지의 오행을 억제할 때, 다른 한 지지에서 피해보고 있는 오행을 구제하고 있는 구조를 설명했다. 이 장에서는 지지가 두 오행으로 나누어 양분된 상태에서 서로 다투고 있는 상황의 구조를 설명한다.

　또한 앞 장의 지지구조에서는 일간의 강약과 관계없이 지지구조를 이룬 순서에 입각해 운의 순위를 정했다. 억제하는 오행이 가장 나쁜 것이며 구제오행은 제일 좋은 것이며 피해오행은 두 번째로 좋은 순으로 말이다. 즉 일간이 간여할 수 있는 입장이 아니었다.

　그러나 양분되어 다투고 있는 구조에서는 일간이 큰 힘을 발휘한다. 그것은 사주라는 지지의 네 기둥이 두 종류의 오행으로 나누어 다투고 있는 상황이라서 누군가는 반드시 중재에 나서야 하기 때문이다.

　만약 중재에 나선다면 누가 나서겠는가? 사주팔자에서 가장 중요한 것이 일간이므로 일간이 중심이 되어 그들의 싸움을 말릴 수밖에는 없다. 그래서 공식에 의한 용, 희신이 무엇으로 나오든 그것과는 아무런 관련 없이 일간에 의해 정해진 운의 순위가 우선되어야만 한다는 것이다.

　그럼 무엇을 기준 삼아 일간이 순위를 정하는가? 그것은 신강인가 신약인가와 음기와 양기의 차이에 의해서 운의 순위가 정해진다. 여기서 미리 알아두어야 할 점은 음기와 양기의 차이에 따라 운의 순위를 정할 때, 방정식에 대입했던 것처럼 1.10이하나 1.11이상의 차이는 아무런 소용이 없다는 점이다.

만약 음기와 양기의 차이로 운의 순위를 정할 때가 생기면 사주에서 조금이라도 부족한 기운이 앞선 순위를 받는다는 것이다. 따라서 0.1이라도 적은 기운이 운의 순위에 있어서 앞선다.

두 오행으로 지지가 나누어 싸우는 지지구조도 앞에 설명한 지지구조처럼 다섯 가지의 유형이 있다. 화성과 수성, 화성과 금성, 수성과 토성, 토성과 목성, 목성과 금성이 싸우는 구조가 그것이다.

또한 이런 지지구조에 걸리면 운의 순위가 바뀌는 것은 84%의 비중을 차지하고 있는 지지가 마치 시소처럼 왔다갔다하는 바람에 일간(나)이 중심을 잃고 흔들려 아무런 일을 할 수가 없는 상황이 조성되기 때문이다.

그러므로 무엇보다 안정적인 상황으로 이끌기 위해서는 흔들리고 있는 지지(땅)를 안정시켜야만 일간(나)이 중심을 잡고 살아갈 수 있다는 논리이다.

그럼 그러한 모형을 만들어 설명하고 필자가 실제로 감정했던 사주들을 가지고 설명해나간다.

금성과 목성이 싸우는 지지구조부터 시작한다.

```
시   일   월   년
水   水   土   金
木   木   金   金
```

일간은 이미 신강한 상태로 사주에서 가장 강한 것은 금성이다. 그로 인해 목성이 피해보고 있는데 구제오행은 수성과 화성이다. 신강이라서 화성에게 금성을 억제하라고 부탁하고 싶은데 사주 상에 화성이 없으므로 할 수 없이 수성에게 목성을 구하라고 부탁한다.(일차공식의 끝)

그러나 월간의 토성이 시간의 수성을 방해하므로 또 한번의 공식을 대입한 결과, 이차 구제오행으로는 목성과 금성이 나온다. 신강이므로 목성에게 토성을 억제하여 수성을 구하라고 하는 것이 순리에 맞다.(이차공식의 끝)

따라서 이 사주의 용신은 목성으로 식상이고 희신은 수성으로 비겁이 되므로 격국은 식상보비겁격이 된다. 기신으로는 금성, 구신은 토성, 한신은 화성이 되고, 대운의 좋은 순위를 따지면 당연히 용신인 목성의 운이 제일 좋아야 하며, 희신인 수성의 운이 두 번째로 좋다.

그 다음으로는 지지의 길신(목성)과 친한 화성의 운이 세 번째로 좋으며, 길신이 억제할 수 있는 토성의 운이 네 번째를 차지하고, 길신을 억제하는 금성의 운이 제일 나쁜 것이라 볼 수 있다.

그런데 위와 같이 정한 운의 순위에 따라 삶을 추론할 경우, 현실과 동떨어진 해석이 되어 상담의뢰인의 심정이나 현실을 무시하는 결과를 초래하는데 그러한 까닭이 왜 생기는 것일까?

그 까닭은 사주의 지지가 두 가지 종류의 오행으로 나누어 서로 싸우고 있기 때문이다. 이러한 지지의 형태라면 공식에 의한 운의 순위로 삶의 변화가 오는 것이 아니고, 지지의 싸움을 말릴 수 있는 운을 만나야만 현실적으로 좋은 상황이 전개되어 자신(일간)이 행복해진다는 것이다.

따라서 공식에 의한 운의 순위는 소용이 없고 지지를 안정시킬 수 있는 운의 순위를 다시 정해서 그 순위에 따라 좋고 나쁨을 추론해야만 상담의뢰인의 현실과 맞는 해석을 할 수 있다는 점이다.

위의 사주는 목성과 금성이 서로 다투고 있어 일간으로서는 그들의 싸움을 말리는 것이 급선무지, 용신이나 희신의 운이 어떻다라고 하는 것은 불필요하다. 현재 이들의 싸움을 말릴 수 있는 오행의 운은 화성과 수성의 운인 것이다.

화성의 운은 목성의 기운을 빼내어 힘을 약화시키고 금성의 기운을 억제하여 힘을 약화시키므로 능히 그들의 싸움을 말릴 수 있고, 수성의 운은 금성과 목성의 사이에서 서로 싸우지 않도록 중재의 역할을 할 수 있으므로 싸움을 말릴 수가 있다.

따라서 화성의 운과 수성의 운이 가장 좋은 운이 되는 것이나, 단지 누가 더 조금이라도 나은 운을 차지할 수 있는가 그리고 나머지 목성이나 금성 그리고 토성의 운들은 과연 어느 순위를 차지하는가만 찾으면 된다.

운의 우선 순위를 정할 때 기준이 되는 것은 두 가지로 먼저 일간이 신강인지 신약인지로 구분하거나 아니면 사주 전체의 음기와 양기의 차이에 의해서 운의 순위가 결정이 된다. 위의 사주는 신강이며, 음기(2.6)가 양기(2.0)보다 조금 강하다.

그렇다면 지지의 싸움을 말리는 화성과 수성의 운 중에서 누가 일 순위와 이 순위를 차지하는가 살펴보자. 일간이 신강이므로 일간을 도와주는 수성의 운보다는 일간의 기운을 빼내가는 화성의 운이 더 낫다고 보아 일 순위는 화성의 운이 차지하고, 수성의 운이 그 다음 순위인 이 순위를 차지한다.

그리고 나머지 오행들인 목성과 토성 그리고 금성의 운 중에서 어느 것이 세 번째와 네 번째를 차지하며 맨 마지막으로 안좋은 운이 무엇인지 찾아내야 한다. 그것도 역시 기준은 신강과 신약, 그리고 음양의 차이이다.

찾는 방법은 일간이 신강일 때는 일간을 도와주는 오행이 나머지 오행의 운에 들어 있는가를 먼저 살핀다. 여기서는 목성과 토성 그리고 금성이 있는데 유일하게 금성만 일간을 도와주므로 금성의 운을 맨 마지막 순위인 오 순위에 놓는다.

그리고 남은 목성과 토성의 운 중에서 누가 세 번째와 네 번째를 차지할 것인가를 정하면 되는데, 일간이 신강이라서 솔직히 목성(일간을 기운을 빼내는 오행)이나 토성(일간을 억제하는 오행)의 운 중에서 누가 더 좋은지 선택하기란 그리 쉬운 것은 아니다.

이럴 때의 기준은 어느 오행이 일간하고 가까운 곳에 있는가를 살피는데 그것도 사주의 천간은 보지 않고 오로지 사주의 지지만 살핀다. 아무래도 가까이에 있는 오행이 일간의 기운을 빼내는데 유리하므로 지지에 없는 토성보다는 지지에 두 지지를 차지하고 있는 목성이 일간의 기운을 효율적으로 빼내므로 목성의 운을 삼 순위에 놓고, 토성의 운을 사 순위에 놓는 것으로 운의 순위는 끝난다.

그래서 화성의 운을 제일 좋은 일 순위에 놓고 두 번째로는 수성의 운이며, 세 번째는 목성의 운과 네 번째는 토성의 운이 되며, 마지막으로 금성의 운이 된다. 여기서 잊지 말아야 할 것은 일간이 어느 오행이 되었던 지지의 싸움을 말리는 오행의 운이 항상 일 순위와 이 순위를 차지하게 된다는 점이다.

사주팔자	시	일	월	년
(여)	乙	癸	丁	甲
	卯	酉	卯	申

대 운	己	庚	辛	壬	癸	甲	乙	丙
	未	申	酉	戌	亥	子	丑	寅
	71	61	51	41	31	21	11	01

오행비율 木星:2.60 金星:2.00 火星:0.20
水星:0.00 土星:0.00

음양비율 음기:2 양기:2.8 중성:0

일주강약 2.00 (身强)

오신육친 용 신 : 火星　財星
희 신 : 土星　官星
기 신 : 水星　比劫
구 신 : 木星　食傷
한 신 : 金星　印星

격 국 財星生官星格

체 질 印星/食傷(D)

종합판단

이 분의 경우는 다른 사람들과 조금 다르게 생이 180도 반전되는 기구하고도 드라마틱한 인생을 살았으므로 임상적으로 검증하기에는 좋은 케이스라서 소개한다.

서울에서 멀리 떨어진 곳에 살고 있는 분으로 필자가 직접적으로 아는 것은 아니라 필자의 제자가 이 분의 삶을 잘 알고 있는데, 제자의 가장 친한 친구의 어머니라서 이 분의 일생을 젊어서부터 지금까지 하나하나 소상히 알 수 있었다.

이 분의 사주를 공식에 대입한 결과 용신은 화성이고 희신은 토성이 나왔다. 따라서 공식에 의한 운 순위는 용신인 화성의 운이 1등이고 희신인 토성의 운은 2등을 차지하고 지지에서 천간의 길신인 화성을 돕는 목성의 운이 3등이고, 그 목성을 생해주는 수성의 운이 4등을 차지하고 나머지 하나 남은 금성의 운이 5등이 되었다.

공식에 의한 운의 순위대로 대운의 흐름을 살펴보면 초반 목성의 운은 3등에서 출발하여 중반에 수성의 대운이 4등으로 향했고, 현재는 금성의 시기라서 5등을 맞이하고 있다. 이런 흐름이라면 이 분은 한번도 좋은 시기를 만나지 못하고 여태까지 살아왔다고 보아야 한다.

그런 흐름이라면 격국이 뜻하는 물질적으로 풍요로운 것도 없고 삶의 재미도 없으며 자신이 나서서 돈을 벌지도 못하고 남편과의 아기자기한 삶도 없었을 것이며 남들이 볼 때도 그저 외로운 삶의 연속이라고 보아야 하는데 실제의 삶에 있어선 그렇지가 않았다.

행여 녹현방정식에 문제가 있었던 것이 아닐까 의심도 해보겠지만, 이 분의 사주는 지지가 두 오행으로 나누어 서로 다투고 있는 특수한 지지구조를 이루고 있었으므로 공식에 의한 운의 순위가 제대로 적용되지 않았기 때문이었다.

무엇인가 하면 이 분의 지지에서는 금성이 두 지지를 차지하였고 목성이 두 지지를 차지하여 현재 다투고 있는 상황이므로 무엇보다도 그들의 싸움을 말릴 수 있는 오행의 운들이 가장 좋은 순위를 차지한 다는 것이다. 따라서 특수한 지지구조에 걸려 운의 순위가 바뀌는 것을 모르고서는 실제의 생활을 추적할 수가 없다는 것을 우리는 알아야 한다.

어떻게 운의 순위가 달라지는가 알아보자. 지지에서 금성과 목성이 다투고 있다. 그들의 싸움을 말릴 수 있는 오행의 운은 두 가지로 하나는 그들과 다 같이 친한 수성의 운과 그들의 기운을 빼든지 막는 화성의 운이 그것이다.

수성과 화성의 운 중에서 어느 것을 1으로 하고 2등으로 할 것인가 는 일간의 신강과 신약을 기준으로 잡고, 그것으로 가리지 못할 때는 사주 전체의 음기와 양기의 차이를 살펴 선택하면 된다.

여기서는 일간이 신강이라서 일간을 도와주는 수성보다는 일간의 기운을 빼내가는 화성의 운에게 일 순위를 주고, 수성의 운은 이 순위의 운을 준다. 그리고 나머지 순위도 가려야 하는데 목성과 토성 그리고 금성의 운이 남아 있다. 일간이 신강이므로 일간을 도와주는 운을 제일로 싫어할 것이다. 그렇다면 금성의 운을 제일 싫어하므로 꼴찌인 5등의 운을 주고, 나머지 목성과 토성 중에서 3등과 4등을 가리면 된다.

목성과 토성의 운은 일간의 기운을 다 빼내가는 역할을 하므로 어느 것을 앞선 순위에 놓아야 할지 애매하지만 일간과 가까운 거리에 있는 오행(지지에 목성이)이 수월하게 일을 할 수 있으므로 토성보다는 목성의 운을 3등에 두고, 토성의 운은 4등에 두는 것이다.

순위를 정렬해보면 화성의 운이 1등, 수성의 운이 2등, 목성의 운이 3등, 토성의 운은 4등, 금성의 운은 5등이 된다. 그렇다면 이 사람의 대운의 흐름은 아래와 같이 바뀌어 초반 丙寅 대운은 3등이며, 중반 수성의 시기(亥, 子, 丑)는 2등으로 올라갔었고, 종반 금성의 시기(申, 酉, 戌)는 5등의 운으로 갑자기 내려앉아 버린 것을 알 수 있다.

따라서 일반적인 공식에 의한 운의 순위대로 살아온 것이 아니고 운의 기복이 심한 삶을 살아왔음을 우리는 알 수 있다.

이 분의 실제의 삶이 어떠했는가를 알아보면 일반적인 운의 순위대로 살아왔는지 아니면 특수한 지지구조에 의한 운의 순위대로 살아왔는지 금방 알 수 있을 것이다. 이 분은 웬만한 중산층의 집에서 태어나 교육도 받을 만큼 받은 뒤 건실한 남자와 결혼도 했다.

결혼 후 남편이 뜻하는 대로 풀리지 않자 이 분이 갈비집을 운영하게 되었다고 한다. 예전엔 부산지역에서 꽤나 잘 나가는 음식점이었다고 한다. 음식점이 유명해지기 시작하자 많은 사람들 특히 상류층 사람들이 찾아오면서 돈을 벌기 시작했고, 이 분도 서서히 상류층의 사람들과 교류가 빈번해지면서 예전과는 다른 생활을 했다고 한다.

점차 가게에 머무는 시간이 줄어들면서 자연스레 남편 되는 양반이 시장을 보는 것은 물론 식당의 운영이며 종업원관리까지 모든 것을 맡아 관리하기 시작했다고 한다. 이 분은 단지 돈만 챙기고 멋만 내면서 계모임 등을 주도하였고, 아이들의 학교를 찾아 다니면서 본의 아니게 치맛바람이나 일으키는 등 나름대로는 무척이나 즐거운 인생을 살았다고 한다.

그 당시에는 어린 아들을 공부시키면서 훗날 국회의원까지 만들겠다고 호언장담을 했다니 얼마나 위세가 당당했는지 알 수 있는 대목이다.

그러는 사이에 대운은 5등을 향하여 가고 있었다. 그래서 그랬을까 젊은 나이에 과부가 되었고, 계모임과 돈놀이를 하면서 모은 재산들은 모임이 깨지면서 서서히 줄어들기 시작해 결국에는 남의 돈까지 빌려 쓰지 않으면 안되는 상황까지 이르렀다고 한다.

늘어나는 빚을 갚을 길이 없자, 결국에는 갈비집을 남의 손에 넘길수밖에 없었고, 그래도 빚이 줄지 않자, 온 가족을 데리고 한 밤중에 아무도 모르는 곳으로 이사를 했다고 한다.

현재도 국회의원을 만들겠다고 아들을 데리고 작은 도시에서 음식점을 하고 있지만 과거에 잘 나갔던 그 시절은 두 번 다시 돌아오지 않을 것이며, 이 분 때문에 자식들까지도 다 힘든 상황으로 몰려 어렵게 살고 있다고 한다.

이렇게 파란만장하고 고된 삶을 살리라고는 그 당시 내노라 하는 부산의 도사들도 예측하지 못했다고 한다. 딸의 말에 의하면 어머니가 도사라고 자칭하는 그런 곳을 다녀오면 항상 하는 말이 지금보다 더 큰 집에 살 수 있고, 아들은 국회의원이 되고, 너희들은 일류 예술

가가 될 수 있다고 귀에 못이 박히도록 들었다고 한다.

　이렇게 삶의 변화가 심하게 온 것은 바로 이 분의 사주가 특수한 지지구조에 걸려 운들의 순위가 바뀌었기 때문이다. 사주 지지에서 두 가지의 오행으로 나누어 싸우고 있다면 이 사람처럼 공식에 의한 운의 순위로 해석해서는 안되고, 반드시 그들의 싸움을 말리는 운의 순위를 다시 매겨서 추론해야만 된다는 것을 다시 한번 새겨두기 바란다.

사주팔자 (여)	시	일	월	년
	甲	庚	癸	壬
	申	申	卯	寅

대 운	乙	丙	丁	戊	己	庚	辛	壬
	未	申	酉	戌	亥	子	丑	寅
	76	66	56	46	36	26	16	06

오행비율　木星:2.40　金星:2.00　水星:0.40
　　　　　　火星:0.00　土星:0.00

음양비율　음기:2.4　양기:2.4　중성:0

일주강약　2.00 (身强)

오신육친　용 신 : 金星　比劫 (가용신)
　　　　　희 신 : 土星　印星
　　　　　기 신 : 火星　官星 (진용신)
　　　　　구 신 : 木星　財星
　　　　　한 신 : 水星　食傷

격　　　국	比劫保印星格
체　　　질	比劫/財星(D)

종합판단

누구보다도 잘 나갔던 국영방송의 PD로 당당히 공채에 합격해 근무하면서 실력을 인정 받아 연봉이 1억원을 받았을 만큼 남들이 알아주는 실력가였다. 그러나 2004년 3월에 찾아왔을 때는 2002년부터 동업 아닌 동업의 형태로 연봉의 3분의 1도 안되는 금액을 받으면서 일은 자신의 회사인 양 예전의 두 배로 하고 있을 때였다.

덕분에 건강도 나빠졌고 스트레스 때문에 뚱뚱해졌으며 나중에 데리고 온 자신의 후배보다도 사장에게 인정을 못 받고 있으면서도 그만두겠다고 하면 사장이 붙잡아 이러지도 저러지도 못하고 있는 실정이었다.

어떠한 운명을 타고났는지 살펴보자. 사주에서 가장 강한 오행은 목성으로 토성이 피해를 보고 있다. 토성을 구하기 위한 오행으로는 화성과 금성으로 일간이 신강이므로 금성보다는 화성에게 토성을 구해달라고 해야 한다. 그러나 사주에 화성이 없는 관계로 어쩔 수 없이 금성에게 부탁했고, 그것으로 공식이 끝나므로 진가용신이 나오는 사주가 된 것이다.

진가사주에서 운의 순위는 진용신인 화성의 시기가 1등이며, 희신인 토성의 시기는 2등을 차지하고, 가용신인 금성의 시기는 3등이 되고, 사주 지지에 있는 길신(금성)과 친한 수성의 시기가 4등이 되고, 나머지 하나 남은 목성의 시기가 5등이 된다.

공식에 의해 나온 순위를 대운에 대입하면 초반 목성의 시기(6세 ~15세)는 5등으로 시작하여 초중반 맞이하는 수성의 시기(16세~45세)는 4등이 되어 초반과 별반 차이가 없었지만 발전하는 양상이고, 앞으로 다가오는 금성의 시기(46세~75세)는 3등으로 수성의 시기보다는 더 나은 운을 맞이하고 있음을 알 수 있다.

이런 운의 흐름이라면 과거의 삶보다는 점진적으로 나아지는 삶의 모습을 띠어야 한다. 설령 방송국을 그만두고 사업에 동참했다고 하더라도 위에 말한 내용의 삶은 펼쳐지지 말았어야만 한다.

그러나 이 사람의 현실은 공식에 의한 운의 흐름대로의 삶이 펼쳐지지 않았다. 이는 무엇을 증명하고 있는 것일까? 바로 공식에 의한 운의 순위가 잘못되었음을 인정하는 것이다. 그것은 사주 지지가 특수하게 짜여져 있어 거기에 따른 운의 순위를 다시 매겨 그 순위를 가지고 삶을 비교해야만 현실과 맞아 떨어지는 추론이 가능함을 말해주고 있다.

사주 지지가 두 오행으로 나누어 치열하게 다투고 있는 구조이다. 이런 상황이라면 일간은 금성의 영향(비겁)으로, 어느 때는 목성의 영향(재성)으로 끌려가 정신차릴 수 없을 만큼 헷갈리기 때문이다. 그러한 현상을 막기 위해서 그들의 싸움을 막을 수 있는 운을 만나야만 한다.

금성과 목성이 서로 싸우고 있을 때는 수성과 화성의 운이 싸움을 말릴 수 있는 유일한 운이다. 다만 어느 오행의 운이 앞선 순위를 차지할 것인가 그리고 나머지 오행의 운들도 순위를 정하여 대운에 대입하면 실제 살고 있는 현실적인 삶의 모습이 나온다.

지지에서 두 오행이 다투고 있을 때는 일간이 순위를 정한다고 했다. 먼저 신강인가 신약인가를 보고, 그것으로 나누지 못할 때는 음기와 양기의 차이를 보고 결정한다고 했다. 이 사주는 신강이며 음양이 각각 2.4씩을 차지하고 있어 차이가 없다.

싸움을 말릴 수 있는 수성과 화성인데, 그 둘이 다 일간의 기운을 빼내거나 억제하므로 신강약으로 가릴 수가 없다. 이럴 때는 음양의 차이로 순위를 가려야 하는데, 이 역시 2.4로 수치가 똑같아 어느 것이 부족한지 알기가 쉽지 않다. 그래도 순위는 가려야 하는 법이다.

음기도 2.4, 양기도 2.4지만 사주에서 가장 힘이 센 곳이 월지이다. 월지를 차지한 것은 卯월로 양기의 기운이므로 음기보다는 미세하게나마 양기가 강하다고 보아 굳이 순위를 잡는다면 음기인 수성의 운을 1등으로 잡고, 화성의 운을 2등으로 선택한다.

나머지 남은 금성과 목성 그리고 토성 중에서 순위를 잡아야 하는데, 신강일 때는 5등부터 잡는다고 했다. 남아 있는 오행 중에서 일간을 도와주는 오행은 토성과 금성으로 그 둘을 가장 싫어하지만 일간과 가까운 곳에 있는 금성(지지에 있으므로)을 더욱 싫어할 것이므로 금성의 운을 5등으로, 토성의 운은 4등으로 하고 목성의 운을 3등으로 정한다.

따라서 수성의 운이 1등, 화성의 운이 2등, 목성의 운이 3등, 토성의 운이 4등, 금성의 운이 5등을 차지한다. 특수한 지지구조에 의한 운의 순위를 이 사람의 대운에 대입하면 초반 목성의 운은 3등이며 곧바로 다가온 수성의 운은 1등이 되고, 몇 년 후 다가올 금성의 운은 5등으로 나타나게 된다.

이런 흐름의 운이므로 대학 졸업 후 방송국에 입사해 뛰어난 능력을 발휘하였고, 능력을 인정 받아 얼마 고액의 연봉을 받았으며, 결혼해 아이 둘을 낳으면서 단란한 가정생활을 유지했었다.

그런데 36세부터 시작하는 己亥 대운도 수성의 운으로 1등이지만, 그 뒤를 이어 다가올 금성의 운이 5등이어서 급격하게 내려가는 운을 만나게 된다. 따라서 庚子 대운까지는 아무런 근심걱정도 하지 않고 살다가 己亥 대운이 시작할 때부터 더 올라가지 못하고 내려가기 시작하면서 가정에 풍파가 생겨 남편과 별거하다가 끝내 이혼을 하였다.

그리고 튼튼한 직장마저 그만 두고 어설픈 동업의 형태인 프로덕션을 하면서 몇 년간 얼마 안되는 연봉을 받으면서도 일은 더 많이 한 까닭에 몸만 축나고 스트레스만 받았지만 그만 둘 수도 없는 상황에 몰리게 된 것이다.

이 사람의 실제의 삶을 비교했을 때 공식에 의한 운의 순위보다는 특수한 지지구조에 걸려서 바뀐 운의 순위대로 적용했을 때가 현실과 너무 흡사하게 맞아떨어짐을 알 수 있었다.

이렇듯 사주 지지가 특수하게 구성되면 공식에 의한 운의 순위가 작용하지 않음을 알아야 한다. 필자의 결론은 회사의 명의도 돈을 투자한 사람으로 바꾸고 아무 것도 바라지 말고 몸만 빠져 나와 몇 달간 푹 쉬면서 건강을 회복하라고 했다.

그 뒤 얼마 안 있어 친구를 데리고 왔는데 필자에게 하는 말이 회사를 그만 두고 푹 쉬고 있으면서 다른 직장을 알아보고 있다고, 그리고 살도 빠지면 다시 결혼도 하고 싶다는 말로 상담을 끝냈다.

[水星(수성)과 火星(화성)이]

다음은 화성과 수성이 싸우는 구조이다.

시	일	월	년
水	土	金	木
火	火	水	水

수성이 2.4로 가장 강해 화성이 피해보고 있다. 구제오행은 토성과 목성이 나온다. 토성 일간은 신강이므로 토성보다는 목성에게 화성을 구하라고 부탁한다.(일차공식의 끝)

그러나 월간의 금성이 목성의 활동을 방해하므로 이차공식까지 대입해야 한다. 이차 구제오행은 화성과 수성이지만, 역시 신강이라서 수성에게 목성을 구하라고 부탁하면서 공식은 끝난다.(이차공식의 끝)

따라서 용신은 수성, 희신은 목성, 기신은 토성. 구신은 금성. 한신은 화성으로 공식에 의한 운의 순위를 정하면 수성의 운이 1등. 목성의 운이 2등이며 지지의 길신을 생하는 금성의 운이 3등이고 길신과 친한 화성의 운이 4등이며 마지막 남은 토성의 운이 5등을 차지한다.

그런데 사주 지지가 두 오행으로 나누어 싸우고 있는 현상으로 공식에 의해 나온 운의 순위를 적용하면 현실과 맞지 않는 해석이 된다. 따라서 지지의 싸움을 말릴 수 있는 운의 순위를 다시 정하고 거기에 맞는 해석을 해야만 현실과 맞아 떨어진다는 것이다.

자, 화성과 수성의 싸움을 말릴 수 있는 오행의 운으로는 목성과 토성이다. 이 싸움을 말리지 않으면 일간(나)은 한시도 편할 날이 없으므로 목성과 토성의 운에게 1등과 2등의 순위를 준다.

순위를 정하는 기준점은 신강과 신약, 음양의 차이를 본다고 했다. 이 사주의 일간은 신강이므로 토성보다는 목성의 운에게 1등을 주는 것이 합리적이라 할 수 있다. 그리고 하나 남은 토성의 운을 2등의 운으로 한다.

나머지 금성과 수성과 화성이 남았는데, 일간이 신강일 때는 5등의 운을 먼저 정하면 편리하다고 했다. 일간을 도와주는 오행의 운은 화성의 운으로 그것을 5등으로 하면 금성과 수성의 운이 남는다.

그 둘이 다 일간의 기운을 빼내가는 것이지만 수성은 일간의 아래(사주 지지)에 있어 금성보다는 좀더 수월하게 일간의 기운을 빼낼 수 있으므로 금성보다는 우위인 3등의 운을 주고, 금성의 운을 4등으로 정한다.

다시 종합하면 목성의 운이 1등, 토성의 운이 2등, 수성의 운이 3

등, 금성의 운이 4등, 화성의 운이 5등으로 정해져 대운의 흐름을 보아야만 현실과 맞는 해석을 할 수 있는 것이다.

사주팔자 (여)	시	일	월	년
	乙	己	丁	乙
	亥	巳	亥	巳

대 운	乙	甲	癸	壬	辛	庚	己	戊
	未	午	巳	辰	卯	寅	丑	子
	79	69	59	49	39	29	19	09

오행비율   水星:2.20 火星:2.20 木星:0.40
　　　　　　金星:0.00 土星:0.00

음양비율   음기:2.2   양기:2.6   중성:0

일주강약   2.20 (身强)

오신육친   용 신 : 木星　官星
　　　　　　희 신 : 火星　印星
　　　　　　기 신 : 金星　食傷
　　　　　　구 신 : 水星　財星
　　　　　　한 신 : 土星　比劫

격　　국   (財星)官星生印星格

체　　질   財星/印星(D)

종합판단

이 사람은 결혼을 앞두고 있었던 처녀일 때, 필자를 찾아와 현재의 남편하고 궁합이 맞는지 안 맞는지 상담을 한 적이 있었는데, 그때가 92년도라고 한다. 그리고 8년이 지난 2000년에 필자를 다시 찾았다.

결혼을 하려고 작심하고 찾아와 궁합을 보게 된 계기는 이 사람의 절친한 친구가 연애 결혼을 하지 않고 오로지 맞선으로 상대를 찾아 궁합을 맞추어보고 결혼을 했는데도 너무 행복한 신혼생활을 하고 있었기 때문이며, 친구의 궁합을 필자가 봐주었기 때문에 혹시나 하는 마음에서 친구랑 같이 온 것이었다.

8년 전에 남편과의 궁합이 맞지 않으니 마음의 상처가 크지 않다면 결혼을 하지 말라고 했었단다. 그런데 그 당시에는 연애를 오랫동안 했고, 남편을 너무나 사랑하여 필자가 반대하는 것을 무릅쓰고 결혼을 감행했다고 한다.

여기서 남편 되는 사람의 사주는 공개하지 않기로 한다. 지금은 특수한 지지구조를 공부하는데 중점을 두고 있기 때문이다.

이 사람의 사주를 공식에 대입해보자. 수성이 강해 화성이 피해보고 있다. 구제오행으로는 토성과 목성이다. 일간이 신강이므로 토성이 있어도 그것을 사용하진 않을 것은 불을 보듯 뻔하다. 따라서 시간의 乙 목성에게 화성을 구하라고 부탁하는 것으로 공식은 끝난다.(일차공식의 끝)

용신은 목성으로 관성이며 희신은 화성으로 인성이므로 격국은 관성생인성격이 되고, 운의 순위도 목성이 1등. 화성이 2등이 된다. 그리고 지지의 길신과 친한 토성이 3등이 되고, 길신이 억제하는 금성이 4등이 되고, 길신을 억제하는 수성이 5등이 된다.

그렇다면 초반 수성의 운이므로 5등에서 출발하여 현재는 목성의 운으로 1등에 있으며, 훗날 맞이하는 화성의 운은 2등으로 흐름을 알 수 있다.

그런데 이 사주 역시 지지가 두 오행으로 나누어 싸우고 있는 특수한 지지구조다. 이렇게 싸우고 있는 것은 일간에게 엄청난 충격을 준다. 즉, 자신이 서 있는 땅이 반 쪽으로 갈라져 울퉁불퉁 불협화음을 내고 있으므로 어느 쪽으로 가든 안정감을 찾을 수 없다. 그러므로 이들의 싸움을 말리는 것이 급선무다.

수성과 화성이 대치하고 있을 땐 역시 목성의 운과 토성의 운이 구제의 역할을 할 수 있으므로 그들이 1등과 2등의 운을 차지하는 것은 당연하다. 문제는 등위를 정하는 것으로 그것은 오로지 일간만 할 수 있는 것이다.

여기서도 신강이므로 목성에게 1등의 운을 주고 토성에게 2등의 운을 준다. 나머지 금성과 화성 그리고 수성의 운이 남았는데, 신강일 때는 5등의 운을 먼저 찾는 것이 수월하다고 했다. 일간을 도와주는 화성의 운을 제일 싫어할 것이므로 5등을 주고, 금성과 수성은 일간의 기운을 빼내는 역할을 하지만, 일간의 아래(사주 지지)에 있는 수성이 금성보다 그 일을 유리하게 할 수 있으므로 3등의 운을 수성이 차지하고, 금성의 운은 4등이 된다.

이렇게 되면 초반에 맞이하는 수성의 운을 5등이 아닌 3등으로 해석하는 것이 현실과 부합된다. 만약 공식에 의한 운의 순위대로라면 수성의 운이 5등에서 목성의 운인 1등으로 갑자기 상승된다면 이 사람의 삶에 많은 변화가 있었을 것이라 추측할 수 있다.

그런데 이 사람은 어릴 때(수성의 운)와 나이가 든 지금과 생활여건이나 주변이 별반 달라지는 것이 없는 생활을 하고 있다고 한다. 생활에 변화가 없다는 것은 5등에서 1등으로 급격히 상승하는 것이 아니고, 3등에서 1등으로 단계적으로 상승하는 것임을 알 수 있는 대목이다.

실생활을 살펴보자. 2000년 여름 찾아왔을 때도 8년 전과 똑같이 행복하게 살고 있는 친구랑 같이 왔다. 예전에 필자가 마지막으로 한 말은 남편과 결혼하게 되면 생활의 모든 것을 남편이 아닌 자신이 책임져야 한다고 했었는데, 그 당시에는 그러한 것까지도 포용할 수 있을 것으로 생각해서 결혼을 했다고 한다.

실제로 결혼하여 일년 뒤 딸을 낳자, 남편은 일을 하지 않았고, 처음에는 친정에서 생활비는 물론 남편의 용돈까지 대주었고, 하도 눈치가 보여 자신이 직장에 다니고 남편은 집에서 아이를 보았다고 한다.

그런데 집에서 놀고 있는 남편이 바람을 피기 시작했다는 것이다. 자신이 벌어오는 돈으로 살림이나 하지 않고 아이를 간간이 시댁에 맡기고는 동네 당구장의 아가씨와 차를 타고 데이트를 즐기며 사랑을 나누고 있었다고 한다.

그러한 모습이 소문으로 번져 자신까지 알게 되었고, 그러한 소문이 사실인지 확인하려고 하자 막무가내로 발뺌을 하는데 나중에는 때리기까지 했다고 한다. 아이 때문에 남편의 바람을 보고도 못 본 척 몇 년째 살고 있었는데, 2000년 초부터는 사업을 한다고 여기저기 사람들을 만나고 돌아다니다가 결국은 사업자금을 가지고 오라고 강요를 했다고 한다.

그렇게 큰 돈이 어디에 있냐고 항의하면 친정집에서 빌려오라고 큰소리치는 바람에 이제는 헤어지고 싶다고 필자를 찾아왔으며, 협의 이혼을 하고 싶은데 남편이 끝까지 버티는 바람에 벌써 6개월이나 끌고 있다면서 어떻게 하면 쉽게 헤어질 수 있는가를 묻는 것이었다.

필자가 92년 당시 남편과의 결혼을 반대할 때 좀더 신중하게 생각하지 않았냐고 물었더니 자신이 남편을 너무 사랑했으므로 남편이 만의 하나 능력이 없어 놀더라도 충분히 감당할 수 있었을 것 같아서 무작정 결혼을 했다고 한다.

그래도 바람까지만 피지 않았어도 살 수 있으련만, 지금은 그것이 습관이 되어 자신하고는 각방을 쓰면서도 아가씨하고는 계속해서 같이 밤을 함께 보낸다고 한다. 더구나 시댁에서도 그 사실을 알면서도 남편을 야단치기는커녕 자신에게 사업자금을 대주라고 끊임없이 압박을 가해 온다고 한다.

그러는 바람에 시댁이나 남편에게 있는 정, 없는 정 모두 떨어져 현재는 아이를 데리고 친정집에 살면서 협의이혼하기만을 고대하며 지낸다고 했다. 필자는 이 사람에게 이혼소송을 하라고 권했다. 바람 피는 것과 가족의 생계를 돌보지 않은 것 그리고 때리는 습관과 친정집에서 돈을 가져오라는 협박 등을 거론하면 충분히 이혼할 수 있을 것이라 생각했기 때문이다.

그 뒤의 소식은 아직 들은 일이 없지만, 90% 이상은 이혼했으리라 본다. 나중에라도 알게 되면 그 결과를 다른 책에 공개하도록 하겠다.

사주팔자 (여)	시	일	월	년
	癸	丙	壬	庚
	巳	子	午	子

대　운	甲	乙	丙	丁	戊	己	庚	辛
	戌	亥	子	丑	寅	卯	辰	巳
	74	64	54	44	34	24	14	04

오행비율 水星:2.40 火星:2.20 金星:0.20
土星:0.00 木星:0.00

음양비율 음기:2.6 양기:2.2 중성:0

일주강약 2.20 (身强)

오신육친 병 신 : 火星 比劫
1약신 : 土星 食傷
2약신 : 木星 印星
기 신 : 水星 官星
한 신 : 金星 財星

격　국 (印星)比劫用比劫格(食傷)

체　질 官星/比劫(D)

종합판단

이 사람은 필자가 운영하는 사주카페랑 가평의 전원주택을 맞교환해준 부동산업자의 친구로 다단계 판매계에서는 알아주는 큰손이라 한다. 지금도 화장품 판매를 하고 있는데, 애인과의 문제로 2004년 초 찾아왔다.

녹현방정식을 대입한 결과, 용신인 비겁이지만 병이 들어 병신이라고 하며, 1약신으로는 식상이 차지하고 2약신은 인성이 되었다. 그래서 운의 순위는 1약신인 토성의 운이 1등이고, 병신인 화성의 운이 2등이 되고, 2약신인 목성의 운이 3등을 차지하고, 한신인 금성의 운이 4등이며, 수성의 운이 5등이 된다.

그렇다면 초반 잠시 있는 화성의 운은 2등이었다가 곧바로 이어지는 목성의 운은 3등이 되고, 현재 맞이하고 있는 수성의 운은 5등이 되어 전체적인 운의 흐름은 처음부터 계속해서 내려가고 있다는 것을 알 수 있다.

이런 흐름이라면 이 사람에게는 나이가 들수록 행복하거나 만족했던 시기는 없어 늘 불만에 찬 나날을 보냈으리라 추측된다. 그런데 실제의 삶에 있어서는 그렇지가 않았다는데 문제가 있다.

그것은 이 사람의 사주 지지가 특수한 상황에 놓여 있었기 때문이다. 지지가 두 가지의 오행으로 나누어 다투고 있다. 이렇게 되면 공식에 의한 운의 순위가 삶에 적용되지 않고 지지의 싸움을 말리는 운의 순위를 다시 뽑아 그 순위로 삶을 적용해야만 일치한다는 것이다.

수성과 화성이 싸우고 있을 때, 말릴 수 있는 오행으로는 목성과 토성이 나온다. 그 둘 중에서 1등과 2등이 나오는데, 현재 일간은 신강이므로 자신을 도와주는 목성의 운보다는 기운을 빼내는 토성의 운에게 1등을 준다. 그러면 자연히 목성의 운이 2등이 된다.

나머지 남은 오행들이 수성과 화성 그리고 금성이 있다. 신강일 때는 5등의 운을 먼저 정하는 것이 편하다고 했으니 찾아보자. 유일하게 화성의 운만 일간을 도와주므로 5등이 되고, 금성과 수성은 일간의 기운을 빼내주지만, 일간의 아래(사주 지지)에 있는 수성이 금성보다는 유리한 위치에 있으므로 3등을 주고, 금성의 운은 4등으로 정한다.

특수한 지지구조에 의한 운의 순위대로 대운을 살펴보면 초반 잠시뿐인 화성의 운은 5등이며, 곧바로 다가온 목성의 운은 2등이 되고, 지금 맞이하고 있는 수성의 운은 3등에 있어 공식에 의한 운의 순위와는 다르게 전개되어 간다.

이 사람의 실제의 삶이 어떠했는지 살펴보면 공식에 의한 운의 순위가 맞는지 특수한 지지구조에 의한 운의 순위가 맞는지를 알 수 있다.

격국이 비겁용비겁격이라서 여자지만 독립심이 강함을 알 수 있다. 남편의 도움이나 사랑을 받기보다는 스스로 바깥의 일을 하면서 친정에서는 아들 노릇까지 하면서 여장부답게 살아가야만 한다.

남편의 복이나 덕이 없는 관계로 결혼해 부부생활을 하면서 어딘가 행복감을 맛보기에는 부족함을 느낌을 알 수 있다. 그렇지만 남편이라는 사람이 이 사람을 구속하지 않고 밖의 일을 허락하고 조금은 자유로운 생활을 하게 놔준다면 충분히 해로할 수도 있는 운명이다.

그렇지만 운명이란 그렇게 흐르지만 않은 법이다. 남편이 능력이 있어서 그런지는 모르지만, 바깥의 생활을 인정하지 않았으며, 가정에만 묶어두려고 했고, 결혼 초부터 감시의 눈길을 보냈다고 한다. 그러다가 딸을 낳았고 집에서 살림만 했었는데, 남편이 어느 날부터인가 도박에 빠지기 시작했다는 것이다.

직장은 다니면서도 퇴근하면 집으로 오는 것이 아니라 하우스인가 하는 곳으로 출근을 하고, 새벽에 들어와 옷만 갈아입고 나가는 나날이 시작된 것이다. 끝내는 빚만 늘어나기 시작했으며 견디다 못해 집을 처분하여 갚았지만, 남편은 정신차리지 못하고 마지막으로는 퇴직금까지도 미리 받아 다 날리고 말았다고 한다.

결혼생활 7년만에 이혼을 하고 지금까지 홀로 살고 있는데, 이 사람의 말에 의하면 혼자 살면서부터 정말 날아갈 것만 같은 기분이 들었고, 딸을 자신이 맡아 키웠지만 누구의 도움이나 방해도 받지 않고 자식을 키운 것에 대한 자부심이 누구보다 큼을 알 수 있었다.

이번에 필자를 찾은 것은 위에서 언급한대로 애인과의 문제를 상의하고자 온 것인데, 그 사람을 사랑하지는 않았지만 몇 년간 사귀어와 정도 많이 들었고, 물질적으로 도움도 여러 차례 받았고, 심적으로 힘이 들 때 의지처가 되어주었던 사람이라 한다.

그런데 그 사람보다 조건이 좋은 남자가 근래 나타났고, 이제는 나이도 들어 어떻게 살아야만 하는지 마지막 점검을 받아보고 싶다고 했다. 한참을 살폈다. 대운의 흐름이 44세부터 미세하나마 하강하고 있고, 세운도 좋지 않은 상황이므로 격국보다는 체질의 성향을 조금 더 많이 나타내지 않을까 보았다.

어차피 격국에는 관성이 없는 관계로 진정한 사람이 무엇인지는 모른다고 한다면 지금까지의 애인하고 관계를 유지한 것은 도움을 받을 수 있었으므로 가능했다고 보여지는데, 그것보다 더 나은 조건의 남자가 나타났다면 남아 있는 정마저 사라지는 것이 당연하다고 보았다.

이 사람이 말하길 '애인을 싫어하기보다는 새로 사귄 남자와 데이트를 하고 오면 어디에 갔다가 왔냐고 꼬치꼬치 묻는 것이 귀찮아서' 정리하려고 하는 것이란다. 어쩔 수 없는 상황이었다. 관성이 길신이 아닌 여자를 만난 남자가 불쌍할 뿐이구나 생각하면서 시간을 두면서 정리하라고 했다.

그리고 누구를 만나든 어차피 사랑이라는 감정은 물 건너 갔으므로 조건을 따지면서 만나고 물질적인 도움을 받은 만큼만 사랑해주라고 했다. 끝으로 새로 사귄 남자가 마지막이 아니니 당신에게 도움을 준다는 남자가 생기면 그 집안에 피해가 가지 않는 선에서 사귀어야 한다고 했다.

그렇게 말한 것은 격국과 체질에 재성이 들어있지 않았고, 운의 흐름도 굴곡이 크지 않아 나이가 들어도 지금과 같은 생활이 계속해서 이어질까봐 두려워서 말했다. 나이가 먹기 전에 무엇인가 장만해두지 못하면 비참한 노후생활로 이어지지 않을까 염려해서다.

木星(목성)과 土星(토성)이

```
시   일   월   년
火   火   土   水
木   土   木   土
```

토성보다는 목성이 더 강해 토성이 피해보고 있는 상황이다. 토성을 구하기 위한 오행으로는 금성과 화성이 나오지만, 일간이 신강이므로 화성보다는 금성에게 토성을 구하라고 하고 싶었으나 사주상에 없으므로 어쩔 수 없이 화성에게 부탁한다.(일차공식의 끝)

그런데 년간의 수성이 화성의 활동을 방해하고 있으므로 또 한번의 공식을 대입해야 한다. 수성이 화성을 억제할 때의 구제오행은 목성과 토성이 있어야 하는데, 그 둘이 다 사주 안에 있지만, 신강이므로 토성에게 수성을 막아달라고 부탁하면서 공식은 끝난다.(이차공식의 끝)

따라서 용신은 토성이고 희신은 화성이므로 토성의 운이 제일 좋으며 화성의 운이 두 번째로 좋고, 그 다음으로는 지지의 길신을 보고 결정한다. 현재 지지에는 길신인 토성이 있으니 남아 있는 오행 중에서 토성을 생하는 오행을 찾아야 하나, 없다면 토성과 친한 오행의 운을 세 번째로 잡는다.

그래서 금성의 운이 세 번째를 차지하고 길신이 극하는 오행 즉 수성의 운이 네 번째가 되고 길신인 토성을 억제하는 목성의 운이 다섯 번째를 차지하게 된다. 그러나 그러한 공식에 의한 운의 순위가 이 사주에는 적용되지 않는다.

그 이유는 지지가 목성과 토성으로 나누어 서로 다투므로 이 사주는 특수한 지지구조에 걸렸기 때문이다. 그러므로 일간은 이들의 싸움을 말릴 수 있는 운을 만나야만 행복하게 살 수 있다.

지지의 싸움을 말리는 운의 순위를 뽑아보자. 목성과 토성이 다툴 때 말릴 수 있는 오행의 운은 화성과 금성이다. 화성과 금성의 운이 1등과 2등을 차지하는데, 그것을 선택하는 것은 오로지 일간뿐임을 잊어서는 안된다.

이 사주의 일간은 신강이므로 일간의 기운을 억제할 수 있는 금성의 운에다가 1등을 주고, 화성의 운은 2등을 준다. 나머지 목성과 토성 그리고 수성의 운이 남았다. 신강하다면 제일 나쁜 운부터 잡아야 한다고 했으므로 일간을 도와주는 목성의 운을 5등으로 잡는다.

그리고 토성과 수성의 운 중에서 토성이 일간의 아래에 위치해 기운을 잘 빼내므로 토성의 운을 3등으로, 수성의 운을 4등으로 정하는 것으로 순위는 모두 끝난다.

예외적인 경우: 목성과 토성이 지지를 양분하여 다투고 있을 때 무조건적으로 지지구조에 걸리는 것이 아니다. 지지의 토성은 辰, 戌, 丑, 未가 있어서 목성과 싸울 때 있어서는 안되는 토성이 하나 있다. 그것은 바로 辰이라는 토성이다. 辰 속에는 목성의 기운을 지니고 있

으므로 토성 중에 辰이 낀다면 목성과 싸움을 처절하게 하지 않기 때문에 일간은 특수한 지지구조로 생각하지 않고 공식에 의한 운의 순위대로 살아가기 때문이다.

사주팔자 (여)	시	일	월	년
	丙	乙	辛	甲
	戌	卯	未	寅

대 운	癸	甲	乙	丙	丁	戊	己	庚
	亥	子	丑	寅	卯	辰	巳	午
	72	62	52	42	32	22	12	02

오행비율 木星:2.20 火星:1.04 土星:0.86
金星:0.70 水星:0.00

음양비율 음기:0.7 양기:3.6 중성:0.5

일주강약 2.20 (身强)

오신육친 용 신 : 土星 財星
희 신 : 金星 官星
기 신 : 木星 比劫
구 신 : 火星 食傷
한 신 : 水星 印星

격 국 財星生官星格

체 질 比劫/財星(D)

종합판단

재작년 메일로 상담을 신청했던 사람으로 나이는 적어도 그 누구보다 시련을 많이 겪고 살아와 아직도 필자의 뇌리에 생생하게 남아 있는 상담자다.

먼저 사주를 풀어보자. 목성이 강해 토성이 피해보고 있고 구제오행으로는 화성과 금성이 나온다. 구제의 오행이 식상과 관성이라 신강약으로 선택할 수 없으므로 사주 전체의 음양차이를 본다. 양기(3.6)가 음기(0.7)보다 2.9가 더 강하므로 양기인 화성보다는 음기인 금성에게 토성을 구제하라고 한다.(일차공식의 끝)

그러나 시간의 화성이 금성의 활동을 방해하므로 또 한번의 공식을 대입한다. 이차 구제오행으로는 토성과 수성이 나온다. 신강이므로 토성에게 금성을 구하라고 하면서 공식은 끝난다.(이차공식의 끝)

용신은 토성이고, 희신은 금성으로 격국은 재성생관성격이다. 운의 순위는 용신인 토성의 시기가 1등, 희신인 금성의 시기가 2등, 지지의 길신인 토성을 생하는 화성의 시기가 3등, 길신이 억제하는 수성의 시기가 4등, 길신을 억제하는 목성의 시기가 5등으로 이것은 공식에 의한 운의 순위이다.

그러나 사주 지지가 두 오행으로 나누어 다투고 있는 현상이다. 이럴 때는 공식에 의한 운의 순위가 적용되지 않는다고 했다. 그렇다면 그들의 싸움을 말리는 운의 순위를 다시 정하여 대운에 적용하여야만 현실과 맞는 추론이 가능하다고 했다.

목성과 토성이 다툴 때는 화성과 금성의 운이 싸움을 말릴 수 있어 제일 좋은 운은 그들이 차지한다. 여기서는 신강약으로 나누어지지 않아 음양의 차이를 본다. 사주 안에 음기가 부족하므로 화성보다는 음기인 금성의 운을 제일 좋은 것으로 선택하고, 나머지 화성의 운을 2등으로 한다.

나머지 목성과 토성 그리고 수성의 운이 남았는데, 신강일 때는 제일 나쁜 운을 먼저 선택한다고 했다. 일간을 도와주는 운이 목성과 수성으로 두 가지가 나오지만 일간의 바로 밑에서 도와주고 있는 것을 더 싫어하므로 수성보다는 목성의 운이 제일 나쁜 운인 5등이 된다.

수성의 운은 4등이 되고, 남은 토성의 운이 3등이 되는 것이다. 다시 정리하면 금성의 운이 1등, 화성의 운이 2등, 토성의 운이 3등, 수성의 운이 4등, 목성의 운이 5등이다. 공식에 의한 운의 순위가 바뀌는 것은 토성과 금성 그리고 화성이며 나머지 순위는 같다.

따라서 초반에 맞이하는 화성의 운은 2등으로 괜찮은 편이지만, 곧이어 다가오는 목성의 운이 5등이 되므로 결코 2등의 운을 좋다고는 할 수 없다. 2등에서 더 오르지 못하고 내려가기 때문이다. 그래도 5등의 운보다는 2등의 운 때가 좋다고 볼 수 있다.

그래서 그랬을까 그래도 행복했던 시기는 초등학교 때와 중학교 때였다고 메일에는 써 있었다. 이 사람이 살아온 삶이 짧지만 사실 그대로 밝힌다. 아주 어릴 때 부모님이 이혼하여 할머니 밑에서 자랐고, 아버지가 재혼하는 바람에 초등학교 때부터는 편모하고 같이 살았다.

그러나 15살 때 아버님이 돌아가시는 바람에 편모슬하에서 이복동생들과 살다가 생활이 어려워지자 고등학교를 중퇴를 하고, 돈 때문에 일찍감치 사회생활을 했으나 남자들의 등쌀에 하루도 편할 날이 없다고 한다. 그러다가 술집까지 하게 되었지만 20대 초반에 무당이 되는 수순을 밟았고, 몇 년간 고생하다가 끝내는 거부하고 다시 술집을 운영했다.

결과는 돈도 벌지 못하고 빚만 지고 잠적하려다가 좋은 남자친구를 만나 함께 PC방을 운영했으나, 남자친구의 식구들 때문에 같이 살지도 못하고 혼자 살 지경에 빠져 있으며 무엇을 하면서 살아야 할지 막막하다고 했다.

차라리 역학을 공부하여 그 분야로 나가야 하는지, 아니면 예전에 했던 술집을 다시 해야 하는지 판단이 안 선다는 요지의 상담이었다. 요즘 들어서는 자꾸만 이상한 생각이 들어 혹시 정신적으로 이상이 생기는 것이 아닌가 할 정도로 염려가 된다고 했다.

이 글을 읽으면서 필자는 남들은 평생 살면서 겪어야 할 것을 나이 29살에 그 많은 일들을 겪었으니 이 사람이 안타깝기만 했다. 아래에 당시 메일로 보냈던 내용을 그대로 옮긴다.

[나이도 어리데 엄청난 시련을 겪으면서 살아왔군요. 님의 글을 읽다 보면 이것은 노인네들의 삶을 듣는 것 같습니다. 그렇게 짧은 기간에 엄청난 생을 살아와야 할 님의 운명 왜 그런지를 지금부터 알아봅시다. 님의 격국(추구하는 삶)은 재성생관성격. 심성체질(끌려가는 삶)은 비겁과 재성체질. 운의 흐름(마음의 만족도)은 초반 2등에서 출발하여 곧 5등으로 떨어지는 급격한 변화를 보이고 있답니다. 이러한

흐름이라면 도저히 마음의 행복이 올 수는 없으리라 생각합니다. 그렇다면 격국보다는 체질의 영향을 많이 받는 것이 당연한데...... 님의 경우 두 가지의 체질로 서로가 싸우고 있답니다. 하나는 비겁이며 하나는 재성인데...... 비겁이란 한 마디로 이상적인 삶이며 재성이란 현실적인 삶입니다.

어릴 때의 겪었던 모든 것들은 다 님의 운명에서 찾으려고 하면 안됩니다. 어렸을 때는 부모님들의 영향을 많이 받기 때문이지요. 따라서 님의 운명에서 느낄 수 있는 것은 단 한 가지랍니다. 자신의 뜻대로 발랄하고 생기 있게 멋 내면서 즐거움이 가득찬 생활을 하면서 금전에 대해서도 여유 있게 쾌활 명랑하게 지내지 못한다는 것 뿐입니다.

그것을 종합하면 오로지 살기 위해서 현실적으로 돈을 벌어야 했으며 그러다가 돈도 날리고 속세와의 인연을 끊고자 엉뚱한 짓을 하기도 하며, 누군가에게 의지하고자 몸을 맡기기도 하며 마음은 아닌데도 남에겐 웃으면서 살아가야 하며 그러면서도 마음 속에 간직한 사랑하는 그 무엇인가를 애타게 찾으려고 방황한다는 것입니다. 이러한 이유는 님이 격국을 찾아가지 못하고 체질로 끌려가기 때문입니다. 차라리 재성체질만 있었다면 운이 떨어져도 악착같이 돈만 벌 텐데...... 비겁체질까지 있어 그 길로 쭉 나갈 수가 없게 만든 것이 문제였습니다. 자, 방법을 찾아야 합니다. 이렇게 허물어지면 안되겠지요. 어차피 운의 흐름이야 막을 순 없는 것입니다. 그렇다면 그것에 순응하면서 님에게 맞는 그 무엇을 찾아야 하는데...... 가장 인간적인 냄

새가 나는 즉 돈도 좋아하지 않고 자신만의 이득을 위해서 일하지 않고 자신만의 재미나 즐거움을 위해서 탐닉하지 않고 남들에게 베풀어주고 보살펴주고 올바른 삶을 제시해주는 모습을 우선은 보여야 합니다.

그러면서도 뒤로는 돈도 되고 나만의 쾌락도 있으며 사랑하는 남자와 같이 살 수도 있고 자유 분망하게 이곳 저곳을 돌아다니면서 순간이나마 행복할 수 있는 그 무엇을 찾아야 한다는 것이지요. 좋아요, 다 말하지요. 남들의 정신적 심리적인 안정을 찾아주면서 님은 남들과는 다른 차원에서의 삶을 사는 그런 모습을 보여주어야 합니다. 즉 명분은 살리면서도 아무도 모르게 실리도 찾을 수 있는 것 말입니다. 그것이 바로 역학이라고 전 님에게 권하고 싶군요.

더구나 무당까지 하셨으니 그런 소질은 충분히 있다고 전 봅니다. 조금만 더 공부하세요. 그래야만 비겁체질과 재성체질의 장점을 살릴 수 있으니까요. 술장사니 노래방이니 또는 다른 것으로 허비하지 마세요. 힘만 들 것이라 보기 때문입니다. 모든 것을 정리하세요. 깨끗하게 말입니다. 그리고 역학을 배우세요. 만약 그것이 싫다면 스님이 되세요. 그래서 포교원을 하세요. 산속이 아니라 속세에 머물도록 말입니다. 그래야만 님의 인생! 그나마 보람된다고 볼 수 있답니다.

그 이상 이하도 없음을 인지하고 오로지 남에게 좋은 삶을 제시하고 나만의 삶을 살겠다는 의식으로 살아가세요.]

사주팔자	시	일	월	년
(남)	戊	丙	乙	癸
	戌	寅	卯	未

대 운	丁	戊	己	庚	辛	壬	癸	甲
	未	申	酉	戌	亥	子	丑	寅
	71	61	51	41	31	21	11	01

오행비율 木星:2.40 土星:1.40 火星:0.50
金星:0.30 水星:0.20

음양비율 음기:0.5 양기:3.4 중성:0.9

일주강약 2.90 (身强)

오신육친 병 신 : 土星 食傷
1약신 : 金星 財星
2약신 : 火星 比劫
기 신 : 木星 印星
한 신 : 水星 官星

격 국 食傷用食傷格

체 질 印星/食傷(D)

종합판단

먼저 녹현방정식을 대입해보자. 목성이 강해 토성이 피해보고 있는데, 그것을 구제할 수 있는 오행은 화성과 금성이다. 화성과 금성이 수치로는 나타나나 토성 속에 갇혀 활동할 수 없는 상황이라서 피해 보고 있는 토성을 구할 수 없다.(일차공식의 끝)

더 이상의 공식이 진행이 안되어 피해보고 있는 토성이 곧 용신이나 병이 들어있으므로 병신이라 일컬으며 1약신은 금성이고 2약신은 화성이 된다. 격국은 식상용식상격이 되고, 운의 순위를 적어보면 1약신인 금성의 운이 1등, 병신인 토성의 운이 2등, 2약신인 화성의 운이 3등, 기신인 목성을 돕는 수성의 운이 4등, 기신인 목성의 운이 5등이 된다.

그러나 지지가 두 오행으로 나누어 서로 다투고 있는 형상이다. 이렇게 되면 공식에 의한 운의 순위보다는 지지의 싸움을 말리는 운이 더 필요하므로 운의 순위를 다시 정해야 한다. 목성과 토성이 싸울 땐 금성과 화성의 운이 필요하며, 일간이 신강한 관계로 금성의 운에게 1등을 주고, 화성의 운에게 2등을 준다.

그리고 신강이므로 일간을 도와주는 오행인 목성의 운을 제일 싫어하므로 5등을 주고, 나머지 토성과 수성이 남았다. 그들은 일간의 기운을 다 억제할 수 있지만, 일간의 바로 밑에서 기운을 빼내는 토성의 운을 3등으로 하고, 수성의 운은 4등을 준다.

공식에 의한 운의 순위와 지지구조에 걸려 나온 운의 순위가 달라지는 것은 토성과 화성의 운으로 2등과 3등이 바뀌었을 뿐이다. 그래도 공식에 의한 것보다는 지지구조에 걸린 순위로 살펴보아야 현실과 맞는 추론을 할 수 있다.

초반 잠시 다가온 甲寅 대운은 목성의 시기로 5등이었다가, 癸丑

대운이 시작되는 수성의 시기는 4등으로, 그러다가 현재 맞이하고 있는 금성의 시기는 제일 좋은 1등의 운에 있다. 이런 흐름이라면 목성과 수성의 시기가 있었던 40년 동안의 시절보다는 그 이후가 훨씬 나아짐을 알 수 있다.

그래서 그랬을까? 이 사람의 삶을 살펴보면 그런 흐름을 확연하게 확인할 수 있었다. 결혼해 두 아이(딸과 아들)를 낳고 얼마 안 있다가 처가 병사하고 처녀와 재혼을 했다고 한다. 그런데 두 번째의 처가 딸을 낳자, 그때부터 전처 소생의 아이들과 자신을 홀대하고 학대하기 시작하여 수도 없이 부부싸움을 하며 살았다고 한다.

사업적으로는 안해 본 것이 없을 정도로 여러 종류의 사업을 하다가 40대가 넘어서 한 문방구 사업이 잘되는 바람에 전처 소생의 아이들을 잘 키워 딸은 변호사 남편을 만나 결혼했고, 아들은 유학까지 갔다가 와 흔히 말하는 능력 있는 처를 만나 행복한 결혼생활을 하고 있다고 한다.

이 부분에서 이 사람의 대운이 크게 작용했음을 알 수 있다. 40대 전까지 처가 죽고 재혼도 했으나 평탄하지 못했고, 사업적으로도 힘들게 이끌어 왔는데, 그 이후 한 사업이 잘되어 금전에 관해서는 더 이상 신경을 쓰지 않아도 될 만큼 기반을 튼튼히 잡은 것이다.

지금은 LPG 가스업까지 손을 대어 무난히 꾸려나가고 있어 남들이 부러워할 만큼 살고 있다고 하니 대운의 영향을 최대한 받으며 살고 있는 셈이다. 문제는 가정적인 것인데, 전처 아이들이 다 결혼하여 분가했음에도 처와 막내 딸은 자신을 학대하고 돈만 빼돌리는 혈안이 되어 툭하면 이혼하자고 싸움을 걸고, 어느 때는 고소까지 해 경찰서에 끌려간 적도 있었다고 한다.

그들의 행패를 보다 못해 전처 소생의 자식들이 어떻게 하든지 빨리 정리하기를 바라지만, 이 사람은 전처와 해로를 못한 것이 한이 되어 어떻게든지 두 번째의 처와는 헤어지지 않고 해로만은 하겠다는 굳은 마음으로 지금까지 버티어 왔다고 한다.

필자에게 오기 전에도 처의 통장에 1억원과 막내딸 통장에 5천만 원을 넣어 주었단다. 되도록 조용히 살고 싶으니까. 그런데 돈이 적다는 이유로 처와 막내딸이 가출을 했다는 것이었다. 더 이상은 참을 수 없어 어떻게 해결을 내는 것이 최선의 방법인지 알고자 왔다고 했다.

대운은 좋은 흐름인데도 가정적으로 이러한 고통을 겪는 원인으로는 첫 번째는 처의 사주에 있었으며, 두 번째로는 심성체질이 두 가지로 나타났기 때문이다. 인성과 식상체질은 서로가 상반되어 어떠한 결정을 내릴 때 단호하게 내리지 못한 것이 처에게 어떤 확신이나 믿음을 심어주지 못한 것이 아닐까 본다.

그리고 첫 번째의 원인이 된 처의 사주를 살펴보자. 심성체질이 비겁체질로 등급도 C급이며, 격국도 재성용재성격에 1약신은 식상이며 2약신은 관성이다. 격국의 크기도 길신이 년간에 하나밖에 없어 하격에 해당한데다가 대운의 흐름도 5등에서 4등으로 흐르다가 2등으로 올라간지 얼마되지 않았다.

남편을 의미하는 관성이 1약신이 아니고 2약신이 된 것은 남편보다는 자식을 더 챙기려는 마음임을 알 수 있고, 병신이 재성인 것도 남편보다는 재물에 욕심이 더 강함을 드러낸 것이고, 대운이 갑자기 바뀌어 좋아졌으나 격국의 크기가 컸다면 어느 정도는 인내하고 살아가련만 너무 작은 탓에 예전과는 다른 삶을 살고자 하려는 의지가 강해졌다.

더구나 여자에게 비겁체질이란 남편이나 가정에 묶이는 것보다는 어느 정도 살 수 있는 만큼의 여유가 생기면 독립해 자유스럽게 살고자 하려는 욕망이 강하다는 것을 말해준다. 그래서 이 사람이 처를 통제하기란 거의 불가능한 상황이므로 이 처를 거느리고 살면서 해로까지 하기에는 너무 적합하지 않은 사람을 만났다고 볼 수 있다.

결혼할 때는 너무 못살아 아이가 있는 사람이지만 그것에서 탈출하고자 어린 나이에 결혼을 했지만, 대운이 갑자기 좋아지면서 어려웠던 예전의 삶의 모습을 까마득히 잊어버리고 더 많은 것을 차지하고자 싸움을 걸었다.

필자의 답은 단호했다. 사람이 사람을 구한다는 것은 매우 힘든 일이며. 도움을 받았으면 보답은 못할지라도 고마움은 잊지 말아야 하는데, 처의 경우는 그럴만한 마음의 여유를 지니지 못했으므로 여기서 정리를 해야 한다고 했다.

단, 당신이 두 가지의 체질을 지녔으므로 결단을 내려야 할 시기를 자꾸 놓치므로 벌써 헤어질 것을 여태까지 미루어왔다. 처와 딸이 가출했으므로 이번의 기회만은 반드시 살려서 깨끗이 정리해주는 것이 서로에게 편한 것이라고 했다.

위자료로 얼마를 요구할지는 모르지만, 무리가 가지 않는 액수라면 당신의 핏줄인 딸도 처와 함께 살 것이므로 응하라고 하면서 상담을 끝냈다. 이 사람의 사주를 보면서 대운이 좋다고 하더라도 자신에게 영향을 많이 줄 배우자나 자식들의 사주에 의해서 변할 수도 있음을 뼈저리게 느꼈다.

사주팔자 (부인)	시	일	월	년
	庚	壬	庚	丙
	子	子	子	申

대　운	壬	癸	甲	乙	丙	丁	戊	己
	辰	巳	午	未	申	酉	戌	亥
	71	61	51	41	31	21	11	01

격　국　財星用財星格

체　질　比劫(C)

[火星(화성)과 金星(금성)이]

```
시  일  월  년
水  木  土  金
金  火  金  火
```

녹현방정식을 이용하여 용, 희신을 뽑아보자. 가장 강한 오행은 금성으로 피해를 보는 오행은 목성이다. 목성을 구제하기 위한 오행으로는 화성과 수성이 필요한데 일간이 신약이라서 수성에게 부탁하여 목성을 구한다.(일차공식의 끝)

그러나 월간의 토성이 수성을 억제하므로 이차공식까지 대입시킨다. 이차 구제오행으로는 목성과 금성이 필요하다. 신약이라서 목성에게 부탁하고 싶었으나 사주 상에 없으므로 할 수 없이 금성에게 수성을 구하라고 부탁한다.(이차공식의 끝)

그러자 지지의 화성이 금성의 활동을 방해하고 있으므로 삼차공식까지 대입했다. 삼차 구제오행은 수성과 토성이다. 신약이라서 수성에게 의지하면서 공식은 끝난다.(삼차공식의 끝)

용신은 수성이고 희신은 금성이며 기신은 토성, 구신은 화성, 한신은 목성이 된다. 운의 순위는 수성이 1등이며 금성이 2등이고, 지지의 길신인 금성을 생하는 토성이 3등이 되고 목성이 4등, 화성이 5등이 된다.

그런데 사주 지지가 화성과 금성으로 나누어 두 지지를 차지하여 서로 다투고 있는 형상이다. 지지가 이렇게 다투고 있다면 공식에 의한 운의 순위와 실제의 삶과는 다름을 앞에서 알았다. 지지의 싸움을 말리는 운의 순위로 등위를 매겨 비교해야만 실제의 삶을 정확히 추적할 수 있다는 것을 말이다.

금성과 화성의 싸움을 말리는 오행으로는 수성과 토성이 나온다. 둘 중에서 어느 오행의 운에게 일 순위를 주고 이 순위를 줄 것인기는 오로지 일간만이 선택한다. 그 기준점은 신강과 신약 그리고 음양의 차이다.

여기선 일간이 신약이므로 토성의 운보다는 수성의 운에게 1등을 주고, 토성의 운에게 2등을 준다. 그리고 남아 있는 오행으로는 목성과 금성 그리고 화성이 있다. 이 중에서 어느 오행의 운을 일간이 먼저 원할 것인가를 생각하면 의외로 쉽다.

일간이 신약이라 자신의 기운을 도와줄 수 있는 오행을 찾고 싶을 것이다. 나머지 오행 중에서 목성만이 일간의 기운을 도와줄 수 있으므로 3등의 운을 목성에게 준다. 그리고 화성과 금성으로 4등과 5등을 정하는 것만 남았다.

그런데 화성이나 금성은 일간의 기운을 빼내가는 오행들인지라 솔직히 신약한 일간이 기뻐할 리가 없을 것이다. 또한 신강과 신약한 것을 기준 삼아 등위를 정할 수도 없다. 이럴 때는 사주 전체의 음양의 차이를 본다.

이 사주에서 양기가 2.0이고 음기는 2.6으로 양기가 부족함을 알 수 있다. 따라서 음기인 금성보다는 양기인 화성의 운에게 4등을 주고, 남은 금성의 운에게 5등을 주는 것으로 운의 순위는 정해지는 것이다.

사주팔자 (남)	시	일	월	년
	辛	乙	己	丁
	巳	酉	酉	巳

대 운	辛	壬	癸	甲	乙	丙	丁	戊
	丑	寅	卯	辰	巳	午	未	申
	76	66	56	46	36	26	16	06

오행비율   金星:2.40 火星:2.20 土星:0.20
水星:0.00 木星:0.00

음양비율   음기:2.4   양기:2.2   중성:0.2

일주강약   0.00 (身弱)

오신육친   용 신 : 火星   食傷 (가용신)
희 신 : 木星   比劫
기 신 : 水星   印星 (진용신)
구 신 : 金星   官星
한 신 : 土星   財星

격 국   食傷保比劫格(印星)

체 질   食傷/官星(D)

종합판단

이 사주의 주인공은 필자의 친척으로 태어나면서부터 현재까지 아주 가까운 곳에 살고 있어 검증하기에는 더 없이 좋은 자료이다. 항상 먼저 하는 것은 공식에 대입해보는 것으로 금성이 가장 강해 목성이 피해보고 있으므로 구제오행으로는 수성과 화성이 나온다.

신약한 일간이므로 일간을 도와주는 오행은 수성이니 수성에게 목성을 구하라고 하고 싶었으나, 사주에 나타나 있지 않으므로 할 수 없이 화성에게 금성을 억제하고 목성을 구하라고 할 수밖에 없다.(일차 공식의 끝)

화성을 억제하는 오행이 없으므로 공식은 일차에서 끝나고, 공식이 끝났을 때 일간이 진정 사용하고자 했던 오행이 있었지만 사주상에서 활동하지 못하고 있으면 진가용신이 나오는 사주라고 했다. 이 사주에서는 화성이 가용신이며 수성이 진용신, 그리고 희신은 목성이 된다.

공식에 의한 운의 순위는 진용신인 수성의 운이 1등이 되고, 희신인 목성의 운이 2등이며 가용신인 화성의 운이 3등을 차지한다. 그리고 토성의 운이 4등이 되고 금성의 운이 5등이다. 그래서 초반 戊申 대운인 금성의 운은 5등이 되고 현재 맞이하고 있는 화성의 시기는 3등이고 앞으로 다가올 목성의 시기는 2등이 된다고 할 수 있다.

그러나 사주 지지가 두 가지의 오행으로 나누어 서로 싸우고 있는 특수한 상황이므로 공식에 의한 운의 순위대로 추론하면 현실과는 거리가 있는 해석을 하게 된다. 따라서 특수한 지지구조에 걸린 운의 순위를 다시 결정하고 그에 맞는 해석을 해야만 올바른 추론이라 할 수 있다.

지지를 보면 화성과 금성이 두 지지씩을 차지하여 서로 싸우고 있는 구조이다. 일간으로서는 그것을 바라보는 것이 불안하기만 하다. 무엇보다도 싸움을 말려야만 일간이 안정을 찾을 수 있는 것이다.

화성과 금성이 싸울 때 말릴 수 있는 오행으로는 토성과 수성이다. 선택의 기준점은 신강과 신약 그리고 음양의 차이라고 했다. 이 사주의 일간은 신약하므로 일간을 도와줄 수 있는 수성의 운이 1등이 되고, 나머지 토성의 운은 2등이 된다.

나머지 남은 오행들은 목성과 금성과 화성이지만, 일간이 신약이므로 일간의 기운을 도와줄 수 있는 목성의 운을 그 다음으로 좋아해 3등을 차지하고, 나머지 화성과 금성은 일간의 기운을 빼내거나 억제하는 오행이므로 일간이 좋아할 리가 없다.

그리고 신강과 신약으로도 나눌 수 없으므로 사주 전체의 음기와 양기의 차이를 보아 4등과 5등을 가려야 한다. 여기서는 음기가 양기보다 조금 더 강하므로 양기인 화성의 운을 4등으로 하고 금성의 운에게 제일 꼴찌인 5등을 주면서 운의 순위 결정된다.

정리하면 수성의 운이 1등. 토성의 운이 2등. 목성의 운이 3등. 화성의 운이 4등. 금성의 운이 5등이다.

대운의 흐름을 살펴보면 공식대로는 5등에서 3등으로 그리고 2등으로 진행되어 무엇인가는 빠르게 변함을 알 수 있지만, 특수한 지지 구조에 걸린 상황에서 살펴보면 5등에서 4등으로 그리고 3등으로 아주 밋밋하고 느리게 상승되어 발전의 속도가 더딤을 알 수 있는 것이다.

과연 어느 운의 흐름이 이 친구에게 맞는 것인지 검증해보자. 이 친구는 필자의 조카이다. 이미 얘기했듯이 태어나 현재까지 옆에서 보아왔으므로 나이가 많지 않음에도 충분히 검증할 수 있었다.

격국이 식상보비겁격에 진용신은 인성이라 누구보다도 의욕이 앞서고 활동적이며 모험이나 도전도 불사하며 여자를 사랑하지 않더라도 타고난 끼를 발휘해 접근을 허락해야 하며, 간간이 부모에 대한 효도를 하기 위해서 공부에 전념하는 모습도 보여야 한다. 그리고 희신이 비겁이므로 친구들간의 우정이나 의리 등 대외적인 관계에도 관심을 주어야 한다.

만약 공식에 의한 운의 순위가 맞다면 방금 말한 그런 생활의 모습이 확연하게 나타나야 하는데 조카는 전혀 그렇지가 않았다. 나이가 어릴 때부터 현재까지 항상 과묵하여 마치 산전수전 다 겪은 애늙은이 같았으며 밖으로 나가 친구들과 뛰어 노는 것을 거의 본적이 없었을 정도이다.

나이가 들어 여자친구를 사귈 나이임에도 불구하고 휴일이면 집안일이나 도와주면서 시간을 보내며, 군대에 있을 때도 그 흔한 여자친구가 면회 한번 간 적이 없었다고 하며 어쩌다가 여자하고 얘기를 나눈다거나 데이트가 있어도 재미가 없다는 말을 삼촌인 필자에게 간혹 하곤 했다.

고등학교 때인가 학교 갔다 와 집에서 꼼짝도 안하고 있어서 아버지가 나가서 운동 좀 하고 땀 좀 빼라고 했더니 하는 말이 '왜 힘들게 운동을 하느냐, 가만히 앉아 있어도 땀이 나는데' 라고 할 정도로 움직이기를 극히 싫어했다.

조카가 유일하게 늦게 오는 날은 학교 친구들과 그것도 남자들하고만 만나 술을 마시고 완전히 취해서 오는 것이 유일하며, 집에 있어도 엄마나 아빠가 시키는 집안 일이나 가게 일만 하려고 하며, 그 외의 시간은 TV시청이나 컴퓨터 오락 등으로 보내는 경우가 대부분이다.

이런 삶은 공식에 의해 상승하는 대운의 모습대로 사는 것이 아니고, 지지구조에 걸려 운이 5등에서 시작하여 현재 4등의 상태의 흐름이기 때문이다. 즉 너무 밋밋하게 상승하므로 자신의 격국이 의미하는 삶을 살지 못하고 있으므로 큰 변화가 오지 않고 예전이나 지금이나 똑 같은 생활을 하고 있는 것이다.

나이가 많지 않은 조카의 운명만 보더라도 지지구조에 걸린 사주가 되면 공식에 의한 운의 순위가 맞지 않음을 새삼 확인할 수 있다.

사주팔자 (여)	시	일	월	년
	庚	己	辛	庚
	午	酉	巳	申

대 운	癸	甲	乙	丙	丁	戊	己	庚
	酉	戌	亥	子	丑	寅	卯	辰
	80	70	60	50	40	30	20	10

오행비율 金星:2.60 火星:2.20 土星:0.00
         木星:0.00 水星:0.00

음양비율 음기:2.6   양기:2.2   중성:0

일주강약 2.20 (身强)

오신육친 용 신 : 火星   印星 (가용신)
          희 신 : 木星   官星
          기 신 : 水星   財星 (진용신)
          구 신 : 金星   食傷
          한 신 : 土星   比劫

격   국 印星保官星格

체   질 印星/食傷(D)

종합판단

먼저 녹현방정식에 대입한 결과를 보자. 금성이 가장 강해 목성이
패해보고 있는 상황이다. 구제오행으로는 수성과 화성이 나오는데 일

간이 신강이라서 화성보다는 수성에게 목성을 구하라고 하고 싶다.

그런데 수성이 사주 안에 없어 할 수 없이 화성에게 목성을 구하라고 하며, 화성을 억제하는 수성이 없으니까 공식은 여기서 끝난다. 공식이 끝났을 때 일간이 진정으로 사용하고픈 오행은 수성이었으므로 이 사주는 진가용신이 나오는 운명이 된 것이다.

따라서 공식에 의한 운의 순위는 진용신인 수성의 운이 1등이며, 희신인 목성의 운이 2등이고, 가용신인 화성의 운이 3등을, 그리고 지지의 길신인 화성과 친한 토성의 운이 4등이 되고, 하나 남은 금성의 운이 5등이 된다.

이러한 순위를 대운에 적용하면 맨 처음에 다가오는 목성의 시기는 2등이 되고, 중반에 오는 수성이 시기는 1등이 되며, 나이가 들어 다가오는 금성의 운은 5등으로 끝을 맺는다. 이런 흐름으로 약 60년간 2등에서 1등으로 흐른다면 크게 모자라거나 넘치지도 않고, 100% 만족하지는 않지만 무난한 삶이 이어지리라 본다.

그런데 2003년 필자를 찾아왔을 때는 대학을 다니고 있었는데, 어느 때는 휴학하고도 싶다가도 부모님을 의식하면 계속해서 다녀야 하고, 이성친구를 사귀고 싶다가도 만약 사귄다면 건전한 만남보다는 야한 만남으로 빠질까 두려워 하고 있을 때였다.

공식에 의한 대운의 흐름은 원만히 흐르고 있는데, 왜 그런 갈등을 하면서 젊은 청춘을 덧없이 보내야 하는가에 의문이 갈 수밖에 없다. 그것은 바로 이 사주가 특수한 지지구조에 걸려 운의 순위가 공식에 나온 것하고는 다르기 때문이다.

사주 지지를 보면 두 가지의 오행으로 반씩 나누어 다투고 있다. 바로 화성과 금성의 세력이 한치의 양보도 없이 대치하고 있는 것이다. 이럴 때 가장 곤혹스러운 것은 일간이다. 어느 한쪽의 손을 들어주지 못하고 양쪽의 눈치를 보아야 하기 때문이다. 이러한 것을 방지하려면 그들의 싸움을 말리는 운을 만나야만 일간은 헷갈리지 않고 자신의 맡은 바 임무를 충실히 하며 살아갈 수 있다.

화성과 금성이 다투고 있을 땐, 토성과 수성의 운이 이 싸움을 말릴 수 있는 유일한 운이다. 따라서 토성과 수성 중에서 제일 좋은 운과 그 다음의 운이 정해지는 것인데, 그것을 선택할 수 있는 것은 반드시 일간뿐이다.

이럴 때 기준점은 신강과 신약 그리고 음양의 차이라고 했다. 이 일간은 신강이므로 일간의 기운을 도와주는 토성의 운보다는 기운을 빼내가는 수성의 운을 제일로 좋아하고, 그 다음으로는 토성의 운을 좋아하게 된다.

나머지 운들 중에서 신강인 일간을 도와주는 화성의 운을 제일로 싫어할 것이고, 금성과 목성의 운은 일간의 기운을 빼내므로 우열을 가리기 힘들지만, 일간의 바로 아래에서 열심히 일을 하고 있는 금성이 목성보다는 앞서 세 번째로 좋고, 목성의 운은 네 번째가 되는 것이다.

정리하면 수성의 운이 1등, 토성의 운이 2등, 금성의 운이 3등, 목성의 운이 4등, 화성의 운이 5등이 된다. 이것이 이 학생의 현실과 맞는 흐름이라서 초반에 맞이한 목성의 운이 2등이 아니라 4등이 되어 자신이 뜻한 대로 삶이 전개되지 못하여 젊은 청춘을 갈등하면서 보내고 있는 것이다.

당시에 문예과를 다니고 있었지만 소설보다는 드라마 쪽으로 나아가고 싶다고 했으며, 누구보다도 인간적인 의무와 도리에 충실하고자 노력하지만 재미가 없어 지치기도 하고, 그래서 혼자 있을 때는 남녀 간의 야한 장면을 많이 떠올리는데 그것을 현실로 옮기기에는 무섭고 두려워 생각으로만 그친다고 했다.

이 학생이 그런 갈등을 하는 것은 바로 운의 흐름이 저조해 격국보다는 체질의 성향이 강하게 나타나고 있기 때문이다. 이것으로도 공식에 의한 운의 순위가 적용되지 않고 지지구조에 걸린 운의 순위가 적용되고 있음을 알 수 있는 대목이다.

土星(토성)과 水星(수성)이

시	일	월	년
水	水	土	金
土	水	土	水

위의 예 사주에서는 토성의 수치보다 수성의 수치가 더 강하다고 하고 공식에 대입해보자. 수성이 강하면 화성이 피해보고 구제오행으로는 토성과 목성이 나온다. 사주상에 목성이 없으므로 토성에게 부탁을 하고 공식은 끝난다.(일차공식의 끝)

따라서 용신은 토성이고 희신은 화성이 되어 격국은 관성보재성격이다. 운의 순위를 살펴보면 용신인 토성의 운이 1등이고, 희신인 화성의 운이 2등이다. 3등은 지지의 길신인 토성과 친한 금성의 운이며, 4등은 길신인 토성이 억제할 수 있는 수성의 운이며, 5등은 목성의 운이 된다.

그러나 사주 지지를 살펴보면 토성과 수성이 두 세력으로 나누어 다투고 있다. 이렇게 다투고 있으면 공식에 의한 운의 순위를 적용하지 않는다고 했다. 일간이 행복해지려면 이들의 다툼을 말려야 하는 운을 만나야만 한다고 했으니 한번 찾아보자.

토성과 수성이 다투고 있을 땐, 금성과 목성의 운만이 싸움을 말릴 수 있는 유일한 운이다. 그들 중에서 어느 운이 제일 좋고 그 다음으로 어느 운이 좋은지를 가려보면 일간이 신강이므로 일간을 도와주는 금성의 운보다는 기운을 빼내주는 목성의 운이 더 좋으므로 1등을 차지하고 금성의 운은 2등이 된다.

나머지 남은 오행들의 운은 화성과 수성 그리고 토성이 남게 되는데, 신강일 경우 일간을 도와주는 운을 제일 싫어한다고 했으니 수성의 운이 5등을 차지한다. 그리고 화성과 토성의 운은 일간과는 대치하는 운이므로 어느 것을 3등과 4등을 줄지 모르나, 일간의 바로 밑에서 기운을 빼내주는 토성의 운을 3등으로 하고, 남은 화성의 운에게 4등을 준다.

토성과 수성이 두 지지를 차지하여 다투고 있으면 무조건적으로 특수한 지지구조에 걸리는 것은 아니다. 지지의 토성들은 辰, 戌, 丑, 未 네 가지인데 이 중에 하나의 토성은 수성과 다투지 않으므로 그 토성이 끼여있다면 지지구조에 걸리지 않는다는 것이다.,

그 토성은 丑으로 수성의 기운을 담고 있어 다투고 있는 수성과 암암리에 교류를 하므로 진정한 지지구조에 걸린 사주라고 할 수가 없다. 그러므로 토성과 수성과 다투고 있는 지지구조에서 丑이라는 토성이 있다면 특수한 구조에 걸린 운의 순위가 적용되지 않는다.

사주팔자 (남)	시 壬 辰	일 辛 亥	월 壬 子	년 丁 未				
대 운	甲 辰 72	乙 巳 62	丙 午 52	丁 未 42	戊 申 32	己 酉 22	庚 戌 12	辛 亥 02
오행비율	水星:2.60 土星:1.20 木星:0.50 火星:0.50 金星:0.00							
음양비율	음기:2.6 양기:1.7 중성:0.5							
일주강약	1.20 (身弱)							

오신육친	용 신 : 土星	印星
	희 신 : 火星	官星
	기 신 : 木星	財星
	구 신 : 水星	食傷
	한 신 : 金星	比劫

격 국   印星保官星格

체 질   印星/食傷(D)

종합상담

2003년 1월에 오신 분으로 돈을 많이 벌었으나 건강과 의욕을 잃고 있는 경우의 운명이다. 먼저 공식에 대입해보자. 가장 강한 오행이 수성으로 화성이 피해보고 있다. 화성을 구하기 위한 오행으로는 목성과 토성이나 목성은 활동하지 않아 토성을 선택했다.(일차공식의 끝)

목성이 방해하지 않으므로 일차공식으로 끝나고, 용신은 토성으로 인성이며, 희신은 화성으로 관성이 되어 격국은 인성보관성격이 되었다. 아주 흔한 일반적인 사주로 운의 순위를 보면 용신인 토성의 운이 1등, 희신인 화성의 운이 2등, 지지의 길신인 토성과 친한 오행인 금성의 운이 3등, 지지의 길신인 토성이 억제하는 수성의 운이 4등, 길신을 억제하는 목성의 운이 5등이 된다.

공식에 의한 순위를 대운에 대입하면 초반 맞이한 辛亥 대운인 수성의 시기는 4등이었으며, 12세부터 맞이한 금성의 시기인 庚戌, 己酉, 戊申 대운은 3등이었고, 그 이후 다가오는 丁未 대운인 화성의 시기는 2등이 된다.

이런 운의 흐름이라면 나이가 들면서 점차적으로 나아짐을 알 수 있다. 그렇다면 오히려 삶의 의욕이 나이가 들면서 더 생겨나야 하는 법인데, 이 사람은 그와는 정반대의 현상을 보이고 있는 것이다. 그 이유는 도대체 무엇일까. 그것은 이 사람이 태어날 때 특수한 지지구조에 걸려 공식에 의한 운의 순위를 적용하면 실제의 생활과 부합되지 않는 경우의 사주라서 그렇다.

그렇다면 특수한 지지구조에 걸린 운의 순위를 뽑아보자. 토성과 수성이 다투고 있을 때는 금성과 목성의 운이 그들의 싸움을 말릴 수 있다. 금성과 목성의 운 중에서 1등과 2등이 나오므로 누가 1등을, 2등을 차지할 것인가 살펴보면 된다.

신약한 일간이므로 이왕이면 일간을 도와줄 수 있는 오행의 운을 1등으로 해야 하는데, 여기서는 금성의 운이 그들의 싸움도 말리고 일간을 도와줄 수 있으므로 1등을 주고, 나머지 목성의 운을 2등으로 한다.

남은 토성과 수성 그리고 화성의 운 중에서도 순위를 매겨야 하는데, 신약할 경우에는 일간을 도와주는 오행의 운을 먼저 선택하여 3등으로 삼는다. 그러한 역할은 토성의 운이 할 수 있으므로 3등을 주고, 화성과 수성의 운 중에서 4등과 5등의 순위만 가리면 된다.

화성이나 수성의 운들은 일간의 기운을 빼내가는 것이므로 순위를 잡아도 기분이 나쁘지만 정해야 한다면, 이 부분에서는 사주 전체의 음기와 양기의 차이를 보아야 한다. 그랬을 때 양기가 음기보다 약하므로 이왕이면 강한 음기보다는 약한 양기를 택하는 것이 순리에 맞으므로 양기인 화성의 운에게 4등을 주고 음기인 수성의 운에게는 5등을 주면서 지지구조에 걸린 운의 순위는 끝난다.

지지구조에 걸린 운의 순위를 대운에 적용하면 초반 다가온 辛亥 대운인 수성의 시기는 5등이 되고, 12세부터 시작하는 庚戌, 己酉, 戊申 대운인 금성의 시기는 제일 좋은 1등의 운이며, 그 이후 다가오는 丁未 대운인 화성의 시기는 4등의 운이다.

이런 운의 흐름이라면 지금은 1등의 운에 있어도 곧 4등의 운으로 추락함을 예견할 수 있는데, 이렇게 되면 이 사람의 앞으로의 삶은 격국의 성향보다는 체질의 영향을 많이 받는 방향으로 삶이 전환됨을 알 수 있다.

그래서 이 사람은 부인과 함께 사업하여 돈을 노력한 만큼 벌었지만, 자신도 모르는 사이에 인성과 식상체질로 끌려가면서 갈등하고 나아가 건강이 악화되는 것을 느낄 수 있다. 그것은 건강과 밀접한 관련이 있는 체질이 바로 인성과 식상체질이라서 그렇다.

그리고 의욕까지 점점 사라지는 것도 인성과 식상체질의 영향을 많이 받은 탓이라 할 수 있다. 그 이유는 인성과 식상체질의 특징은 원리원칙을 준수하면서도 완벽해야만 하고, 의무와 도리 그리고 안정성과 소심함으로 살다가도 모험도 하고 변화도 주고 도전적인 삶도 살고 싶은 충동 때문에 섣불리 어떠한 일을 시작하기가 매우 어렵고

머리 속에서 구상만 하다가 결국에는 실행에 옮기지 못하는 경우들이 많기 때문이다.

그래서 건강을 지키고자 잘되는 가게를 팔려고 하는데 매매가 안 되어 언제쯤 나갈 것인가를 알고자 필자를 찾아왔었다. 아마 지금쯤은 조용한 곳으로 이사를 가서 무엇보다도 건강을 챙기면서 부인과 조용히 살고 있으리라 생각한다.

여기서도 알 수 있듯이 이렇게 지지가 양분되어 싸움을 하고 있으면 공식에 의한 운의 순위가 전혀 적용되지 않고 지지구조에 걸린 운의 순위가 실제의 삶에서 적용됨을 느낄 수 있다.

사주팔자 (남)	시	일	월	년
	乙	甲	癸	戊
	亥	辰	亥	戌

대 운	辛	庚	己	戊	丁	丙	乙	甲
	未	午	巳	辰	卯	寅	丑	子
	75	65	55	45	35	25	15	05

오행비율   水星:2.40 土星:1.20 木星:0.70
           金星:0.50 火星:0.00

음양비율   음기:2.9   양기:0.7   중성:1.2

일주강약   3.10 (身强)

오신육친　병 신 : 土星　財星
　　　　　1약신 : 火星　食傷
　　　　　2약신 : 金星　官星
　　　　　기 신 : 木星　比劫
　　　　　한 신 : 水星　印星

격　　국　財星用財星格

체　　질　財星/印星(D)

종합상담

조금은 바쁘게 산 사람 중에 한 분이라 할 수 있다. 가족은 캐나다
로 이민을 보내고 자신은 국내에서 독립적인 사무실을 운영하여 이민
을 가지 못하고 10여년을 캐나다에서 한국으로, 한국에서 캐나다로
오가며 살고 있다.

뜻한 대로 돈은 벌고 있지만 큰 돈을 벌 수 있는 길이 있는데도 불
구하고 양심 때문에 그런 짓은 하지도 않았으며, 국내에 있을 때는 외
롭지 않도록 애인도 두고 생활하면서도 가정엔 피해가 가지 않도록
철두철미하게 생활하고 있는 사람이다.

이 사람의 말을 들으면 지금까지는 마음먹은 대로 모든 것을 이루
고 살아왔다고 한다. 이 말은 사회에 나오는 순간부터 지금까지 운의
흐름이 좋다고 할 수 있다. 만약 운의 흐름이 그렇지 못했다면 자신만
만하게 당당하게 필자에게 행복하다고 할 수 없을 것이다. 필자에게

온 이유도 여유 있는 돈으로 땅에다 투자하고 싶은데 어느 곳이 자신하고 잘 맞는가를 알아보기 위해서다.

과연 이 사람의 삶이 공식에 의한 운의 순위대로가 맞는지, 아니면 특수한 지지구조에 걸린 운의 순위가 맞는지를 살펴보자.

가장 강한 오행은 수성으로 화성이 피해를 본다. 화성을 구하기 위한 오행으로는 목성과 토성이 필요하다. 그러나 신강하므로 토성에게 화성을 구하고 부탁한다.(일차공식의 끝)

그러나 시간의 乙 목성이 토성의 활동을 방해하므로 또 한번의 공식을 사용해야 한다. 목성이 토성을 억제할 때의 구제오행은 화성과 금성이다. 그러나 사주상에 나타나 있지 않거나, 활동하지 않아 목성에게 피해를 받고 있는 토성이 용신이다.(이차공식의 끝)

토성이 용신이지만 병이 심하게 들어 있으므로 병신이라 칭하고 격국은 재성용재성격이 되고, 1약신은 화성으로 식상이며, 2약신은 금성으로 관성이 되어 제일 좋은 운은 1약신인 화성의 운이며, 두 번째로 좋은 운은 병신인 토성의 운이며, 세 번째를 차지하는 것은 2약신인 금성의 운이다.

그리고 4등은 길신인 토성이 극하는 수성의 운이며, 5등의 운은 길신인 토성을 억제하는 목성의 운이다. 이것을 이 사람의 대운에 대입하면 어릴 때부터 시작한 수성의 시기는 4등에서 25세부터 지금까지 이어온 목성의 시기는 5등이 되고, 나머지 화성의 시기는 제일 좋은 1등의 운이 된다.

그렇다면 지금까지는 4등과 5등으로만 이어져 왔으므로 자신이 만족할 만큼의 삶이 이루어지지 않았음을 알 수 있는데, 실제 이 사람의 삶과는 동떨어진 운의 순위가 아닌가? 이는 이 사주가 특수한 지지구조에 걸려 공식에 의한 운의 순위가 맞지 않았음을 뜻하는 것이다.

지지를 보라. 토성과 수성이 양분하여 서로 다투고 있다. 그래서 공식에 의한 운의 순위가 적용되지 않았던 것이다. 따라서 특수한 지지구조에 걸린 운의 순위를 대운에 적용해야만 이 사람이 살아온 실제의 삶이 드러난다.

토성과 수성이 다투고 있을 때는 금성과 목성의 운만이 그들의 싸움을 말릴 수 있으므로 그들의 운이 1등과 2등을 차지하게 된다. 등위를 알려면 신강약과 음양의 차이를 기준점으로 삼고 그것을 바탕으로 가리는데, 신강한 일간이므로 목성보다는 금성의 운을 1등으로, 목성의 운은 2등으로 한다.

나머지 토성과 수성 그리고 화성의 운들의 순위를 정해야 하는데, 신강할 때는 5등의 운을 먼저 선택하는 것이 수월하다고 했다. 일간을 도와주는 운은 수성뿐이니 수성의 운이 5등이 되고, 토성과 화성의 운들은 일간의 기운을 다 빼내지만 일간의 아래에 있는 토성이 더 수월하게 빼내므로 토성의 운을 3등에, 화성의 운은 4등으로 한다.

다시 정리하면 금성의 운이 1등, 목성의 운이 2등, 토성의 운이 3등, 화성의 운이 4등, 수성의 운이 5등이 되는 것이다. 이러한 순위를 이 사람의 대운에 적용하면 초반 다가온 수성의 시기는 5등에 있었다가, 25세부터 시작된 목성의 운은 2등으로 상승하였고, 55세부터 이어지는 화성의 운이 4등으로 하강하는 흐름임을 알 수 있다.

그렇다면 이 사람이 지금까지 살아온 인생의 흐름을 비쳐보았을 때는 공식에 의한 운의 순위대로가 아닌 지지구조에 걸린 운의 순위대로 살아왔음을 확실히 알 수 있다. 물론 얼마 있지 않으면 4등으로 내려가 기분이 좋지 않을지 몰라도 실제 삶의 양상은 이렇게 지지구조에 걸린 운의 순위대로 나타남을 알아야 한다.

또한 앞으로의 운에 있어서도 정확하게만 알 수 있다면 능히 그에 대한 대비책도 세울 수 있으므로 가히 두렵기만 한 것이 아니라는 점이다. 필자는 이 사람에게 4등의 운을 맞이했을 때도 어떻게 하면 피해갈 수 있는지를 다 말해주었다.

土星(토성)이 낀 地支構造(지지구조)

이 지지구조는 첫 번째의 지지구조와 비슷한 형태지만, 그것과 비교하면 어딘가 깔끔하지 못한 구석이 있다. 첫 번째 것과 같은 점은 두 지지가 하나의 오행이 되어 한 지지를 억제할 때 다른 지지에서 그것을 구해주는 모습이며, 다른 점은 억제하고 있는 두 지지의 하나의 오행 중 하나는 토성이라는 점이 다르다.

예를 들면 申과 酉가 寅을 억제하고 있을 때엔 한 지지에 수성이나 화성이 있으면 특수한 지지구조에 걸리는 것인데 반해, 이 구조는 지지에 申이 있고 또 하나의 금성(申이나 酉) 대신 그 기운을 지니고 있는 戌 토성이 끼어서 목성을 억제할 때, 다른 한 지지에 수성이나 화성이 있다면 특수한 지지구조에 걸린다는 것이다.

그러나 여기에는 많은 제약을 가지고 있다. 지지가 申, 戌, 寅, 巳가 있다고 무조건 지지구조에 걸리는 것은 아니다. 戌 토성이 금성의 기운을 지니고 있지만, 토성과 금성의 비율이 3 대 7은 되어야만 戌 토성을 금성으로 인정하여 목성을 억제하고 있다고 보기 때문이다.

만약 금성과 토성의 비율이 5 대 5가 되거나, 토성이 7, 금성이 3이 되면 戌 토성을 금성으로 인정할 수 없어 지지가 申, 戌, 寅, 巳가 되어도 특수한 지지구조는 되지 않는다. 즉 戌 토성 속의 금성의 기운이 70%가 되어야만 한다는 것은 월지가 반드시 금성의 시기(申, 酉, 戌)라야만 가능하다는 것이다.

그리고 토성이 끼어 지지구조에 걸린 사주하고 그렇지 않은 상태에서 지지구조에 걸린 사주하고는 많은 차이점을 드러낸다. 우선은 토성이 끼지 않은 상태에서 걸린 지지구조는 깨끗하고 담백하며 힘이 넘치고 운에 따라 길흉이 확실한 반면, 토성이 끼어 걸린 지지구조는 어딘가 매끄럽지 못하고 힘도 강하지 못하며 운에 따라서도 길흉이 확연히 달라짐을 크게 느끼지 못한다.

　　따라서 지지구조는 걸렸어도 토성이 끼지 않는 지지구조에 비하면 격국의 크기에서 떨어지는 편이다. 그렇다면 군이 지지구조에 걸렸다고 할 수 있는가? 그렇다. 실제의 삶에 있어서 공식에 의한 운의 순위가 적용되지 않고, 지지구조에 걸린 운의 순위대로 살아가고 있기 때문이다. 그래서 지지구조에 걸림을 필자도 알았던 것이다.

［ 戌(술) 土星(토성)이 낀 地支構造(지지구조) ］

```
시   일   월   년

金   木   戌   水
```

　　시지에 금성이 하나만 있지만 이러한 사주구조도 특수한 지지구조에 걸린다. 戌 토성이 월지를 차지하여 금성의 기운이 70%을 차지하여 시지의 금성과 합심해서 강력한 금성의 기운을 형성해 일지의 목성을 강하게 억제할 수 있다.

이럴 때 다른 지지에서 목성을 구해준다면 특수한 지지구조에 걸린 사주라고 하는데, 이 사주에서는 년지의 수성이 목성을 구하고 있으므로 토성이 낀 지지구조에 걸린 사주가 된 것이다.

그래서 공식에 의한 운의 순위가 어떻게 나오든 관계없이 지지에서 목성을 구해주고 있는 수성의 운이 1등, 피해보고 있는 목성의 운이 2등, 억제하고 있는 금성의 운이 5등, 금성을 도와주는 토성의 운이 4등, 하나 남은 화성의 운은 3등이 된다.

시	일	월	년
金	戌	水	木

그러나 이와 같이 지지가 이루어지면 戌 토성 속에 있는 금성의 기운이 50%밖에 안되므로 戌 토성 속의 금성이 시지에 있는 금성과 합심하여 목성을 억제한다고 보지 않는다. 이럴 때는 특수한 지지구조에 걸린 사주가 아니라서 공식에 의한 운의 순위대로 보아야 현실에 부합되는 삶의 모습이 펼쳐진다.

시	일	월	년
火	木	金	戌

위와 같이 지지라면 년지의 戌 토성 속의 금성의 기운이 70%을 차지하고 있다. 그러므로 일지의 목성을 능히 억제할 수 있고, 시지의

화성이 금성의 기운을 막아 목성을 구할 수 있으므로 이런 사주는 토성이 낀 지지구조에 걸린 사주라고 한다.

이런 상황이라면 공식에 의한 운의 순위가 삶에 적용되지 않고 지지구조에 걸린 운의 순위가 적용된다. 그래서 구제하고 있는 화성의 운이 1등, 피해보고 있는 목성의 운이 2등, 억제하고 있는 금성의 운은 5등, 그 금성을 도와주는 토성의 운은 4등, 하나 남은 수성의 운은 3등이 된다.

사주팔자 (여)	시 甲 午	일 丙 戌	월 戊 申	년 壬 寅

대 운	庚子 73	辛丑 63	壬寅 53	癸卯 43	甲辰 33	乙巳 23	丙午 13	丁未 03

오행비율 金星:1.90 木星:1.20 火星:1.00
土星:0.50 水星:0.20

음양비율 음기:2.1 양기:2.2 중성:0.5

일주강약 2.20 (身强)

오신육친   용 신 : 金星   財星
            희 신 : 土星   食傷
            기 신 : 火星   比劫
            구 신 : 木星   印星
            한 신 : 水星   官星

격   국   財星保食傷格

체   질   財星(A)

종합상담

먼저 이 사주를 녹현방정식에 대입해보자. 금성이 가장 강해 목성
이 피해보고, 그것을 구제할 수 있는 오행은 수성과 화성이다. 신강하
므로 수성에게 부탁한다.(일차공식의 끝)

그런데 토성이 방해하므로 이차 구제오행을 찾는다. 금성과 목성
이 수성을 구할 수 있는 오행이나 신강하여 금성에게 부탁한다.(이차
공식의 끝)

시지에 있는 화성이 금성의 활동을 보고만 있겠는가? 그렇지 않다.
따라서 삼차공식까지 진행된다. 삼차 구제오행은 토성과 수성인데,
음양의 차이가 없는 관계로 둘 중에 수치가 강한 오행은 토성에게 금
성을 구하라고 한다.(삼차공식의 끝)

그러나 목성이 토성의 활동을 방해하므로 사차공식까지 나간다.
사차 구제오행은 화성과 금성이다. 일간이 신강이므로 화성보다는 금

성에게 토성을 구하라고 하는 것이 순리에 맞는다.(사차공식의 끝)

이로서 녹현방정식은 끝나고 용신은 금성으로 재성이며, 희신은 토성으로 식상이 되어 격국은 재성보식상격이 된다. 운의 순위를 정하면 용신인 금성의 운이 1등이 되고, 희신인 토성의 운이 2등으로, 3등은 지지의 길신을 생하는 화성의 운이며, 4등은 지지에 있는 화성을 생하는 목성의 운이며, 제일 나쁜 운은 수성의 운이 됨을 알 수 있다.

그러나 이 사주는 토성이 낀 지지구조에 걸린 사주로서 운의 순위가 바뀌는 운명이다. 그 이유는 월지가 금성의 기운이 왕성해지는 시기라서 일지에 있는 戌 토성의 70%가 금성의 기운을 지녔다.

그렇다면 이미 토성의 기운을 상실하고 월지에 막강한 힘을 가진 금성과 하나가 되어 년지의 寅 목성을 억제하고 있는 양상이다. 그런데 시지에 있는 午 화성이 금성의 기운을 누르고 목성을 구하고 있으므로 이 사주는 토성이 낀 지지구조에 걸린 사주가 되었다.

그래서 운의 순위가 공식에 의해 나온 순위가 적용되지 않고 지지구조에 걸린 운의 순위대로 적용해야만 이 사람의 현실과 부합되는 추론을 할 수 있다는 것이다. 만약 년월일지가 위와 같아도 시지에 목성을 구하려는 오행(화성이나 수성)이 없었다면 특수한 지지구조에 걸리지는 않는다.

따라서 운의 순위를 다시 뽑아보면 지지에서 구제역할을 하고 있는 화성의 운이 1등, 피해보고 있는 목성의 운이 2등, 억제하고 있는 금성의 운이 5등, 금성을 생하는 토성의 운이 4등, 그리고 하나 남은 수성의 운이 3등이 된다.

　과연 공식에 의한 운의 순위가 맞는 것인지, 아니면 필자가 주장하는 지지구조에 걸린 운의 순위가 맞는 것인지 알아보자. 운을 비교 분석하려면 대운보다는 세운을 참고하는 것이 바람직하다. 대운의 주기는 10년이 되고 세운의 주기는 1년이 되므로 시시각각 변하는 모습을 알아낼 수 있기 때문이다.

　물론 대운의 순위가 급격하게 변하면 그것으로도 비교 분석할 수 있지만, 이 사주는 공식에 의한 것을 적용했을 때 초반 화성의 시기가 3등에서 현재 목성의 시기인 4등이며. 지지구조에 걸린 것으로 살펴보아도 초반 화성의 시기가 1등에서 현재 목성의 시기가 2등이 되어 흐름의 상태가 같다. 이렇게 되면 대운을 가지고 비교 분석하기란 여간 어렵지가 않다.

　그렇지만 변화가 자주 오는 세운을 가지고 비교 분석하면 어느 때가 좋았고 나빴는지를 쉽게 알 수 있다. 공식에 의해 나온 순위와 지지구조에 걸려 나온 순위와 크게 다른 것은 바로 목성의 운과 금성의 운이다.

　예를 들면 목성의 운인 98년과 99년(戊寅년, 己卯년)의 시기와 금성의 운인 2004년과 2005년(甲申년, 乙酉년)의 시기 중에 어느 해가 나쁘고 좋았는지를 파악하면 이 사주가 특수한 지지구조에 걸린 것인지 아닌지를 파악할 수 있다.

　이 사람이 필자를 찾아온 목적이 무엇이었는지 알아보면 그 해답을 찾을 수 있을 것이다. 이 사람은 2004년 초에 찾아왔는데 대략적인 삶을 살펴보면 아래와 같다. IMF 때까지는 살림만 했었으나 당시 남편의 직장이 위태로운 상황에 처하자, 98년 가을부터 남편의 반대를 무릅쓰고 보험회사에 나가기 시작했다.

그런데 보험업이 자신에게 맞는지는 알 수 없었지만, 의외로 돈을 많이 벌었고, 돈을 많이 벌자 남편도 반대할 명분도 없어져 지금은 편하게 다닌다. 몇 년간 이 일을 하다 보니 보험가입자와 돈 거래도 몇 차례인가 했는데 아무런 탈없이 완벽하게 처리했다.

2003년 하반기가 되자, 가장 친한 친구가 다가와 어딘가에 투자하면 큰 돈을 벌 수 있다는 말에 아무런 의심 없이 자신의 돈 1억원과 친구들의 돈 2억원을 투자했고, 보험회사 간부들의 돈까지 친구에게 투자했다고.

그리고 몇 달 지나지 않아 친구는 도망을 갔고, 친구가 다니던 회사는 약 100억원의 사기에 휘말려 여러 사람들로부터 고소를 당한 상태임을 알게 되었으며, 이 사람의 말만 믿고 투자한 친구는 물론 보험회사 간부들까지 모두 다 이 사람을 원망하고 있다고.

이제는 회사에 나가는 것도 무섭고, 친구의 돈을 갚을 길도 막막하고 어찌하면 좋겠는가 상의하러 필자를 찾았다고 한다. 여기까지가 이 사람의 몇 년 사이의 삶이다. 공식에 의한 운의 순위대로라면 금성의 운인 올해가 98~99년 목성의 운보다는 훨씬 좋아져야 하는데, 전혀 그렇지가 않았고, 오히려 가장 힘든 시기를 맞이하고 있다.

이것만 보아서도 공식에 의한 운의 순위가 적용되지 않고 지지구조에 걸린 운의 순위대로 이 사람의 삶이 적용되고 있음을 알 수 있

역학, 더 이상의 학문은 없다 · 완결편

다. 겉으로 보기에는 토성이라고 하더라도 70%의 기운을 본 기운의 오행에게 주고 억제하고 구제하고 있는 지지 상황이라면 특수한 지지 구조에 걸려 운의 순위가 달라진다는 것이다.

사주팔자 (여)	시	일	월	년
	壬	癸	乙	乙
	戌	亥	酉	卯

대 운	癸	壬	辛	庚	己	戊	丁	丙
	巳	辰	卯	寅	丑	子	亥	戌
	78	68	58	48	38	28	18	08

오행비율   金星:1.90 木星:1.40   水星:1.20
土星:0.30 火星:0.00

음양비율   음기:3.1   양기:1.4   중성:0.3

일주강약   3.10 (身强)

오신육친   용 신 : 木星   食傷
희 신 : 水星   比劫
기 신 : 金星   印星
구 신 : 土星   官星
한 신 : 火星   財星

격   국   食傷保比劫格

체   질   印星(A)

종합상담

이 사람이 찾아온 것은 작년 크리스마스를 얼마 앞두고 있을 때인 2003년 12월 20일. 현 직장이 마음에 들지 않아 평생 안정적인 직장을 찾아 교사가 되고자 하나 그것이 가능한지 알아보려고 왔다.

먼저 이 사주에 대해 알아보자. 가장 강한 것이 금성으로 목성이 피해보고 있다. 구제오행으로는 수성과 화성인데, 화성이 없어 수성에게 부탁한다.(일차공식의 끝)

그러나 토성이 방해하므로 이차공식까지 진행된다. 이차 구제오행으로는 금성과 목성이지만 신강한 일간이므로 목성에게 토성을 억제하고 수성을 구하라고 한다. (이차공식의 끝)

따라서 용신은 목성으로 식상, 희신은 수성으로 비겁이 되어 격국은 식상보비겁격이며, 운의 순위를 잡는다면 용신인 목성의 운이 1등, 희신인 수성의 운이 2등, 길신을 생하는 금성의 운이 3등, 금성을 생하는 토성의 운이 4등, 화성의 운이 5등이 된다.

그러나 시지에 있는 戊 토성의 70%가 금성이 되어 월지의 금성과 힘을 합해 년지의 卯 목성을 억제하고 있으며, 일지의 亥 수성이 금성의 기운을 빼내어 목성을 구하는 구조를 이루고 있으므로 이 사주는 특수한 지지구조에 걸린 사주가 되었다.

이렇게 되면 운의 순위를 지지구조에 걸린 순위대로 다시 정해야 한다. 지지에서 구제역할을 하고 있는 수성의 운이 1등, 피해보고 있는 목성의 운이 2등, 억제하고 있는 금성의 운이 5등, 금성을 생하는 토성의 운은 4등, 하나 남은 화성의 운은 3등이 되는 것이다.

살펴보면 공식에 의한 운의 순위와 지지구조에 걸린 운의 순위가 다 바뀐 결과가 되었다. 그럼에도 삶의 흐름이 크게 다르지 않은 것은 다음과 같은 이유에서다. 운의 등위를 가릴 때 1등에서 5등까지 나누지만, 삶에 있어서는 1등에서부터 4등까지만 나눈다. 그 이유는 토성의 운이 없기 때문이다.

토성의 운이 몇 등이 되었던 그 등위는 운에 나타나지 않는 것은 목성의 시기(寅, 卯, 辰)와 화성의 시기(巳, 午, 未) 그리고 금성의 시기(申, 酉, 戌)와 수성의 시기(亥, 子, 丑)로 나타내기 때문이다.

이론적으로는 토성의 운의 순위가 나와 있지만 실제 적용함에 있어선 빠지므로 1등과 2등을 차지한 운은 대체적으로 좋고, 3등과 4등을 차지한 운은 대체적으로 좋지 않다고 보는 것이 올바른 추론법이라 할 수 있다.

그렇다면 이 사주에서는 수성과 목성의 운은 좋은 편이고, 화성과 금성의 운이 그와 반대가 되는 현상이 벌어지는데, 공식에 의한 것이나 지지구조에 걸린 것으로 보아도 수성과 목성의 운은 좋고, 화성과 금성의 운이 좋지 않다고 나오므로 순위가 바뀌었다고 하더라도 실제의 삶에 있어서는 큰 차이점이 없다고 한 것이다.

그래서 그런지는 모르지만 이 사람은 2001년(화성의 시기)부터 어머니의 몸이 편찮으면서 거동하기 힘들어지자 바깥의 일과 집안의 일까지 다 책임져야 하므로 남들보다 두 배의 힘이 필요했고, 남들처럼 사랑하는 사람을 만나도 선뜻 결혼하겠다고 말할 수가 없었다고 한다.

이런저런 일 때문에 노후가 보장된 교사의 일을 하기로 마음을 먹고 직장에 다니면서도 틈틈이 공부하여 임용고시를 준비하고 있으며, 합격하면 결혼도 하겠다고 한다. 필자는 심성체질이 인성체질이고, 용신이 식상이라서 자신이 배운 지식을 어린 아이들을 위해 베풀어주는 교사가 정말 잘 어울리는 직업이라고 했으며, 현재의 대운이 좋은 관계로 틀림없이 합격하리라 전망하면서 상담을 끝냈다.

[未(미) 土星(토성)이 낀 地支構造(지지구조)]

시	일	월	년
水	未	火	金

월지가 화성의 시기이므로 未 라는 토성 속에 화성의 기운이 70%가 된다. 그렇다면 두 지지가 화성의 기운이 되어 강력하게 금성을 억제하고 있는 구조와 같은 모양이라 할 수 있다.

그런데 다른 한 지지에서 금성을 구해주지 못하면 특수한 지지구조에 걸린 것이 아니지만, 위처럼 시지의 수성이 화성의 공격을 막아 능히 금성을 구제할 수 있으므로 지지구조에 걸린 사주라 한다.

따라서 공식에 의해 운의 순위가 정해져도 이런 지지구조라면 수성의 운이 1등, 금성의 운이 2등, 토성의 운이 3등, 목성의 운이 4등, 화성의 운이 5등이 된다.

```
┌─────────────────────┐
│   시   일   월   년    │
│                      │
│   火   水   未   金    │
└─────────────────────┘
```

위와 같이 위치해 있다고 하더라도 未 토성 속에 화성의 기운이
70%을 차지하고 있고, 금성을 구제해 줄 수 오행이 한 지지에 있으므
로 역시 지지구조에 걸린 사주라 한다.

여기서 한 가지 알아두어야 할 점은 화성이 금성을 억제할 때, 구제
오행으로는 수성과 토성이 나오지만 수성이 있을 때만 특수한 지지구
조에 걸리는 것이지, 수성이 나타나지 않고 토성이 나타나 금성을 구
한다면 이것은 특수한 지지구조에 걸린 사주라고 하지 않는다.

```
┌─────────────────────┐
│   시   일   월   년    │
│                      │
│   土   火   未   金    │
└─────────────────────┘
```

보자. 틀림없이 未 토성 속에 70%의 화성의 기운이 있어 일지의 화
성과 더불어 강력한 힘을 발휘해 년지의 금성을 억제하고 있다. 또한
시지의 토성이 있어 능히 화성의 공격을 막아내어 금성을 구제할 수
있다.

그렇다면 이 역시 특수한 지지구조에 걸려야 마땅한데, 전혀 그렇
지가 않고 그냥 일방적인 사주처럼 공식에 의한 운의 순위대로 살아
간다. 왜 그럴까? 먼저 지지구조가 탄생하게 된 이유가 무엇인가 생각

하면 쉬어진다.

근본적으로 강력하게 공격하고, 처절하게 피해보고, 아낌없이 도와주어야만 지지구조가 이루어지는데, 위의 상황은 그렇지 않다. 그것은 未 토성과 일지의 화성이 강력하게 년지의 금성을 공격해야만 하는데, 未 토성이 시지의 토성이 있는 관계로 그의 눈치를 보게 되기 때문이다.

어차피 未는 토성이지만 화성의 기운이 강한 관계로 금성을 억제하고 싶지만, 시지의 토성이 어느 것이든 있다면 未 토성은 강력하게 금성을 공격하지 못하고, 시지에 있는 토성과 겉으로나마 같은 오행이므로 그와 행동을 같이할 필요성이 있기 때문이다.

70%의 화성기운을 지녔지만 시지의 토성과 간간이 행동함으로써 온전한 화성에게 자신의 힘을 100% 다 실어주지 못하므로 공격을 받고 있는 금성이 다급한 상황이라 인식하지 않아 구조의 요청을 하지 않기 때문이다.

예를 보자.

사주팔자 (남)	시	일	월	년
	癸	甲	癸	乙
	酉	子	未	巳

대 운	乙	丙	丁	戊	己	庚	辛	壬
	亥	子	丑	寅	卯	辰	巳	午
	71	61	51	41	31	21	11	01

오행비율   火星:1.84   水星:1.40   金星:1.00
土星:0.36   木星:0.20

음양비율   음기:2.4   양기:2.4   중성:0

일주강약   1.60 (身强)

오신육친   용 신 : 土星   財星
희 신 : 金星   官星
기 신 : 木星   比劫
구 신 : 火星   食傷
한 신 : 水星   印星

격 국   財星生官星格

체 질   食傷(A)

종합판단

우선은 공식에 대입해보자. 가장 강한 오행은 화성으로 금성이 피해보고 있다. 구제하기 위한 오행으로는 토성과 수성이 나오지만 신강하므로 토성에게 금성을 구하라고 부탁한다. 이것으로 공식은 끝나니 용신인 토성으로 재성이며 희신인 금성으로 관성이 되어 격국은 재성생관격이 된다.

공식에 준한 운의 순위를 살펴보면 당연히 용신인 토성의 운이 1등이며, 희신인 금성의 운이 2등이고, 지지의 길신을 생하는 화성의 운이 3등이 되고, 3등인 화성을 생하는 목성의 운이 4등이며, 마지막 남은 수성의 운이 5등이다.

그것에 준하여 운의 흐름을 살펴보면 초반에 다가온 화성의 시기는 3등에 있었다가 현재 맞이하고 있는 목성이 시기는 4등으로, 그리고 뒤에 다가오는 수성의 시기는 5등으로 되어 나이가 들면서 점점 하락하고 있다.

이 친구의 삶을 살펴보면 학생 때 공부는 잘했지만, 반골의 기질이 강해 학생 데모를 주도하였고, 경찰에 잡히지 않으려고 대학 때 도망을 다니고 하는 바람에 공부에 흥미를 잃은 체 졸업하여 직장생활도 할 수 없는 상황에 몰리게 되었다. 결국 택한 것은 사법시험 공부였다.

합격만 하면 중간에 잃어버린 모든 것을 얻을 수 있으며, 대학 때 주도적으로 활약했던 삶의 모습을 되찾을 수 있다고 생각했다. 그래서 28세(92년=壬申)부터 고시에 매달리기 시작해서 근 10여년을 허비하다가 끝내는 작년(2003년=癸未)에 합격을 하고 말았다.

부모는 장남이 공부에만 파묻혀 지내는 것이 안타까워 공부하는 중간에 결혼을 시켰다고 한다. 결혼해 독립하고 가정을 이끌 책임감이 생기면 사법고시는 포기하겠지라는 생각으로 반강제적으로 33세 (97년=丁丑)에 결혼을 시켰으나 신혼여행에서 돌아오자마자 이 친구는 산으로 도망을 갔다고 한다.

결국 부모들도 이 친구의 고집을 꺾지 못하고 포기했고, 이 친구를 아는 사람들도 사시에 합격할 줄은 꿈도 꾸지 않았는데, 작년에 보란 듯이 합격을 하고 말았다. 이런 삶의 흐름을 보면 대운의 흐름이 3-4-5등으로 흐르고 있다는 생각이 들지 않는다.

그렇다. 현실적인 운의 흐름은 5-4-1등으로 흐르고 있다. 그래서 사법시험에 도전한지 10여년만에 40살이 가까운 나이에 합격할 수 있었다고 필자는 예측한다. 문제는 왜 운의 흐름이 바뀌는 것일까에 있다.

월지가 未월로 뜨거운 기운을 지닌 시기에 태어났다. 그러면 未 토성 중의 오행분포는 화성의 기운 70% 대 토성의 기운 30%가 된다. 그리고 년지의 순수한 巳 화성이 있어 그 기운과 합쳐지면서 시지의 申 금성을 억제하는 모양이 되었다.

그런데 다른 한 지지에서 억제 받고 있는 금성을 구하려는 오행이 없다면 특수한 지지구조에 걸리지 않을 텐데, 이 사주는 일지에 子 수성이 있어 억제하려는 화성을 능히 극할 수 있어 토성이 낀 지지구조에 걸리는 사주가 되었고, 그 덕분에 운의 순위가 바뀌게 된 것이다.

강력한 화성의 공격을 막는 수성의 운이 1등, 피해 받고 있는 금성의 운이 2등, 억제하고 있는 화성의 운이 5등, 강력한 화성을 생하는 목성의 운이 4등, 그리고 하나 남은 토성의 운이 3등이 된다.

이 순위를 대입하면 초반 화성의 시기는 5등, 중반에 다가온 목성의 시기는 4등, 그리고 훗날 다가올 수성의 시기는 가장 좋은 1등의 흐름으로 흐르고 있음을 알 수 있다. 그래서 이 친구는 학생 때 심성체질인 식상체질의 영향을 많이 받아 반발심이나 데모 등에 가담하고 주도했으며, 졸업 후에도 직장에 몸을 담지 못하고 사법시험에 도전하기로 마음을 먹었던 것이다.

그러기를 10여년. 대운의 흐름이 정체 되었다가 급격하게 바뀌는 시점인 戊寅 대운을 앞둔 2003년에 끝내 합격해 자신의 평생 소원대로 인권변호사의 길을 갈 수 있게 되었다. 합격하여 필자에게 말하길 당장 부모님의 소원을 들어주어야겠다고. 그래서 빨리 결혼을 하겠다고. 농담처럼 참한 여자를 소개해달라는 것이었다.

사주팔자 (남)	시	일	월	년
	戊	戊	癸	庚
	午	申	未	子

대 운	辛	庚	己	戊	丁	丙	乙	甲
	卯	寅	丑	子	亥	戌	酉	申
	76	66	56	46	36	26	16	06

오행비율　火星:1.84　金星:1.20　水星:1.20
　　　　　土星:0.56　木星:0.00

음양비율　음기:2.4　양기:2.2　중성:0.2

일주강약	2.40 (身强)

오신육친	용 신 : 金星	食傷
	희 신 : 水星	財星
	기 신 : 火星	印星
	구 신 : 土星	比劫
	한 신 : 木星	官星

격 국	食傷生財星格

체 질	印星(A)

종합판단

2002년인가 필자가 예측한 월드컵의 전망과 21세기 세계정세를 예측한 신문기사 등을 보고, 이상하게도 꼬이는 자신의 인생을 알고자 초겨울 해질 무렵즈음에 찾아와 상담을 했는데, 이 사람이 사는 곳이 부산이며, 발명가라는 특이한 직업을 갖고 있어 지금도 정확히 이 사람에 대한 모든 것을 기억하고 있다.

그리고 상담 당시 43세가 되도록 결혼도 하지 않았으며, 자신의 인생을 알고자 명리도 공부했으며, 땅 문제로 인하여 자신의 집과 자신을 누군가가 감시하고 있어 자유롭게 행동하기 힘들고, 전화도 도청당하고 있어 경찰에 신고해도 믿지 않아 어머니와 자신이 스스로 지키기 위해서 야구방망이 등 흉기들을 집에 두고 산다는 말도 생각난다.

자신이 발명한 것이 일백 개도 넘으며 대기업에서 탐내는 것도 있으며, 어떤 것은 여러 나라에 특허신청을 해놓고 있으며, 지금도 끊임없이 발명하고 있다고 했다. 발명품이 무엇인지는 잘 모르지만 대기업이 탐내고, 여러 나라에 특허를 신청한 것으로 보아선 돈이 될 것만은 틀림 없지만, 그러한 일들이 뜻대로 풀리지 않아 아직 결혼도 못하고 홀어머니하고 단 둘이 산다고 했다.

아버님이 물려주신 부산의 땅 때문에 돈은 쓸 만큼 충분히 있어 여태까지 아무 일도 안하고 계속해서 발명만 했었다고. 그리고 자신이 발명한 것에 대한 자부심이 대단했으며, 자신을 인정해주는 그런 회사를 찾고 있는 것 같았다. 그 이유는 심성체질이 인성체질이라 돈보다는 명분에 매달리기 때문이다.

기억 나는 것은 2004년이 되면 결혼하게 되고, 발명한 것이 각광을 받을지도 모르고, 만의 하나 기업에서 손을 내밀면 이익을 나누는 조건으로 하지 말고 발명품 전부를 한꺼번에 돈을 받고 팔아 넘기라고 했던 것이다. 그리고 도청이니 감시니 하는 것은 혹시 신경과민 일 수도 있으니 되도록 대범하게 넘기라고 한 것이었다.

이 사주는 지지구조에 걸려 구제의 역할을 하는 오행들이 공식에서도 길신으로 나와 운의 순위가 크게 달라지지는 않았지만 그래도 운의 변화는 있다. 공식에 의한 운 순위는 용신인 금성의 운이 1등, 희신인 수성의 운이 2등, 길신을 생하는 토성의 운이 3등, 토성을 생하는 화성의 운이 4등, 목성의 운이 5등이다.

그러나 未월이라서 70%가 화성의 기운인데, 시지의 수 뜨거운 화성의 기운과 합쳐 일지의 申 금성을 억제하고 년지의 子 수성이 화성의 공격을 막고 금성을 보호하므로 토성이 낀 지지구조에 걸린 사주가 되었다.

이로 인해 운의 순위가 이렇게 바뀐다. 수성의 운이 1등, 금성의 운이 2등, 토성의 운이 3등, 목성의 운이 4등, 화성의 운이 5등으로 말이다. 1등과 2등, 4등과 5등의 운 순위가 바뀌는 정도로 크게 변하지는 않았다.

다만, 격국의 크기를 논할 때 지지구조에 걸려서 오히려 격국의 크기가 낮아지는 상황을 맞이하여 그것이 조금은 안타까웠다. 격국의 출발은 상중중격에서 한다. 음양의 차이가 없고, 지지에 용, 희신이 다 있어 진정한 상격임을 알 수 있다.

그런데 흉신들인 午와 未가 서로 합하는 바람에 격국의 크기는 한 단계 상승하여 상중상격이 되었는데, 길신인 子를 흉신인 午가 충하는 바람에 한 단계 떨어져 상중중격에 머물었다.

여기서 이 사주가 지지구조에 걸리지 않았다면 생과 극을 보아 격국의 크기를 조정할 텐데, 지지구조에 걸리는 바람에 생과 극을 안 보는 바람에 두 단계가 올라갈 것(화생토, 토생금)을 오르지 못하고 말았다. 그리고 토성이 낀 지지구조에 걸리는 바람에 무엇인지는 모르지만 깔끔하게 인생이 풀어지지 못하고 있는 듯 보였다.

대운의 흐름도 2-1등으로 평생을 흘러 변화가 작으므로 세운에 따라 변화가 올 텐데, 좋은 변화가 올 때에 100% 흡수하지 못하고 안좋은 때에는 당할 것을 다 당하는 그런 현상들을 보이고 있는 것은 토성이 낀 지지구조에 걸린 탓이 아닐까 생각해본다.

[丑(축) 土星(토성)이 낀 地支構造(지지구조)]

```
시  일  월  년

水  木  丑  火
```

월령이 수성의 시기인지라 丑 속에 들어 있는 수성의 기운은 70%
가 되어 시지의 가 수성에게 빼앗기게 되어 강력하게 화성을 억제하
고 있는데 다른 지지의 목성이 화성을 구제하고 있는 상태이므로 길
신이 무엇이 되었든 이 사주는 목성의 운이 제일로 좋으며 화성의 운
이 두 번째로 좋으며, 세 번째로는 토성의 운, 네 번째로는 강한 수성
을 생하는 금성의 운, 가장 나쁜 것은 수성의 운이다.

```
시  일  월  년

火  土  水  丑
```

이 구조 역시 수성이 두 지지를 차지하고 화성을 억제하고 있는 모
양이나 구제의 오행이 토성인지라 겉으로 보기에는 토성이 둘씩이나
차지하고 있다고 보여, 위와 같은 조건에 걸리지 않으므로 공식에 의
한 운의 순위대로 흘러야만 된다.

사주팔자 (여)	시	일	월	년
	丙	庚	癸	丁
	子	寅	丑	巳

대 운	辛	庚	己	戊	丁	丙	乙	甲
	酉	申	未	午	巳	辰	卯	寅
	72	62	52	42	32	22	12	02

오행비율 水星:2.04 火星:1.40 木星:1.00
土星:0.36 金星:0.00

음양비율 음기:2.4 양기:2.4 중성:0

일주강약 0.36 (身弱)

오신육친 용 신 : 火星 官星 (가용신)
희 신 : 土星 印星
기 신 : 水星 食傷
구 신 : 木星 財星
한 신 : 金星 比劫 (진용신)

격 국 官星生印星格

체 질 食傷(A)

종합판단

먼저 공식에 의한 운의 순위를 살펴보면 진용신인 금성의 운이 1등
이며, 희신인 토성의 운이 2등이고, 가용신인 화성의 운이 3등이며,

지지의 길신을 생하는 목성의 운이 4등이 되고, 하나 남은 수성의 운이 5등이 된다.

이 순위를 그대로 운에 적응하면 초반의 목성의 시기는 4등의 운이고, 중반에 다가오는 화성의 시기는 3등의 운이며, 훗날 만나는 금성의 시기는 가장 좋은 1등의 운임을 알 수 있다.

이런 운의 흐름이라면 현재 맞이하고 있는 목성의 시기에는 격국의 영향을 받기보다는 심성체질인 식상의 성향을 강하게 드러내기 마련인데, 현실적으론 전혀 그렇지가 않은 삶을 살고 있다.

고위직공무원의 부친을 두어 고생이 무엇인지 모르고 자랐고, 현재까지 식상체질의 성향보다는 가용신인 관성의 영향을 받아 한치의 잘못된 행동도 하지 않고 모범적이면서 절도가 있는 그러면서도 착실한 아가씨라는 소문이 돌아 중매쟁이들의 속을 태우고 있다고 한다.

공식에 의한 운의 순위대로라면 아직도 4등의 운에 있는데 어째서 심성체질인 식상의 성향을 드러내지 않는단 말인가. 그 이유는 바로 토성이 낀 지지구조에 걸렸기 때문이다. 차가운 시기에 태어나 丑 토성 속에 수성의 기운이 70%가 되어 시지의 子와 힘을 합해 년지의 巳 화성을 강력하게 억제하는데, 일지의 寅 목성이 있어 수성의 공격에서 화성을 구할 수 있기 때문에 운의 순위가 변했다.

그로 인해 운의 순위는 지지에서 구제의 역할을 한 목성의 운이 1등, 피해보고 있는 화성의 운이 2등, 강력하게 억제하고 있는 수성의 운이 5등, 그 수성을 생하는 금성의 운이 4등, 하나 남은 토성의 운이 3등이 되었으며, 그래서 현재 맞이하고 있는 목성의 시기가 4등이 아닌 1등의 운으로 변해 심성체질인 식상의 성향이 강하게 나타나지 않고, 격국의 영향을 발휘하고 있는 것이다.

필자의 예측대로라면 이 친구는 결혼해도 바깥의 생활도 훌륭하게 해낼 수 있는 능력이 있으면서도 남편의 뒷바라지까지 완벽하게 해주는 것은 물론, 자식까지도 잘 키울 수 있는 다재다능한 재주를 지닌 것으로 보았다.

이 친구의 말도 결혼해서 남편만 바라보고 살지 않을 것이지만, 그렇다고 집안의 일에 소홀하기도 싫고, 애를 낳았을 때만 잠시 쉬고 다시 일을 시작할 것이라고 당차게 포부를 밝히는 것이었다.

사주팔자 (남)	시	일	월	년
	乙	己	己	乙
	亥	卯	丑	巳

대 운	辛	壬	癸	甲	乙	丙	丁	戊
	巳	午	未	申	酉	戌	亥	子
	75	65	55	45	35	25	15	05

오행비율 水星:1.84 木星:1.40 火星:1.00
　　　　　土星:0.56 金星:0.00

음양비율 음기:2.2 양기:2.4 중성:0.2

일주강약 1.56 (身强)

오신육친	용 신 : 木星	官星
	희 신 : 火星	印星
	기 신 : 金星	食傷
	구 신 : 水星	財星
	한 신 : 土星	比劫
격 국	官星生印星格	
체 질	財星(A)	

종합판단

2003년 7월에 부인과의 이혼소송을 3년째 끌고 있어 언제쯤 해결이 날 것인가를 알고 싶어 필자를 찾은 사람이다. 그로 인해 2년째 일도 하지 못해 살림이 엉망인데도 남들은 자신이 잘 나가고 있는 것으로 알고 있는 것도 신기하다고.

왜 그런지 알아보자. 수성이 강해 화성이 피해보고 있고, 구제오행으로는 목성과 토성이 나오는데 신강이므로 목성에게 화성을 구하라고 부탁하면서 공식은 끝난다. 공식에 의한 운 순위는 용신인 목성의 운이 1등, 희신인 화성의 운이 2등, 지지의 길신을 생하는 수성의 운이 3등, 3등인 수성을 생하는 금성의 운이 4등, 하나 남은 토성의 운이 5등이다.

이 순위대로 운을 적용하면 초반에 맞이한 수성의 시기는 3등의 운에 있다가 현재 맞이하고 있는 금성의 시기는 4등의 운으로 조금 하락하고, 훗날 다가오는 화성의 시기는 2등의 운으로 마무리하게 된다.

이런 흐름이라면 좋지는 않다고 해도 최악의 상황까지는 몰리지 않는 것인데, 이 사람은 어릴 때부터 지금까지 쉽게 풀어지는 것이 없을 정도로 갑갑했다고 한다. 다만 격국의 크기가 상중중격이라 그런지는 몰라도 남들이 자신에게 힘든 사정을 털어놓고 자문을 구하는 경우가 많았지, 자신의 고민을 해소하기 위해 남에게 사정을 털어놓은 적은 없었다고 한다.

또한 4살 때 아버님을 잃고 홀어머니와 살아 왔지만 남에게 무시당하면서 살지는 않았으며, 다른 부모가 자식에게 해주는 모습 그대로 어머니가 자신을 위해 해주었다고. 덕분에 어려운 처지에 있으면서도 전혀 티를 내지 않아 주변에서는 자신의 어려움을 알아주지 않았다고 한다.

어째서 상격의 사주가 어릴 때 3등의 운에 이렇게 힘든 과정을 거치면서 살아야 했는지 100% 이해가 안가는 부분이 있다. 그렇다. 토성이 낀 지지구조에 걸려 운의 순위가 바뀌었기 때문에 이 사람의 현실과 운의 순위가 100% 맞아 떨어지지 않았던 것이다.

그런데 지지구조에 걸렸어도 용신인 목성의 운이 1등이고, 희신인 화성의 운이 2등인 것은 같다. 문제는 그 외의 순위가 달라진다. 지지에서 억제하고 있는 수성의 운이 제일 나쁜 5등이 되며, 그것을 생하는 금성의 운이 4등으로, 나머지 토성의 운이 3등이다.

지지구조에 걸린 운의 순위를 대입해보면 초반 수성이 시기는 3등이 아니라 5등이 되는 것이고, 중반에 다가오는 금성의 시기는 4등으로 공식의 순위와 같다. 그래서 상격의 사주라고 해도 어릴 때 최악의 운을 만났으므로 남들이 모르는 고통을 이 사람은 받으면서 컸고, 결혼 후에도 아내가 홀어머니를 받들지 않고 막 대하는 바람에 끝내 이혼소송까지 불사하게 되었다고 한다.

이렇게 지지구조에 걸리게 되면 운의 순위가 바뀌는 것이 90% 이상이 되니 길신과 순위가 같다고 나머지의 순위를 무시하지는 마라. 그리고 이 사람은 증권계통에서 일을 했었는데, 자신의 능력을 인정받았으므로 언제든지 자신이 원하면 회사에 복귀할 수 있다고 하니 한편으로는 마음이 놓였다.

病(병) 찾는 方法(방법)

사람을 만나지 않고 사주만 살펴 병을 찾는 방법에 지대한 관심을 가지고 있는 분들이 의외로 많다. 특히 과학적이면서 체계적인 방법으로 의학을 공부한 전문가 집단인 의사나 한의사 또는 약사 쪽의 사람들이 많다.

무엇이 부족해서 체계가 세워지지 않은 사주 이론에 의지해 병을 찾겠다는 것인지 알 수는 없다. 과연 그들이 생각하는 대로 사주만 살펴서 사람의 병을 밝혀낼 수 있을지. 직접적으로 만나지 않고 사주 명식 하나만으로 모든 병을 찾아낼 수 있을지. 한 마디로 말한다면 '병을 알아낼 수 없다' 고 할 것이다.

예를 들자. 똑같은 날과 시에 태어나 사주가 같은 사람들이 있다. 그리고 사주상에 토성이 약하다고 하자. 그러면 소화기 계통이 안 좋다고 할 것이다. 그런데 전부 그렇다고 하는 것이 아니고 반은 아니라고 한다. 왜 그런 현상이 생기는 것일까? 틀림없이 토성이 부족해 소화기가 안 좋은데 말이다.

그것은 바로 부모로부터 물려받은 유전자(DNA)가 각자 다 다르기 때문이다. 의사들도 부모로부터 유전되어지는 병이 거의 태반은 된다고 말하지 않던가. 이런 상황에서 사주만 살펴서 병을 찾는 방법이란 정말 하늘에서 별 따기 만큼 어렵지만, 그래도 유전되지 않는 병이라도 정확하게 밝혀내는 것이 역학자의 의무라고 생각해 필자만의 병을 찾는 독특한 방법을 창안하였다.

그리고 같은 병일지라도 누구는 잘 견디고 누구는 견디지 못하는 것은 심성체질에 원인이 있음을 알았고, 그에 의해 병에 강한 사람과 약한 사람을 분류했으며, 맨 마지막으로 얻은 결론은 병의 원인은 마음에 있음을 알게 되었다.

몸 구조를 크게 나누면 음식을 섭취해 흡수시키는 기관과 소화시키고 난 찌꺼기들을 배설하는 기관으로 이루어졌다. 그래서 알맞게 섭취하고 먹은 만큼 배설하면 누구나 무병장수 할 수 있는 것이다. 그런데 필자가 찾아낸 심성체질에 의하면 사람의 약 40% 정도가 흡수하고 배설하는 기관에 이상이 생겨 병에 잘 걸리는 것으로 나타났다.

흡수하는 기관과 배설하는 기관이 잘 연결되어 음식을 섭취한 만큼 배설된다면 건강에는 아무런 문제가 생기지 않으나, 흡수하는 기관은 정상인데 배설하는 기관이 부실하거나 흡수하는 기관은 부실한데 배설하는 기관이 왕성하다면 이는 조화가 깨진 상태이므로 건강에 이상이 생기는 것은 당연하다고 할 수 있다.

육친 중에서 인성은 사람이 살아가는 데 필요한 음식과 같은 것으로 흡수하는 기관의 건강 상태를 볼 수 있고, 식상은 배설하는 기관의 건강 상태가 어떤가를 알 수 있다. 그래서 인성과 식상이라는 육친이 잘 배합된 사람들은 건강한 사람들이 많고, 그 둘 중에 하나라도 치우쳐 있으면 건강에 약한 사람들이 많다.

그래서 그런지는 모르지만 인성체질과 식상체질들의 사람들이 다른 체질의 사람들보다 유난히 건강에 민감하고 약한 면이 많음을 알 수 있다. 아무리 건강하다고 해도 어느 순간 너무 쉽게 병에 항복하는 사람들은 인성과 식상체질들이기 때문이다.

건강에 약한 체질이 무엇인지는 알았지만, 병이 난다면 어느 부위에 생길 것인가 그것을 알아내는 방법이 기존의 이론으로는 막연했다. 연구에 연구를 거듭하던 중 몸에 흐르는 기운들이 각 부위들을 막힘 없이 잘 흐르면 병이 생길 리가 없음을 알았고, 그것을 어떻게 증명할 것인가에 고민하다가 발견한 것이 바로 아래와 같은 도표이었다.

도표는 물(혈액)이 상수관(혈관)을 통해 막힘 없이 흐르는가를 살피기 위한 표다.

病(병) 찾는 圖表(도표)

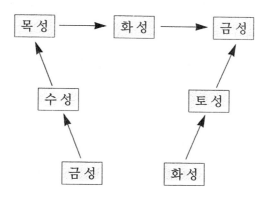

가운데에 위치해 있는 화성은 사주상에서 수치가 높은 것이다. 그로 인해 금성이 피해를 본다. 금성을 도와주는 것은 토성이며, 토성을 도와주는 것은 화성이 된다. 이것만 가지고 살폈을 때, 금성의 수치가 화성의 수치의 5분의 1 이하일 때는 심하게 극을 받고 있는 것이 된다.

이럴 때 토성이 도와주지 않으면 금성이 뜻하는 부위의 장기가 다른 장기에 비해 약하게 된다. 그렇지만 토성이 도와준다면 그럴 염려가 없다. 그리고 화성의 수치가 2.0이 넘는데 토성이 사주상에 나타나 있지 않으면 화성이 뜻하는 부위의 장기가 약해질 수 있다. 그것은 강한 기운을 내보낼 곳을 찾지 못하고 있는 상황이기 때문이다.

화성과 금성의 수치가 2.0이 넘고 있는데 토성의 수치가 0.2이하일 때는 화성과 금성의 소통은 시킬 수 있으나, 중간에서 그 일을 하는 토성이 무리가 가는 바람에 토성이 뜻하는 부위의 장기가 약해질 수 있다.

목성의 수치가 화성수치의 5분의 1이 안되면 목성이 뜻하는 부위의 장기에 병이 날 수 있으나, 수성이 도와준다면 그렇지는 않다. 그러나 화성의 수치가 2.0 이 넘고 목성의 수치가 0.2이하일 때는 수성이 도와주더라도 목성의 부위는 탈이 난다.

수성의 수치가 금성의 수치보다 여섯 배가 넘으면 금성의 기운이 지나치게 빠지므로 금성이 뜻하는 부위의 장기가 탈이 날 수 있고, 목성의 수치가 수성의 수치보다 여섯 배가 많고 금성이 수성을 도와주지 않으면 수성의 부위가 약해진다.

지금까지 가장 기본적인 개념을 얘기했다. 그러나 경외의 수가 워낙 많아 병을 판단할 때도 여러 각도에서 살피는 것이 무엇보다 중요하다. 다만 필자는 물이 막히지 않고 제대로 흘러야만 몸에 병이 나지 않음을 깨달아 이와 같은 방식으로 진단하고 추론하였음을 밝히는 것이다.

사주팔자 (여)	시	일	월	년
	己	庚	癸	丁
	卯	寅	卯	巳

대 운	辛	庚	己	戊	丁	丙	乙	甲
	亥	戌	酉	申	未	午	巳	辰
	71	61	51	41	31	21	11	01

오행비율　　木星:3.20　火星:1.20　水星:0.20
　　　　　　土星:0.20　金星:0.00

음양비율　　음기:0.2　양기:4.4　중성:0.2

일주강약　　0.20 (身弱)

오신육친　　용　신 : 土星 印星
　　　　　　희　신 : 火星 官星
　　　　　　기　신 : 木星 財星
　　　　　　구　신 : 水星 食傷
　　　　　　한　신 : 金星 比劫

격　　　국　　印星保官星格

체　　　질　　財星(C)

종합판단

　이 책의 집필을 거의 끝나 갈 때쯤 메일상담을 신청한 사람인데, 아무리 살펴보아도 사주에 나타난 것 이상으로 증세(메일에 쓴 내용)가 심해 필자의 절친한 친구인 기 치료사를 연결시켜 도움을 주었다.

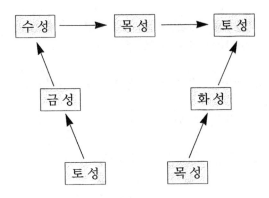

　필자가 발견한 방식으로 이 사람 사주의 병을 살펴보자. 사주상에 가장 강한 것이 목성으로 무려 수치가 3.2나 된다. 강력한 목성이 0.2의 토성을 매우 심하게 공격하고 있음을 느낄 수 있다.

　토성을 도와주는 화성이 1.2로서 든든하게 뒤를 받치고 있더라도 강력한 목성의 공격을 피하기에는 토성의 수치가 너무 작아 아무래도 토성이 뜻하는 부위의 장기가 약해보인다. 그리고 강력한 목성의 기운은 화성이 충분히 빼내므로 큰 이상이 없어보인다.

　따라서 목성 생 화성 생 토성 쪽에서는 토성만이 유일하게 이상이 있음을 알 수 있고, 다음으로 토성 생 금성 생 수성 쪽을 살펴보자. 강력한 목성에게 기운을 빼앗기는 것은 수성인데, 수성의 수치가 0.2로 너무 약하다. 이렇게 약하면 금성이 수성을 도와준다고 해도 수성의 부위는 약할 수밖에 없다.

　더구나 수성을 도와주는 금성은 사주상에 아예 나타나 있지도 않으니 그 증세가 어느 정도인지 느낄 수 있다. 그리고 맨 마지막의 토성은 0.2인데 그 기운을 빼내가려는 금성이 사주상에 없어 그나마 다행이라 할 수 있다. 사주상에 나타나 있지 않은 오행은 수치로 말한다면 0.1이라고 한다.

결론적으로 이 사람은 수성과 토성이 의미하는 부위가 약해져 3년 전부터 고생하고 있지만, 양방에 가보면 몸에 아무런 이상이 없다고 나오지만, 한방에서는 수성과 토성이 뜻하는 부위의 장기가 약해져 그런 증상들이 있는 것이라고 한다. 문제는 치료를 하고 약을 먹어도 낫지 않는다는 데 있다.

이 사람의 증세를 보자. 3년째 병명 없이 갑작스러운 복잡한 증상들로 고통 받고 있다. 양방에서 여러 가지 반복되는 검사 결과는 이상 없으나, 한방과 머리카락 검사에선 신진대사도 안되고 모든 기능이 저하되었다. 한 달에 두 번씩 월경을 하고, 한 달에 2~3일 빼곤 온몸이 너무 늘어지고 참을 수 없이 졸리고 피곤하다.

항상 붓고 소변도 안나오고 변비도 있다. 배고픔을 느끼지 못하고 정상적인 세끼 식사를 하면 바로 살이 찌고, 굶어도 살은 빠지질 않는다. 조금만 더우면 손발이 열나고 조금만 추워도 손발이 시리다. 종일 자고만 싶고 항상 부어 온몸의 기능이 멈춘 것 같다.

다음의 글은 필자가 만든 프로그램에 나타난 이 사주의 병 증세이다.

[님의 사주에서는 토성과 수성의 기운이 약해진 관계로 토성이 뜻하는 위장과 비장 그리고 수성이 뜻하는 신장과 방광 기관이 다른 부

위에 비해 부실해 병이 온다면 그 부위에 오기가 쉽다.

토성은 소화기관을 의미하고 수성은 혈액순환기 계통을 의미하므로 가장 무서운 질병으로는 성인병의 한 종류인 당뇨병에 시달리는 경우가 매우 많다.

요즘은 아이들에게 그런 증상들이 나타나니 일찍 치료하기 바란다. 헛배가 부르거나 살이 빠지고 피부에 병이 많이 발생하고 구토증상까지 나타나며 머리가 심하게 어지럽거나 아픈 증상들이 발생한다.

그래서 만성위장병이나 식도염 또는 만성소화불량에 하루가 전혀 즐겁지 않을 수 있다. 또한 몸이 부는 증상에 저혈압까지 올 수 있으며 신장기능이 약해져 만성신장염이 올 수 있으며 성 기능도 약해져 성병에 노출되기가 쉽다.

혈액마저 원활히 돌지 않아 손발이 간혹 저리기도 하며 앉았다가 일어날 때 머리가 어지러운 현상 즉 빈혈에 시달릴 가능성이 아주 많다. 호르몬의 작용도 정상적이지 않을 때도 많으며 여성들은 임신이 잘 안 되는 경우도 발생한다고 한다.]

사주팔자 (남)	시	일	월	년
	甲	甲	癸	甲
	戌	午	酉	午

대 운	辛	庚	己	戊	丁	丙	乙	甲
	巳	辰	卯	寅	丑	子	亥	戌
	71	61	51	41	31	21	11	01

오행비율 火星:2.00 金星:1.90 木星:0.40
土星:0.30 水星:0.20

음양비율 음기:2.1 양기:2.4 중성:0.3

일주강약 0.60 (身弱)

오신육친 용 신 : 水星 印星
희 신 : 木星 比劫
기 신 : 土星 財星
구 신 : 金星 官星
한 신 : 火星 食傷

격 국 印星生比劫格

체 질 食傷/官星

종합판단

이 사주는 필자의 사주로 누구보다 확실하게 검증할 수 있어 올린
다. 화성과 금성의 수치가 0.1밖에 나지 않아도 화성이 금성을 억제하

는 공식으로 진행해야만 병이 있는지, 있다면 어느 부위에 오는지 등을 알 수 있다.

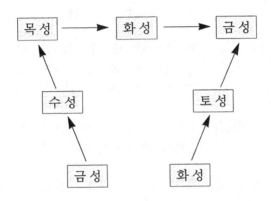

가장 강한 것이 화성으로 금성이 피해보고 있다. 피해보고 있는 금성의 수치가 1.9로서 2.0의 화성에 의해 피해를 보고 있다는 생각이 전혀 들지 않는다. 그리고 금성을 생하려는 토성 역시 수치는 0.3에 불과하지만 지지에 하나가 딱 버티고 있으므로 상처 하나 입지 않는다.(토성의 경우는 수치보다는 있는 개수로 따질 때가 더 잘 맞음)

강한 화성 역시 토성에게 기운을 잘 빼내므로 막혀서 정체되거나 넘치는 것 없이 무난히 소통하고 있다. 따라서 화성 생 토성 생 금성 쪽의 이상은 발견할 수 없고, 설기하는 부분인 금성 생 수성 생 목성 쪽의 부분을 살펴보자.

2.0의 화성에게 기운을 빼앗기고 있는 목성의 수치는 0.4로 화성 수치의 5분의 1이다. 5분의 1이면 견딜 수 있다고 했으니 심각한 상태는 아니다. 더구나 0.2의 수성이 도와주므로 0.4의 목성이 화성에게

설기하는 것이 많이 힘든 것은 아니다. 그리고 1.9의 금성이 0.2의 수성에게 그 기운을 조금씩 빼내려고 하는 것이 그리 큰 무리 같이 보이지 않는다.

그렇다면 금성 생 수성 생 목성 중에서는 그나마 화성에게 심하게 설기 당하고 있는 목성이 다른 오행보다 피해가 크다고 생각할 수 있다. 그래서 그랬을까? 태어나 백일도 안된 시점에 감기주사를 잘못 맞고 신경에 이상이 오는 바람에 뇌성마비의 장애를 안았다. 평생을 걷지 못하고 말도 잘할 수 없는 중증장애인이 된 것이다.

그리고 1994년(甲戌년=41세)에 예기치 못했던 급성간염에 걸리는 바람에 처음으로 병원에 입원했고, 그 뒤 근육에 이상이 생기면서 2000년(庚辰년=47세)부터는 보조기구에 의지해 걸어 다녔던 것에서 휠체어에 의지하지 않으면 안되는 상황까지 이르게 되었다.

휠체어에 몸을 기대지 않고 보조기구에 의지해 다녔던 때가 지금으로서는 무척이나 그립다. 보조기구에 의지했을 때는 혼자서 어디든지 다닐 수 있었지만, 휠체어에 의지해 다니게 된 지금은 도움 없이는 움직일 수 없기 때문이다.

그나마 자위하며 살고 있는 것은 몸을 자유롭게 움직일 수 없게 태어났지만, 그 반대 급부의 하나로 상상의 나래를 펼쳐 몇 천년간 내려온 명리의 이론을 21세기에 맞는 진정한 학문으로 정립할 수 있는 기회를 준 것이다. 그 점에 있어서 생각하면 장애라는 것이 오히려 도움이 되었다고 자신 있게 말할 수 있다.

사주팔자	시	일	월	년
(여)	庚	庚	丙	癸
	辰	辰	辰	卯

대 운	甲	癸	壬	辛	庚	己	戊	丁
	子	亥	戌	酉	申	未	午	巳
	80	70	60	50	40	30	20	10

오행비율 木星:3.24 土星:0.96 火星:0.20
　　　　　　 水星:0.20 金星:0.20

음양비율 음기:0.4 양기:3.44 중성:0.96

일주강약 1.16 (身弱)

오신육친 용 신 : 土星　印星
　　　　　　 희 신 : 金星　比劫
　　　　　　 기 신 : 木星　財星
　　　　　　 구 신 : 火星　官星
　　　　　　 한 신 : 水星　食傷

격 국 印星生比劫格

체 질 財星/印星(D)

종합판단

　토성이 지지에 두, 세 개나 있지만 수치가 약해 억제의 오행으로 나
서지 못하는 사주들이 있다. 그렇지만 병을 살필 때는 수치가 강한 오

행을 중앙에 넣고 도표대로 흐름을 살펴야 하지만, 지지에서 토성이 다른 오행보다 개수에서 많으면 토성을 중앙에 넣고 또 한번의 도표대로 흐름을 살펴야만 한다.

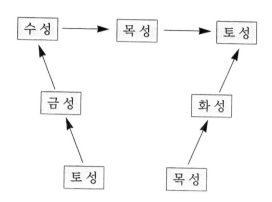

먼저 수치가 강한 목성을 중앙에 넣고 흐름을 살펴보자. 목성의 수치가 3.24로 강력하지만 피해 받고 있는 토성의 수치는 0.96이지만 지지에 세 개씩이나 있어 능히 목성의 공격을 받아낼 수 있다. 아마 화성의 도움이 없어도 토성은 탈이 나지 않을 것이다.

오히려 토성을 도와주고 있는 화성이 문제가 될 것 같다. 0.2로 약한 상태인데 불구하고 토성을 도와주고 있으니 말이다. 약한 화성을 도와주는 것은 목성인데, 무려 그 수치가 3.24인데 화성의 열 다섯 배가 넘는다. 그렇게 강한 목성의 기운을 받지만 정작 화성이 받아들일 수 있는 것은 3.24가 아니라 0.2밖에 안되기 때문이다.

3.24의 크기나 양 만큼 받아들이는데, 0.2밖에 빼내지 못하는 목성도 어딘가는 이상이 있어야 하는데, 수치는 약하지만 지지에 세 개나

차지하고 있는 토성을 억제하고 있는 것이 그리 쉬운 일은 아니라서 0.2밖에 빼내지 못해도 목성은 과부하가 걸리지는 않는다.

목성 생 화성 생 토성에서는 화성에게만 문제가 발생한다. 목성에게 기운을 받아도 그 기운은 0.2밖에 되지 않는데 비해 토성에게 빼앗기는 기운은 그보다 몇 배가 넘으므로 되로 받고 말로 주는 양상을 띠어 화성이 뜻하는 부위가 약할 수 있다.

다음으로 토성 생 금성 생 수성의 쪽을 보자. 3.24의 강력한 목성은 0.2의 수성을 아주 강하게 빨아들이는 양상이므로 수성을 도와주려는 금성이 아무리 강해도 수성에게는 큰 도움은 되지 않아 수성이 의미하는 부위가 다른 부위에 비해 약할 것이다.

그리고 0.2의 금성은 0.2의 수성을 도와주므로 전혀 무리가 없을 것이고, 금성을 도와주는 토성의 수치는 0.96이지만 지지에 세 개나 있어 그 수치를 능가할 수 있는 힘을 발휘한다. 그래서 0.2의 금성으로 하여금 설기 시키는데 문제가 발생할 수 있다고 판단되지만 가장 강한 목성에게 강력히 억제 당하고 있으므로 굳이 기운을 빼지 않아도 토성이 의미하는 부위가 탈이 나지는 않는다.

이 결과는 화성과 수성에 문제가 생기는 것으로 판명이 되었고, 또 하나의 공식인 토성이 강한 것으로 중앙에 넣고 도표의 흐름을 살펴보자.

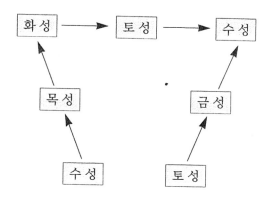

　토성의 수치가 3.2로 가장 강해 0.2의 수성이 피해보고 있다. 열 여섯 배가 넘는 토성의 공격을 수성은 받아낼 수가 없다. 수성을 돕는 금성이 아무리 강하다고 해도 그 피해를 막을 순 없어 수성이 뜻하는 부위가 약할 수밖에 없다.

　강한 토성의 기운을 0.2의 금성에게 빼내는 것도 역시 어딘가 모르게 어울리지 않는다. 금성은 토성이 아무리 많이 주어도 0.2밖에는 받을 수 없지만 수성에게 도움을 주는 것도 0.2라서 받고 주는 것에 대해선 전혀 무리가 없다. 오히려 금성에게 기운을 빼내려는 토성에게 문제가 있으면 있다고 해야 한다.

　토성 생 금성 생 수성의 흐름에서는 수성과 토성이 문제가 있음을 알 수 있었고, 수성 생 목성 생 화성의 흐름에서는 어디가 문제가 있는지 살펴보자.

　강력한 토성에게 기운을 빼앗기는 화성의 수치는 0.2로서 화성을 도와주는 목성의 힘이 아무리 강하다고 해도 이미 화성은 탈이 나 그 부위가 다른 부위보다 약함을 알 수 있고, 3.24의 목성은 0.2의 화성에게 기운을 설기 시키려 하나 목성이 한번에 내볼 수 있는 양은 0.2 에 지나지 않아 많은 기운들이 정체된 듯한 느낌을 받아 어딘가 거북함을 받는다.

그리고 3.24의 목성에게 0.2의 수성은 강력하게 기운을 빼앗겨 강한 토성에게 억제 당하고 있음에도 또 문제가 발생하여 수성 생 목성 생 화성의 흐름에서는 전부가 다 문제가 있음을 알 수 있다.

이렇게 두 개의 도표를 뽑아놓고 양 쪽에서 공통적으로 문제가 있는 오행을 찾으면 당사자의 약한 부위가 어디인지 알 수 있다. 목성을 중앙에 넣고 한 결과는 수성과 화성이, 토성을 중앙에 넣고 한 결과는 수성과 토성 그리고 화성과 목성이 나왔다. 같이 겹치는 오행은 수성과 화성이라는 결론을 얻었다.

따라서 수성이 뜻하는 부위와 화성이 뜻하는 부위가 어느 부위보다도 약함을 알 수 있다. 만약 병이 난다면 그 쪽 부분에 탈이 나는 경우가 대부분인데, 실제 이 사람은 어떠한 병을 앓았는지 알아보자.

현재의 나이가 40대 초반으로 30대 만큼 왕성하지는 않더라도 몸에는 큰 이상이 없이 활발히 움직이고 활동하는 나이라고 할 수 있다. 그런데 이 사람은 현재 건강하게 살고 있지 않다.

20대 초반에 결혼해 신혼생활을 할 때인데 남편과 사소한 문제로 말다툼을 했었는데 그 충격으로 숨이 고르지 않아 비닐봉지를 입에 대고 몇 분씩이나 숨을 고른 적이 있었다. 그 후에도 그런 일들이 자주 일어났고, 아무 것도 아닌 것에 잘 놀라는데 임신 2개월인가 되었을 때, 밖에서 자전거바퀴가 터지는 소리에 놀라 유산이 되었을 정도로 심장이 약하고 자궁도 약했다.

낮에 피곤하게 일을 하면 밤 사이에 몸이 부어 아침이 되면 딴사람 인양 보였으며 그런 증상들이 자주 나타나면서 나중에는 부은 것이 살이 되어 현재 뚱뚱한 상태가 되었으며 그 바람에 한쪽 다리까지 절면서 걸어 다닌다.

위와 같은 증상들을 보면 화성이 뜻하는 심장과 수성이 뜻하는 신장부분이 약하다고 할 수 있으며, 근래 들어 자궁수술까지 하였으며 피의 흐름이 자주 막히어 팔다리가 마비되는 증상까지 간혹 온다고 했다.

사주에 나오는 오행의 약함과 실제의 아픔 증상들이 일치하는 것으로 보아 토성이 수치상으로는 약하다고 해도 개수로 많다면 이 사주와 같이 두 가지의 도표로 대입해보아야 약한 오행이 무엇이며, 그래서 어디가 아픈가를 정확하게 추론할 수 있는 것이다.

사주팔자 (남)	시	일	월	년
	丙	甲	癸	丙
	寅	午	巳	申

대 운	辛	庚	己	戊	丁	丙	乙	甲
	丑	子	亥	戌	酉	申	未	午
	73	63	53	43	33	23	13	03

역학. 더 이상의 학문은 없다 · 완결편

오행비율   火星:2.60 木星:1.00 金星:1.00
          水星:0.20 土星:0.00

음양비율   음기:1.2   양기:3.6   중성:0

일주강약   1.20 (身弱)

오신육친   용 신 : 水星   印星
          희 신 : 金星   官星
          기 신 : 土星   財星
          구 신 : 火星   食傷
          한 신 : 木星   比劫

격   국   印星保官星格

체   질   食傷(B)

종합판단

이 사람의 어머니가 전화로 상담을 신청했으며, 당시 사연도 딱해 아직까지 잊지 못하고 있다. 간략하면 요약하면 외국어 대학 경영대학원 다니다가 정신분열증세로 인하여 공부도 중단하고 나이 50이 되도록 결혼도 못하고 돈벌이도 못하고 지금까지 이것 저것 공부만 하고 있는 사람이다.

그러니 어머니의 심정이 어떠한지 표현하지 않아도 짐작할 수 있을 것이다. 상담할 때의 목소리도 다른 사람들과 달리 기운이 하나도 없는 것처럼 들려 필자의 마음을 아프게 했다. 그래도 혹시나 하는 마음으로 신문이나 방송에서 누가 유명하다고 나오면 전화를 걸어 아들의 운명이 어떠한지 묻곤 했다고 한다.

필자에게 전화가 온 것도 모 일간 스포츠 신문에 실린 역경을 이겨낸 역학자라는 기사를 읽고 전화를 했다고 한다. 그저 소원이 있다면 아들이 사람구실을 한번이나마 제대로 하는 것만 보았으면 하는 것이란다.

이 사람에게 왜 정신분열증세가 나타났는지 도표로 살펴보자.

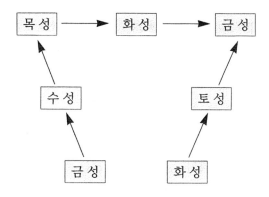

화성이 가장 강해 금성이 피해를 보고 있지만, 금성이 당당히 지지에 하나를 차지한 덕분에 수치가 1.0이 되어 여간해서는 피해를 줄 수 없게 되어 있다. 따라서 금성을 도와주는 토성이 없어도 금성은 무사한데, 2.6의 강력한 화성의 기운을 빼낼 수가 없는 것이 문제가 되었다.

토성이 있었더라면 화성의 기운을 빼내어 기운이 흐르도록 만들었을 텐데 지금은 토성이 없는 관계로 그 흐름이 끊어지고 말았다. 더구나 화성의 기운은 사주 절반이 넘는 수치를 지녀 막강하기만 한데 설기할 수 없다는 것은 바로 화성이 뜻하는 신체부위가 정상적이지 않음을 뜻하고 있다.

금성 생 수성 생 목성의 라인을 보자. 강한 화성에게 기운을 빼앗기는 목성의 수치는 1.0으로 역시 지지에 막강하게 자리를 잡아 웬만해서는 탈이 나지 않는 모양이다. 그리고 목성을 돕는 수성의 수치는 0.2로 목성의 5분의 1정도지만 견딜만한 수치이며, 수성을 도와주려는 금성도 있어 수성에게 큰 탈은 나지 않는다.

이렇게 되면 화성 생 토성 생 금성 쪽에서 강한 화성의 기운을 빼내지 못하는 관계로 화성이 뜻하는 부위가 이상이 생기고, 금성 생 수성 생 목성 쪽은 아무런 탈도 나지 않는 것을 알 수 있다.

그래서 그랬을까? 다른 아이들처럼 잘 자랐고, 대학도 무사히 졸업하고 군대도 잘 갔다가 와 대학원 진학하여 열심히 공부하다가 아니 밤중에 홍두깨 갑자기 정신분열증이 오는 바람에 나이 50이 다 되도록 사람구실을 할 수 없게 만들었다.

화성이 뜻하는 부위가 심장과 소장이며 나아가 신경부분까지 관장하고 있다고 하는데, 공부하면서 신경을 너무 쓴 나머지 정신적으로 이상이 생기면서 그 증상이 분열되는 양상으로 나타난 것이 아닐까 생각해본다.

대운의 흐름도 화성의 시기만 5등이었다가 23세부터 시작되는 금성의 시기는 2등으로 잘 흐르고 있었고, 앞으로 맞이하는 수성의 시기도 1등으로 막힐 것 없이 흐른다. 그래서 그런지는 몰라도 분열증에 걸렸으면서도 심하지 않아 혼자서 공부는 계속했으며, 그 덕분에 2004년이 되면 학원 하나 차려주어도 될지를 물으셨다.

대운도 세운도 좋은 관계로 2004년에 학원 차려주어도 운영할 수 있으며, 어쩌면 결혼까지도 할 수 있지 않을까 하면서 상담을 끝냈다. 끝으로 오행의 분포가 이 사람과 같은 도표로 나오더라도 이 사람처럼 다 정신분열증세가 나타나는 것은 아님을 알고 있어야 한다. 유전적인 병이 반이 넘으니까 말이다.

사주팔자	시	일	월	년
	癸	癸	甲	甲
	亥	卯	戌	辰

대 운	丙	丁	戊	己	庚	辛	壬	癸
	寅	卯	辰	巳	午	未	申	酉
	74	64	54	44	34	24	14	04

오행비율   木星:1.70 水星:1.20 土星:1.06
金星:0.84 火星:0.00

음양비율   음기:2.04 양기:1.7   중성:1.06

일주강약   2.04 (身强)

오신육친	병 신 : 土星	官星
	1약신 : 火星	財星
	2약신 : 金星	印星
	기 신 : 木星	食傷
	한 신 : 水星	比劫

격 국	官星用官星格
체 질	食傷(A)

종합판단

타고난 사주대로 열심히 살고 있는 여성이다. 가정을 지녔으면서도 가는 청춘이 아까워 남편과 아이들의 뒷바라지보다는 자신의 삶을 더 아껴 시간만 나면 동네 미시족들과 성인 나이트 현장에 열심히 출근하고 있는 사람이다.

다행이 요즘은 남편의 눈치를 조금이나마 보고 있으며, 아이들이 커가니까 아이들의 눈치도 보인다고 하면서 많이 자제하고 있다고 한다. 그러한 원인은 추구하는 삶은 관성(가정, 사랑, 남편, 현모양처)이었으나 끌려가는 삶은 식상체질(자유, 반발심, 끼, 바깥)로 성향이 정반대로 나타나서 운의 흐름에 따라 극과 극을 왔다갔다했기 때문이다.

또한 대운의 흐름도 초반부터 현재까지 좋은 운으로 흘러 고생을 모르고 산 것까지는 좋았으나 삶의 변화가 너무 적어 지루함을 많이 느꼈기 때문에 순간이나마 감정대로의 삶에 누구보다 깊숙이 빠져버 릴 수 있었다고 본다.

아무튼 이 사람의 삶이 중요한 것이 아니라 지금은 병을 찾는 것이 목적이니 오행으로 병을 찾는 도표에 대입해보자.

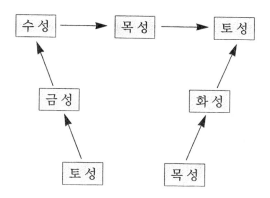

사주상에 가장 강한 것은 목성으로 토성이 피해를 보지만, 지지에 두 개나 있고 수치도 1.0이 넘어 1.7의 목성에게 피해를 본다고 할 수 가 없다. 화성의 도움이 없이도 토성은 목성에게 당하지 않는다.

그런데 화성이 없는 관계로 목성의 기운이 빠지지 않는 것이 문제 가 될 수 있지만 목성의 수치가 1.7이므로 화성에게 기운을 빼내지 않 아도 탈이 나지는 않는 수치다. 오히려 0.1의 화성이 목성에게 도움을 받은 것까지는 좋았지만 도움을 받는다 해도 화성의 크기만큼 받기 때문에 한번에 0.1씩을 받았는데 토성에게 빼앗기는 것은 한번에 2.0 이 되므로 어딘가 불균형을 이루고 있음을 알 수 있다.

그리고 토성 생 금성 생 수성의 라인을 보자. 목성에게 기운을 빼앗기지만 수성의 수치가 1.2로 절대 약하지 않아 탈이 나지 않으며, 0.84의 금성이 1.2의 수성을 도와주는 것 역시 무난하며, 0.84의 금성에게 토성이 설기하는 것도 아무런 이상을 발견할 수 없는 수치이다.

다만 금성이 수치는 있지만 나타나 있지 않은 것뿐인데, 그것을 인정할 것인가 안할 것인가가 관건인데, 수치도 아예 나타나지 않은 오행과 비교하면 분명 그보다는 강한 것이니 겉으로 나타나지 않아도 그 수치만큼을 인정하지 않을 수가 없다.

따라서 이 사주에서는 토성 생 금성 생 수성 쪽은 아무런 문제가 없고, 목성 생 화성 생 토성 쪽에서 화성이 문제가 발생해 화성이 뜻하는 부위가 다른 부위에 비해 약함을 알 수 있다.

검증하는 차원에서 이 사람에게 어디가 아프고 약한가 물어보았더니 혈압이 정상적이지 않고 어릴 때부터 심장 뛰는 소리를 듣고 자랐고, 지금도 조금만 무서우면 가슴이 쿵쿵 뛴다고 했다. 이 말은 심장이 다른 기관에 비해서 약하다는 것을 뜻하고 있는 것이다.

역학, 더 이상의 학문은 없다 [완결편Ⅱ]

초판 인쇄 | 2005년 1월 5일
초판 발행 | 2005년 1월 15일

지은이 | 녹현 이세진
펴낸이 | 소광호
펴낸곳 | 관음출판사

130-070 서울시 동대문구 용두동 751-14 광성빌딩 3층
전화 | 02) 921-8434, 929-3470
팩스 | 02) 929-3470

등록 | 1993. 4. 8. 제1-1504호
ⓒ 관음출판사 1993

값 25,000원

잘못된 책은 교환해 드립니다.
이 책의 내용은 저자 고유의 연구결과이므로 무단 전재 · 복제를 금합니다.

ISBN 89-7711-108-0 03150